新个人所得税法解读
政策分析、实务操作与税收筹划

Interpretation of the New Individual Income Tax Law

编委会主任、主编：蔡 昌
编委会副主任、副主编：黄洁瑾　赵桂芝
编委会成员：朱凯达　李劲微　林高怡　吴 琦　冯宗齐
　　　　　　赵新宇　王开怀　朱旖晨　杜 星　倪祎彤
　　　　　　张鑫媛　张宇璨　王同磊　邓正宏　薛黎明
　　　　　　张 超　张崇元　冷泰来　王彩娟　安如梦
　　　　　　田 茵　杨 帆

中国法制出版社
CHINA LEGAL PUBLISHING HOUSE

前言 PREFACE

财政是国家治理的基础和重要支柱。中共十八届三中全会通过的《中共中央关于全面深化改革若干重大问题的决定》中，对深化财税体制改革要求下的税收改革序列作出安排，指出增值税、消费税、个人所得税、房地产税、资源税、环境保护税六大税种的改革方向，明确要"逐步建立综合与分类相结合的个人所得税制"。中共十九大报告指出，要加快建立现代财政制度，深化税收制度改革。2019年《政府工作报告》再次提出："2019年落实好新修订的个人所得税法，使符合减税政策的约8000万纳税人应享尽享。"

历时多年的个人所得税法改革方案于2019年春天终于尘埃落定。一系列个税新政扑面而来，引起社会各界人士的普遍关注。这么多的个税政策，这么大幅度的税改措施，很多读者提出学习掌握个税的税制要点，做好个税政策分析、实务操作和税收筹划的强烈需求。为此，我们组织专家学者、实务界精英和相关研究人员编写了这本《新个人所得税法解读：政策分析、筹划案例与实务操作》。

本书由中央财经大学蔡昌教授领衔担任主编，黄洁瑾、赵桂芝担任副主编，参加编写的人员还有朱凯达、李劲微、林高怡、吴琦、冯宗齐、赵新宇、王开怀、朱旖晨、杜星、倪祎彤、张鑫嫒、张宇璨、王同磊、邓正宏、薛黎明、张超、张崇元、冷泰来、王彩娟、安如梦、田茵、杨帆。

本书有三大特色：一是系统性，本书围绕个税相关的知识要点、操作实务与筹划技术，系统全面地解读个税；二是实操性，本书撷取一些个税的实践案例，娓娓道来，讲述个税实务中的操作程序、方法与经验；三是新颖性，本书穿插一些新颖而有趣的税收案例及知识链接，使读者在轻松阅读中获益。我们编写组特别希望读者朋友能够通过阅读本书掌握个税的实务操作与筹划方法，也竭诚欢迎读者朋友不吝指正，提出宝贵意见，以便我们再版修订，为读者奉献更好的实操性著作，谢谢大家的关心和帮助！

蔡　昌

中央财经大学财税学院教授、博士生导师

中央财经大学税收筹划与法律研究中心主任

第一章
个人所得税法的改革背景

1.1 个人所得税法的改革背景 // 002

1.2 个人所得税法的改革原则和争议 // 013

1.3 个人所得税法改革的制约因素、问题、意义 // 019

第二章
个人所得项目

2.1 综合所得的计税方法 // 026

2.2 经营所得的计税方法 // 041

2.3 利息、股息、红利所得的计税方法 // 046

2.4 财产租赁所得的计税方法 // 049

2.5 财产转让所得的计税方法 // 051

2.6 偶然所得的计税方法 // 053

2.7 特殊情形下个人所得税的计税方法 // 055

第三章
扣除项目

3.1 基本减除费用 // 073

3.2 专项扣除 // 073

3.3 专项附加扣除 // 075

3.4 法定其他扣除 // 092

第四章
个人所得税涉外业务

4.1 外籍人员涉税管理 // 096

4.2 海外派遣人员涉税管理 // 104

4.3 个人境外投资专题 // 116

4.4 海外家族信托专题 // 124

第五章
反避税制度与管理

5.1 个人所得税反避税制度 // 136

5.2 个人所得税反避税措施与典型案例 // 145

第六章
个人所得税纳税申报与管理

6.1 个人所得税征管模式与流程 // 184

6.2 实名认证与信用管理 // 189

6.3 申报纳税与汇算清缴 // 193

6.4 申报方式 // 201

6.5 纳税后续管理 // 209

第七章
税收筹划

- 7.1 税收筹划的概念及界定 // 218
- 7.2 避税的概念及界定 // 220
- 7.3 逃税的概念与界定 // 225
- 7.4 个人所得税筹划原理与方法 // 228
- 7.5 个人所得税筹划案例 // 232
- 7.6 工资、薪金所得的筹划 // 238
- 7.7 经营所得的筹划 // 249
- 7.8 劳务报酬所得的筹划 // 258
- 7.9 稿酬所得的筹划 // 262
- 7.10 特许权使用费的筹划 // 264
- 7.11 利息、股息、红利所得的筹划 // 267
- 7.12 财产租赁的筹划 // 269
- 7.13 股权转让的筹划 // 272
- 7.14 股票期权的筹划 // 277
- 7.15 销售激励的筹划 // 281
- 7.16 外籍人员的筹划 // 285
- 7.17 个人所得税风险问题 // 289

参考文献 // 294

第一章
个人所得税法的改革背景

1.1 个人所得税法的改革背景

1.1.1 个人所得税的起源与中国个人所得税的改革和发展

2018年8月31日第十三届全国人民代表大会常务委员会第五次会议表决通过《全国人民代表大会常务委员会关于修改〈中华人民共和国个人所得税法〉的决定》。至此，经过七次大修改后的新个税法正式亮相。

个人所得税于1799年起源于英国，至今已经有200多年的历史。当时正值英法战争，英国为了筹集资金开征个税。英法战争结束后也就停止了。不过1803年拿破仑战争开始后再次征收，反反复复，由此看来，最初个人所得税的职能主要是筹集资金。个人所得税在西方还有一个昵称，叫"罗宾汉税"。

我国个人所得税可以追溯到清朝末年，1910年10月清政府成立资政院以后，当时的布政使（省长）就起草了一个所得税章程，提交给资政院审议。但是还没有通过审议，清政府就被推翻了。1950年7月，中华人民政府政务院公布的《全国税政实施要则》中，就列举个人所得课税的税种，当时定名为"薪给报酬所得税"，但一直没有实施。

1. 中国个人所得税的改革与发展

（1）1980年9月10日《中华人民共和国个人所得税法》正式实施。

（2）1986年出台《中华人民共和国个人收入调节税暂行条例》。

（3）1986年出台《中华人民共和国城乡个体工商业户所得税暂行条例》。

（4）1993年10月31日第八届全国人民代表大会常务委员会第四次会议

通过的《关于修改〈中华人民共和国个人所得税法〉的决定》(第一次修正)，1994年1月1日正式实施。

（5）1999年11月1日起，对居民存款利息征收20%的个人所得税。

（6）2006年1月1日起，工资、薪金类个人所得税的必要费用扣除额提高到1600元。

（7）2007年8月15日起，对银行储蓄存款利息征收的个人所得税税率下调为5%。

（8）2008年3月1日起，工资、薪金类个人所得税的必要费用扣除额上调为2000元。

（9）2008年10月9日起，暂停征收银行存款利息所得税。

（10）2011年个人所得税改革。

2. 个人所得税的改革背景

（1）新一轮税收制度改革的政策背景

财政是国家治理的基础和重要支柱。中共十八届三中全会通过的《中共中央关于全面深化改革若干重大问题的决定》中，对深化财税体制改革要求下的税收改革序列作出安排，指出了增值税、消费税、个人所得税、房地产税、资源税、环境保护税六大税种的改革方向，明确要"逐步建立综合与分类相结合的个人所得税制"。中共十九大报告指出，要加快建立现代财政制度，深化税收制度改革。2018年《政府工作报告》进一步提出，要改革个人所得税，"提高个人所得税起征点，增加子女教育、大病医疗等专项费用扣除，合理减负，鼓励人民群众通过劳动增加收入、迈向富裕"。

（2）中国个税规模扩大，地位提高

中国于1980年9月10日通过《中华人民共和国个人所得税法》，正式确立个人所得税制度。2000年以来，中国个人所得税收入增长迅速，2017年达到11966亿元，占全国税收收入的8.29%，并在国内生产总值（GDP）中占比达1.45%。这表明，随着中国经济发展，居民收入增加，个人所得税收入规模不断扩大。同时，个人所得税在中国税收体系中的地位也在提高。财政部公布的财政收支数据显示，2017年全国国内增值税收入为56378亿元，同比增长8%；国内消费税收入为10225亿元，同比增长0.1%；企业所得税收入为32111亿元，同比增长11.3%；个人所得税收入为11966亿元，同比增长18.6%。个人所得税在中国已成为仅次于增值税、企业所得税的第三大税种，且收入规模增长迅速。在此基础上，加快推进个税改革可以更有效地发挥个税功能，实现改革目标。

1.1.2 个人所得税的国际征收模式

1. 英国综合税制的变革历程

从世界上各个国家开征个人所得税的情况来看，个人所得税征收模式分为三种：分类征收模式、综合征收模式、分类与综合相结合的征收模式。综合征收模式是大部分国家的选择，在采用综合征收模式的国家中，英国于1799年就开始征收个人所得税，是世界上最早开征个人所得税的国家。作为英国的核心税种，个人所得税制度在英国经过多次调整、修订，已经成为当今世界上较全面、系统和成熟的个人所得税制度。

个人所得税的三种征收模式英国都先后采用过。英国在开征个人所得税的初期选择分类征收模式，将个人所得税的征收对象进行正列举，实现了税收的"确实、便利"原则。1799年至1909年，英国个人所得税采用的是分类征收模式，即将纳税人的各项所得，根据其来源及性质不同分为四类所得项目，不同的所得项目采用不同的税前扣除标准和税率形式来计算应缴纳的个人所得税，最后将不同所得项目应缴纳的个人所得税进行汇总，计算出纳税人应缴纳的个人所得税。

随着税收公平理论的发展，为了达到对高收入者加重征税的目的，英国自1909年将个人所得税征收模式改革为分类与综合相结合的征收模式。分类与综合相结合的征收模式是在对分类所得分别征收个人所得税后，再对全部所得征收一个较低税率的附加税。其目的是发挥分类与综合两种征收模式的优势，但在实际操作中，分类与综合相结合的征收模式引起了很多问题：一是附加税是对高收入群体的一种调节税，它适用的人数有限，其税收收入所占比重不大；二是支付能力原则和区别定性原则的不相容；三是实际上分类与综合相结合的征收模式在税制设计上和实际征收过程中都较为复杂。

英国在 1929 年将个人所得税的征收模式改为综合征收模式，并一直沿用至今。在英国，纳税人在进行个人所得税纳税申报时，先依据正列举法所列各项所得，将其全年所取得的各项所得汇总计算，再减去个人负担的相关成本费用、个人免税扣除和家庭生计费用，最后将个人净所得额乘以适用税率计算应纳个人所得税税额。各项所得包括工资薪金、利息、租金、净经营所得、社会转移支付所得等所有所得。英国个税的应税收入分类简单，包括利息、红利、雇佣收入、个体经营或职业收入、房产出租利润及其他收入，所有这些不同来源的收入汇总到一起统一实行超额累进征税。这种征收模式的优点是每个纳税人每年只有一个扣除额，实行综合超额累进税制，从而实现对高收入者多征税，有利于减小贫富差距，改善社会公平。

2. 美国的综合税制之反列举法

美国个人所得税，是指美国联邦、州和地方政府对个人所得征收的税。按征收级别不同分为联邦个人所得税、州个人所得税和地方个人所得税，其中以联邦个人所得税为主。联邦个人所得税以取得所得的个人为纳税人，以个人毛所得为征税对象。个人毛所得是指个人的全部所得减去不予计列项目后的余额。

美国个人所得税的税基非常宽，除税法中明确规定的免税项目外，其余来源于各种渠道的收入均应计入个人所得，缴纳个人所得税。总收入是指所有来源的收入和收益。确认的收入数额一般是纳税人收到的或有权收到的价值。总收入中包含工资、服务费、小费和类似的收入；利息收入；公司股息，包括资本收益分配；退休金、年金及人寿保险或养老保险的收入；合伙收入的分配份额；国家和地方所得税的退税，按以前扣除的数额退还。根据美国法律，赠与和遗产不被认为是接收者的收入。其中，某些种类的收入不包括在总收入内，成为豁免收入，豁免收入包括州和市级政府债券的利息；社会保障收入，包括上面提到的赠与和遗产收入；人寿保险收益；对于个人身体伤害或疾病的赔偿；奖学金；在雇主处所内为雇员提供的膳食及住宿；出售私人住宅所获得的 25 万美元（夫妻双方联合申报 50 万美元）以内的收益。

美国个人所得税先进之处在于税收指数化，税收指数化是指经过立法通过的一个公式，使税制中一些项目随物价变化出现指数化调整，以实现自动消除通货膨胀对实际应纳税额的影响。通过税收指数化调整，能够达到纳税精细化、税负公平化的目标。

3. 日本个人所得税的课税制度

日本应税收入包括雇佣收入、自雇收入、商业收入、投资收入、董事费和资本利得。日本的个人所得税按照收入分为七个等级，收入越高所适用的额度就越高，再加上日本居民的纳税意识很强，所以基本上贫富差距很小。

日本税务居民分为以下三种类型：

（1）永久税务居民，是指日本公民或过去十年中在日本居住超过5年以上的非日本居民。

（2）非永久税务居民，是指在日本工作一年以上且在过去十年中未在日本居住超过五年以上的非日本公民。

（3）非居民，是指既不满足永久税务居民条件也不满足非永久税务居民条件的个人。

永久税务居民应对其来源于全球范围内的所得承担纳税义务。非永久税务居民则仅需就其来源于日本境内的收入及汇入日本的收入缴纳所得税。非居民只需就日本境内所得缴纳所得税。

1.1.3 个人所得税扣除项目的国际借鉴

1. 成本费用扣除的国际比较

成本费用的扣除通常包括与取得收入有关的差旅费、交通费、招待费、教育费、服装费等，各国扣除的原则有所不同，有的国家在成本费用扣除方面比较严格仔细，扣除的成本费用要求必须与取得纳税收入密切相关。例如，英国对于成本费用的扣除强调费用要发生在取得工资、薪金收入的过程中，且不存在其他因素。英国个人所得税条例指出，雇员关于工作制服的替换、补修、清洗等业务花费可以在个人所得税税前扣除，但是对于最初购买制服的费用不允许在税前扣除，每一职业可以选择定额扣除和据实扣除两种扣除方式，均有其适用的表格，按照各自的规定进行扣除。

与英国相比，美国对个人所得税的费用扣除比较宽松，它采取归属原则，为业务目的而产生的相关费用均可以在税前扣除，同时允许将一笔费用按照业务因素和非业务因素进行分配，来扣除其因业务因素而产生的费用。例如，自我雇佣费可以扣除50%，对私人与业务兼用的交通工具发生的费用可以按里程进行费用的分配，再进行扣除，但这无疑加大了税收征管工作的难度。法国扣除方式相对简单，如个人所得税的应缴税额可以扣除薪资待遇十分之一的工作费用，也可以采取据实支出的方式扣除工作费用，但是有最高扣除额的限制，对于一些特殊职业者，每年还会有一定额度的附加扣除。

有的国家将纳税人分为不同类别，分别按照各自的类别规定进行成本费用的扣除，如奥地利成本费用扣除分为一般居民纳税人扣除和特殊工作纳税人扣除。对一般居民纳税人的职业教育费、贷款利息支出、人寿保险费用支出、购进国家指定居民公司新股的成本支出、医疗费用支出等据实扣除。对于特殊工作人群，采取一次性总额扣除的办法，按照一定的收入比例，在最大限额内允许扣除。例如，音乐家、艺术家按照收入的5%扣除，最高扣除额2628欧元；新闻记者、电视台记者扣除比例为7.5%，最高限额为3942欧元；经销商代理扣除比例为5%，最高限额为2190欧元。

2. 生计扣除的国际比较

（1）家庭生计费用扣除的比较

该项费用的扣除与个人的家庭成员状况、其他被赡养者人数等方面相关。美国除在个人免税扣除中考虑纳税人家庭因素外，还允许纳税人从调整后的毛所得中再减去基本的生计费用。美国采用综合所得税制，对纳税人的税前扣除实行标准扣除和分项扣除结合的办法。标准扣除是指当纳税人的各项扣除项目在一定数额之下时，可以按照法律规定的某一特定高标准进行扣除的方法，标准扣除金额随通货膨胀率的变化进行调整。分项扣除是在纳税人实际发生的各类支出高于标准扣除数额时，有权按照法律规定对超过标准扣除数额部分进行分别扣除的方法。

美国将个人所得税纳税人分为未婚个人申报、夫妻各自申报、夫妻共同申报、户主申报及丧偶家庭申报等纳税身份。日本的生计扣除包含基本生活费用扣除、赡养费用扣除、抚养费用扣除、子女教育费用扣除、医疗费用扣除及残疾人特别费用扣除等。日本在1972年设立老年人赡养费用扣除制度，根据老年人年龄、是否同住等条件，规定了五种费用扣除标准。早期，不在义务教育阶段的16岁至22岁学生的教育开支并未列入费用扣除项目，但是此阶段学生的教育费用要远远超过16岁以下学生的开支，增加了纳税人的负担。所以在1988年，日本又设立了教育费用扣除，专门针对16岁至22岁高中和大学学生的学费支出，每人每年的费用扣除标准是58万日元。若被抚养、赡养的家庭成员中有残疾人，可以同时享受子女教育费用扣除和残疾人特别费用扣除。法国的生计扣除比较有特色，采用的是家庭系数法。该法就是将应纳税所得额除以家庭份额，并合理选取税率与该份额相乘计算应纳税额，结果再和家庭系数相乘，算出最终的应纳税总额。比如，一个三口之家，其份额就是3，家庭应缴所得额是45万元，应纳税额等于45万元除以3乘以税率，计算结果再乘以3为该家庭应纳税总额。根据不同的家庭状况，法律确定了不同的家庭份额，这种家庭系数法在多档超额累计税率方面比较适用。这种生计扣除可以考虑纳税人家庭的结构及纳税能力，而且生计扣除属于应纳税额的计算，不需要进行扣除项目及扣除标准的设定，相对比较简单，计算也比较方便。

在税前扣除方面，有标准扣除和分项扣除两种方法，像美国税前扣除生计费用，就有这两种扣除方式，居民可以自行选择，一般居民都会选择扣除数额比较多的方式。标准扣除设定标准的扣除数额和比例，居民纳税申报比较简便，政府征管比较容易且成本较低。而分项扣除则需要根据居民的实际情况来测算，扣除项目比较多、手续比较复杂，政府为此付出的征管成本也很高。但显而易见的是，相对于标准扣除，分项扣除能够综合考虑居民的纳税能力，更加人性化和公平化。目前，更多的国家在实施标准扣除法时，设定了适用的最高收入。比如，英国和阿根廷规定，如果纳税人的收入达到国家设定的标准扣除额适用的最高界限，那么他的标准扣除额会随着收入的递增而逐渐下降直至为零。一些国家在实施分项扣除法时，也会设定扣除额的最高数额和最低数额。比如，在法国和德国，成本费用的扣除就有上限和下限的设定。从个人所得税的税制模式和征收单位来看，成本费用扣除与家庭生计扣除只能按照综合所得制的税制模式，以个人家庭为征税单位，才具有现实意义，才比较符合按能力负担的公平原则。

（2）个人免税扣除的比较

个人免税扣除在国际上有两种方法，一是起征点扣除法，即纳税人一旦达到设定的起征数额，就要对全部所得纳税；二是免征额扣除法，即无论所得为多少，都可以扣除一定的数额。免征额的大小由各国根据本国居民的基本生活状况并参考某些指标来确定，可以是固定额，也可以是指数化的。对于老年人、残疾人以及外籍人员，有的国家还会有附加扣除。例如，美国个人免税扣除也称"个人宽免额"，采取指数化免征额的方式，对个人所得税的免征部分，按照通货膨胀的情况，定期适当调整。纳税人的个人宽免额包括为纳税人、配偶及符合条件的被抚养者等支出费用的扣除。与美国相比，英国个人免税扣除即基本宽免额，按纳税人的种类可以分为个人宽免额、老年人宽免额、盲人宽免额等。一般来讲，政府每年都会根据物价的变化对不同纳税人的宽免额进行指数化调整。但英国个人宽免额扣除采取的方法类似于起征点扣除，即当纳税人的所得超过规定的上限时，所享受的宽免额会适当减少。英国《个人所得税法》规定，2013年当纳税人个人收入超过10000英镑时，收入每增加2英镑，个人宽免额就减少1英镑；当纳税人个人收入超过120000英镑时，个人宽免额为0。与美国相比，英国老年附加扣除比较细致，考虑到不同年龄段老年人纳税能力的不同，将老年人按照年龄分成两类，分别扣除个人基本宽免，个人宽免额会随着收入的增加，按照一定的比例逐渐降低。

3. 特别费用扣除的国际比较

该项费用扣除比较复杂，每个国家的要求都不一样，但残疾人特别费用扣除、社会公益捐献扣除和医疗费用扣除在大部分国家都适用。从本质上来说，特别费用与成本费用、生计费用属性相同，都是居民部分特殊的生活支出和为获得收入而产生的"非业务支出"，从纳税公平角度而言，都应该纳入扣除项中。

在美国，特别费用扣除主要包括：（1）部分利息费用；（2）医疗费用规定仅处方上开的药物和胰岛素能够作为医疗费用项目，医疗费用总的扣除金额只能是超过调整后毛所得7.5%的部分；（3）总额少于或等于调整后毛所得一半的公益捐款；（4）州与地方财产税和所得税；（5）非全职妈妈抚育孩子的费用；（6）竞选人的政治献金。

在英国，特别费用扣除一般包括医药费用、慈善捐赠等。例如，向慈善组织或社区俱乐部捐赠物品，费用扣除额可以提高至捐赠物品原值的120%，如果将资产以低于市场价的价格卖给慈善机构，差额也可以在税前扣除。除此之外，盲人免税额也属于特别费用扣除项，免税额每年根据通货膨胀情况予以增加或减少，2012年到2015年度免税额是2230英镑。

日本法定的特别费用主要有：（1）不可控因素造成的损失；（2）打工上学的费用；（3）社保支出；（4）寿险支出；（5）财产损失保险支出；（6）公益捐献费用；（7）残疾人的特别扣除；（8）高龄人士的扣除；（9）遗产的扣除。

1.1.4 个人所得税征管的国际借鉴

1. 美国的个税申报方式

联邦所得税法规定，任何一位美国公民、合法居民、拥有社会安全保障卡号的暂住居民、学生等，都要申报纳税。暂时的旅行者、学生或身份不合法者，可以向美国移民局领取一个临时的报税卡号，以申报纳税。美国个税税制实行全民申报制度，即以主动申报为基础的代扣代缴方式。纳税人在纳税年度内申报该纳税年度总所得的概算额，同时将自己估算的税额分四期预缴。一般在纳税年度的第4、6、9月的15日和次年1月15日前预缴税款，年终结算为每年的1月初到4月15日，纳税人向美国国内收入署（IRS）提交该年度的个人所得税申报表。雇主负有对雇员工资预扣个人所得税的义务，每个公民在纳税年度结束后都必须向税务部门申报纳税。每年的4月15日是纳税人向IRS申报个税的截止日期。如果没有按时将个人所得税申报表交给IRS，就会面临法律和经济的处罚。

美国的个税纳税申报表中必须提供纳税人的社会保险号（SSN）。一种是个人身份号码，用于申报个人所得税；另一种是雇主身份号码，用于申报经营税。这就解决了纳税人个人信息收集的问题。

美国个税申报方式主要有三种。一是邮寄申报。邮寄申报就是把填好的表格寄给国内收入局。国内收入局在每个州都设有专门的接收地址，纳税人可以通过各种渠道快速知道这个地址，需要补税的就附上支票。二是电子申报。电子申报的主要形式是网上申报，网上填好申报表后提交给税务部门，然后纳税人须向税务部门寄一个签名函件，证明已进行电子申报，并对申报内容负责。三是上门申报。上门申报是纳税人将报税表送到附近小区的税务部门，再由小区税务部门传到国内收入局的大区服务中心。需要请志愿者帮助的，则带齐各种资料到志愿者服务点去填报。递交电子申报后，有填报错误的地方会很快得到回复；否则手工填报通过挂号信邮递，若是填报出错，所需时间较长。

从严格意义上讲，美国个人所得税没有起征点，但因为有退税机制，所以美国很多家庭报税的结果是不用缴纳个人所得税。退税形式有直接电子转账或者寄支票两种，纳税人填表时根据需求自选。需要补税而未补的，税务局会在一个月内发出纳税通知单，纳税人凭此单按期缴清税款。税务部门非常注重纳税宣传。在美国巴士车站的广告宣传栏上，出现过一张大大的美元钞票，上面写着"我们的钱正在寻找你（Our money is looking for you）"，这是 IRS 和州财政部门共同制作的宣传画，意思是纳税人通过报税可以得到退税或税收补贴，如果纳税人的年度总收入低于一定限额，就可以得到这笔税收补贴。

2. 英国的个税申报方式

在征收管理方面，个人所得税作为核心税种，英国必须保证全面监控收入来源。

首先，为保证税款的均衡入库和防止税款流失，英国一直将源泉扣缴作为个人所得税的主要征收方式。源泉扣缴制是英国个人所得税征收管理的一个重要特征，在一定程度上消除累进课税与长期通货膨胀之间的矛盾，其主要对象是工资和薪金所得、利息所得。其他所得主要由纳税人自行申报并缴纳。

其次，高度现代化的征收管理方式在英国起到了关键性作用。纳税人的收入、支出信息全部采集到税务机关系统中，由系统自动对纳税人的收入信息进行稽核。税务系统自动计算并统计出欠缴税款的纳税人，计算出每名纳税人拖欠税款应计的利息、罚金等，然后将纳税人欠缴税款的具体情况传输到基层税务机关。基层税务机关负责税款追缴的工作人员根据系统显示的本辖区纳税人欠税的详细情况，按规定的催缴程序进行催缴，工作人员无权修改纳税人拖欠税款应计的利息、罚金等。电子技术在税收领域的广泛应用不仅大大简化了税务人员的工作量，还大大改变了税务人员的工作方式，在提高工作效率的同时，保证了税收政策执行的一致性。

3. 澳大利亚的个税申报方式

澳大利亚广泛推行双向申报制度，即个人所得税的纳税人和扣缴义务人对同一笔所得的详细情况要分别向税务局进行申报，这在很大程度上避免了应税收入的流失。

任何应税收入超过18200澳元的纳税人，应进行个人所得税申报；在部分情况下，应税收入低于18200澳元的纳税人也应进行申报，如税款已经在向纳税人支付款项时被扣缴的情况。申报方式包括电子申报、电话申报以及利用简化申报表进行申报。一般情况下，对于截止日期为6月30日的纳税年度，纳税人应在当年的10月31日前递交税务申报表。如果由税务代理人代理申报，则可准予延期。在纳税人递交申报表之后，澳大利亚税务局会在短时间内作出最终的纳税评定。

纳税人的应纳税额基本上应在现收现付制度下通过代扣代缴的方式缴纳。纳税年度内如果已代扣代缴税额低于最终应纳税额，税务机关将出具通知书说明应补缴的金额以及补缴期限；若已代扣代缴金额超过最终应纳税额，最终年度纳税评定时会返还多缴税额。纳税人取得经营所得或投资所得，每季度应按照现收现付制按澳大利亚税务局制定的比例预缴税款。一般情况下，季度预缴期限为每个季度结束后21日内。纳税年度结束后的第7个月第15日前完成该年度税款的年度汇算清缴（例如，纳税年度截止日期为6月30日，则需在1月15日前完成汇算清缴）。汇算清缴税额为自我评定的全年应纳税额减除四个季度预缴税额的余额。如果预缴税额超过纳税人自评的应纳税额，则退还超过的部分。

4. 日本的个税申报方式

日本须在每年2月16日至次年3月15日为上一（自然）年度的收入进行申报并完成缴纳税款。如果除工资薪金外其他收入不超过20万日元，那么总收入不超过 2000 万日元的纳税人将由雇主代扣代缴所得税。

如果纳税人扣除已代扣代缴的税款，在申报完上一年度应纳税额后应纳税款仍超过 15 万日元，那么纳税人需要在本年度的 7 月 31 日和 11 月 30 日分别完成税款预缴工作。夫妻需要分别纳税，因此双方需要分别申报收入。

1.2 个人所得税法的改革原则和争议

从 1980 年我国开征个人所得税，个税改革的进程就从未停止，而改革过程中的争议也从未停歇。个税因为涉及广大人民群众的切身利益，某些改革问题更是颇受关注。不论是免征额的提高和税率的调整这类显于表面的问题，还是课税模式或者地区差异这类涉及制度选择和法律严肃性的根本性问题，抑或是因本次个税改革所带来的诸如专项附加扣除的新问题，每一项都值得我们深入思考和研究。

1.2.1 免征额设定是否合理

我国个人所得税免征额从 1980 年 9 月设定为 800 元，2006 年 1 月调整为 1600 元，2008 年 3 月调整为 2000 元，2011 年 9 月调整为 3500 元，2018 年 10 月调整为 5000 元。国家在设定标准时综合考虑了人民群众消费支出水平增长等各方面因素，并体现了一定的前瞻性。从纳税个体来看，按此标准并结合税率结构调整测算，取得工资、薪金等综合所得的纳税人，总体上税负都有不同程度的下降，特别是中等以下收入群体税负下降明显，有利于增加居民收入、增强消费能力。从纳税群体来看，仅以基本减除费用标准提高到每月 5000 元这一项因素来测算，修法后个税纳税人占城镇就业人员的比例将由 44% 降至 15%。

当然，看个税不能单纯地考虑一方面因素，而要综合考虑各方面要求。起征点除考虑居民基本生活消费支出的变化情况外，还要考虑个人所得税作为一个直接税发挥调整收入分配的功能。绝大多数纳税人认为，免征额设定得太低了，自己交的税太多。一直有一个笑谈，个人所得税的免征额设定在多少合适，有人认为免征额恰好等于我的工资收入最合适，这样我就不用交税也不需要获得纳税人的荣誉感。很显然，这样的心理是不符合税收立法精神的。这次个人所得税改革将免征额提高至 5000 元，可能还有人觉得距离预想的还有一定差距，但是本次改革除基本扣除外还有专项附加扣除，同时扩大了税率级距，可能原来适用高一级税率如 10% 税率的群体，改革之后适用税率就降到了 3%。

考虑到通货膨胀因素，个人所得税免征额的调整存在固有矛盾。因为免征额在立法确定后，短期内调整的可能性就非常小。固定不变的免征额和每年的物价上涨之间形成矛盾，免征额不变、物价上涨、工资也不会随时上涨，使得纳税人税后的实际购买力是下降的，这与个人所得税改革中降低纳税人税负、增加居民收入和增强购买力的目标是相悖的。这实际就是法的严肃性和改革的灵活性之间的矛盾，维护法的严肃性同时兼顾降低纳税人在免征额上的"痛感"可以适当将免征额的"指数化"调整以法律形式固定下来，如将每年免征额的调整与通货膨胀率等经济指标挂钩，实现每年的合理调整。

1.2.2　最高边际税率设定是否合理

我国个人所得税最低边际税率从 5% 调整至 3%，税率级次从 6 级到 9 级再降为 7 级，但最高边际税率一直维持在 45%。最高边际税率的设定需要兼顾两方面需要：一是引进人才和留住人才，二是保证收入分配的公平。

目前，我国经济正处于转型期，经济发展不再仅仅依靠劳动力密集型产业，更希望通过高新技术产业等促进供给侧改革，实现高质量发展。人力资本是促进产业发展的重要因素之一，而工资薪金报酬又是吸引人才的重要手段，但高边际税率会使得税后收入降低程度明显，不利于引进和留住人才。许多跨国公司在亚太地区的收入一半以上来自我国，但其亚太总部大部分设在中国香港、新加坡，主要原因就是我国个人所得税税率过高，达到邻近国家或地区的两倍多，同时也没有合理的退税、免税政策，使得不少企业和专业人才望而却步。与此同时，工薪阶层尤其是专业技术人才，他们的收入来源单一且基本由单位代扣代缴。高税率可能使他们的劳动积极性受挫，也可能使他们产生较强的避税动机，会出现"大陆工作、海外工资"等形式。高税率并没有带来高税收。

但是，税收作为调节收入分配的直接手段，又有其固有的职能。当前，我国收入分配差距较大，基尼系数常年在 0.4 这个国际警戒线之上，已经影响社会稳定和居民消费能力的扩大，亟须国家通过财政税收手段加以调节。因此，从公平的角度来看，将最高边际税率设置较高，通过制度设计来"抽肥补瘦"调节收入和减小贫富差距也有其必要性。

跟周边国家和地区相比，中国香港个税的税率只有 15%，新加坡为 22%；跟发展中国家相比，俄罗斯只有 13%，巴西为 27.5%；跟发达国家相比，加拿大为 33%，美国为 45%。我国最高边际税率为 45%，因此许多跨国企业将亚太地区总部设置在中国香港或者新加坡。所以，我国在兼顾税收公平和效率时，适当考虑调低个人所得税的最高边际税率。

1.2.3　按个人征收还是家庭征收

个人所得税从结构或者形态上划分，可以分为分类所得税制、综合所得税制、分类综合所得税制；根据课税单位的选择不同，又被分为个人课税制和家庭课税制。我国自从开征个人所得税以来，一直执行的主要是以个人为征收主体的分类所得税制，即将个人不同性质的所得进行分类，分别扣除不同费用，以不同税率课税。

个人课税制，即以个人为课税单位，仅仅针对个人所得缴纳税款，而不考虑家庭其他成员的状况。如今采取这一模式的有中国、丹麦、芬兰、日本、新西兰等，这些国家中也有同时采用家庭课税制的。个人课税制体现了个人主义原则，也体现了婚姻中性原则，强调个人独立和夫妻双方相互独立，同时采取源泉扣缴方式且不需要了解整个家庭的情况，使其易于征管、征收，成本很低；但是个人课税制因为注重税收效率的问题，忽略了纳税人家庭收入水平和税收负担，未能很好地解决横向公平的问题。

家庭课税制，即以家庭为纳税单位，将家庭成员中所有收入所得均纳入考虑范围,这一制度是"量能课税原则"的充分展现。目前,美国、法国、西班牙和菲律宾等国家均采用这一模式。这一模式强调了家庭在社会生活中的重要地位,是"税收公平原则"的良好实践,同时体现了横向公平和纵向公平,即具有相同纳税能力的家庭承担相同的税负,而不同纳税能力的家庭承担不同的税负;家庭课税制将纳税人全部所得纳入课征范围,使得原适用比例税率的所得改为适用累进税率,有利于进一步彰显累进税率的调节收入分配的功能;我国由于受传统文化的影响,家庭观念是根深蒂固的,家庭作为最基本的社会单位是不可改变的,因此家庭课税制更是良好的体现。但是该模式也在一定程度上破坏了婚姻中性原则,可能会引起婚姻歧视,从而发生一些因规避税款而破坏伦理的问题;征收管理上,主动申报和汇算清缴成为必要环节,因而对征收管理体系的配套提出了更高的要求,监管难度进一步增大。

两种模式都没有绝对的好与不好。两种模式的选择也是税收中老生常谈的"公平与效率"的问题。此外,模式选择也与我国所处的国际环境、国内经济发展水平、政务管理信息化程度和税收征管水平有关。此项改革也是根本上的变革,需要做好万全的准备才能保证正常推行,不可仓促。

1.2.4　是否应该增加其他专项扣除

专项扣除,包括居民个人按照国家规定的范围和标准缴纳的基本养老保险、基本医疗保险、失业保险等社会保险费和住房公积金等;专项附加扣除,包括子女教育、继续教育、大病医疗、住房贷款利息或者住房租金、赡养老人等支出。个人所得税改革后,应纳税所得额计算公式为:应纳税所得 = 年度收入 - 基本生计费用扣除 - 专项扣除 - 专项附加扣除 - 依法确定的其他扣除。

目前,基本生计费用扣除的金额对所有纳税人均统一。专项扣除的金额为纳税人工资薪金的固定比例。因此,只有专项附加扣除是根据纳税人的实际情况进行扣除,一方面体现了公平原则,另一方面具有灵活性。现行六项专项附加扣除是纳税人呼声极高且负担很重的方面,因此在本次改革中率先推出。受其影响个人所得税征管方式将发生重大变化，因此这六项附加扣除的实施也是积累经验的过程，为今后逐步增加其他专项附加扣除做好准备，长远来看也可为从个人征收向家庭征收的改革提供经验。在已有的六项专项附加扣除的基础上，还有一些情况值得思考。

第一，子女抚养费支出，即未成年或者已成年但身心存在障碍或者无谋生能力的子女的基本生活支出，尽管在专项附加扣除中已经设计有针对子女的教育支出扣除，但是未成年子女的教育之外的支出、抚养已成年但存在身心障碍或者无谋生能力的子女的支出也是纳税人日常生活开支中重要部分，尤其是后者群体，尽管在全社会占比不高，但对每一个家庭来说，这方面支出几乎是家庭支出的全部，因此在这部分弱势群体的照顾中有必要进行相应的扣除。

第二，现行子女教育扣除中包含学前教育和学历教育，学前教育为3岁至小学入学前，因此0至3岁群体被排除在外，实际上0至3岁阶段不是简单地喂养，在大脑发育的黄金年龄进行合理必要的早期教育对于孩子动作发展、语言习得和视听觉发展有重要意义，不少家庭在孩子早期教育阶段的投入也非常多，因此将这段年龄的教育支出排除在外不太合理。

第三，取得工资薪金收入的个人以自然人身份投资中小企业或者向中小企业借款，发生的投资亏损或者坏账损失可合理纳入专项附加扣除。目前，我国中小企业普遍存在融资难、融资贵的问题，在依靠专业金融机构解决它们融资问题的同时，自然人的投资或者借款也可以成为缓解这一情况的途径之一，但在发生亏损或者坏账损失时自然人的经济压力极大，因此通过合理的途径和制度来减轻自然人的压力也会改善中小企业的融资困境。

1.2.5 是否考虑地区差异

在中国广袤的大地上，有30多个省、直辖市、自治区，不同地区的经济发展水平、社会发展程度等有着极大的差别。地区之间不平衡的问题比较突出。地区之间人均收入水平和人均消费支出水平都有一定的差距，纳税人所面临的实际情况也不一致，诸如房价、住房租金、基本生活支出等都存在明显差异。但我国个人所得税在全国人大立法后都采用统一的制度和标准，并未授权给地方人大对某些具体内容按本地区实际情况制定因地制宜的办法和标准。

纳税人普遍认为，各项费用扣除标准不能"一刀切"，而应该考虑到不同地区之间的差异进而进行不同的设置。诚然，从纳税人自身角度考虑有其道理，因为相同的基本生计费用在不同地区能满足的生活水平不一致，购买同样面积的住房在不同城市的支出是不一样的。这样的观点也合理。它既能考虑不同纳税人之间公平的问题，也能考虑中国地区发展不平衡的现实情况。

但是这样的做法在法理和实际操作上都存在问题，值得我们深入思考。首先，这种"一刀切"的做法既是税法统一性的内在要求，也是税法严肃性的体现，各地都因地制宜设置标准的做法显然与这两点是相悖的。从国外个人所得税法的实践来看，基本都是实行统一的标准，没有体现地区之间的差异性。因为个人所得税调节的是居民个人之间的收入分配，而不是调节地区之间收入的差异性。在市场经济条件下，资本和劳动是在全国范围内流动的，全国统一市场的建立要求对流动性税基尽可能适用统一的税制。各地经济社会发展不均衡的问题，应依靠财政支出环节的转移支付等政策来实现。

其次，如果各个地区费用扣除标准不同，也可能会发生由费用扣除标准较高的企业发工资而人却在费用扣除标准较低的地区工作的情况，这种避税是很容易的。还有，在费用扣除标准高的地区注册公司，把单位的员工都放在这个公司的名下发工资，但常年并不在此地工作。在前述讨论最高边际税率时列举的国（地区）与国（地区）之间竞争的情况，也会发生在本国内的不同省份，这样税法设定也不利于我国作为一个经济体在全球范围内与其他经济体竞争。另外，目前个人所得税收入中央和地方六四分成，如果大家都把职工放在费用扣除标准高的地区发工资，而这些地区往往又是发达地区，这样反而会影响经济欠发达地区的税收利益。如果采取不同的费用扣除标准，那对于纳税人汇算清缴多退少补的机制就存在挑战，难以执行。

1.3 个人所得税法改革的制约因素、问题、意义

1.3.1 个税改革的制约因素

1. 纳税人数大幅度减少的不利影响

2011年，个税免征额由2000元上调至3500元，时任财政部税政司副司长王建凡曾在发布会上表示，个税纳税人数由约8400万人减至约2400万人。由此，"个税纳税人数2400万人"的说法在社会上广为流传。在此后的七年间，许多学者与媒体在推算我国个税纳税人数时都基于这一数据，但是大部分都保守地认为，中国目前的纳税人数不超过5000万人。但事实上，西南财经大学中国家庭金融调查与研究中心的一项报告显示，基于我国个人收入分布数据的推算结果表明，2017年中国个税缴纳人数已经达到了1.53亿人。

2018年8月31日，财政部副部长程丽华在回答关于个税起征点的问题时表示，"仅以基本减除费用标准提高到每月5000元这一项因素来测算，修法后个人所得税的纳税人占城镇就业人员的比例将由现在的44%降至15%"。根据我国人力资源和社会保障部发布的《2017年度人力资源和社会保障事业发展统计公报》中的数据，截至2017年年末，中国城镇就业人员为4.2462亿人。因此我们可以推出，个税改革前我国的个人所得税的纳税人数约为1.87亿人，个税改革后，个人所得税的纳税人数约为6400万人，将减少约1.23亿人。个人所得税纳税人数推算具体如表1-1所示。

表1-1 个人所得税纳税人数推算

	2017年年末城镇就业人员（亿人）	个人所得税的纳税人占城镇就业人员的比例	个税纳税人数估计值（亿人）	个税纳税人数变化量绝对值（亿人）
修法前	4.2462	44%	1.8683	1.2314
修法后		15%	0.6369	

此外，本次个税改革增加了六项专项扣除项目，这实际上导致了起征点的进一步上升。假定家庭平均的三大专项附加扣除为5000元左右，这等价于实际的起征点为10000元。考虑到前次起征点导致纳税人数降为1/3，保守估计此次改革将导致未来的个税纳税人数减少到5000万人以下。

5000万人的纳税人数与4.2亿人的城镇就业人员相比来看，个税税改后的纳税人数仅占城镇就业人员的12%左右。即使个税的累进性再强，也只能影响这12%的就业人口，其调节收入分配的作用就显得非常尴尬。此外，纳税人数减少的问题会进一步导致个税从属地位弱化、地区税收贡献差异进一步拉大。

个人所得税在我国所有税种中的重要性程度仅次于企业所得税与增值税，但是从税收收入来看，个人所得税占比相对较低，税收收入与其税种重要性程度并不匹配。从2017年的数据来看，个税税收收入仅占全部税收收入的8%，个税减税对总体税收收入的影响也相对较小。2011年起征点的提高，导致个税占比下降了一个百分点。此次改革力度更大，除了同样提高起征点，还配合了专项附加扣除和税率级距，预计将导致个税占比由8%下降到5%左右。如果这些得到印证的话，个税将沦为和城建税、契税一样的小税种。

此外从地域来看，个税的地区征收差异比较明显。北京市、上海市、江苏省与广东省4个省级单位贡献了超过一半的个税税收收入。随着此次个税改革的展开，这种地区差异会进一步明显，实际起征点的提高使得经济落后地区的个税贡献将进一步下降，这种地区上的"极化"也会有损个税的公平性。此外，考虑到个税共享税的性质，地方来源于个税的收入会大大下降，这也会对地方财政造成一定的压力。

2. 个税设计对资本所得的调节力度不够

目前，在我国个人所得税的税制设计中，对于劳动性所得普遍实施的是超额累进税率制，而对于资本性所得，如个人股权转让所得、股息红利所得等，则实施20%的比例税率制。很显然，无论是从横向还是纵向来看，这一税制设计都是不公平的。同等金额的一项收入，只因资本所得与劳动所得的不同而导致税负差距悬殊，这有利于富裕阶层，特别是拥有巨额财富的投资者，使他们能够获取更多的税后资本所得。而中低收入阶层，虽然只有小额投资，却要负担同一税率的税负，这对他们取得财产性收入是一种限制。此外，对于资本性收入过于宽松的个税政策也为某些纳税人逃税漏税带来了机会。这一行为不仅造成了国家税收收入的流失，也极大地损害了中小股东的权益。

在改革开放初期，我国的物质资本要素比较短缺，为了吸引外资、激活国内资本，政府需要通过降低资本要素课税等手段加以引导。然而，改革开放四十余年，我国已经完成了相当程度的物质资本积累，而人力资本则成了稀缺资源，这从我国各省市开展的"抢人大战"现象就可见一斑。当经济增长越来越依靠人才时，就需要优化人才发展环境，通过降低劳动所得的相对税负，使之低于资本所得，才能够达到激励创新、鼓励劳动的目的。

此外，根据统计数据显示，2002年至2016年，我国居民的收入来源结构中，劳动性收入从70.2%逐步降至61.5%，但相关的劳动性收入对个税的贡献率却从48.3%提高至70.3%。劳动所得递减的趋势，是20世纪后期以来许多国家的普遍现象。主要是由于资本所有者通过资本的投入，对各种生产要素进行更高效的组合，并通过技术创新和管理创新，尽可能地实现超额利润。在这一过程中，劳动者的绝对收入不一定减少，甚至可能表现为一定程度的增长，但资本所得获取的超额利润，仍旧拉大了劳动所得与资本所得的收入差距。也就是说，资本聚集的结果，已经给宏观经济带来了负外部性，因而政府需要通过宏观政策，包括税收政策，对这种负外部性进行矫正，对社会资源的分配进行必要的引导。

1.3.2 个税改革后面临的问题

1. 继续推动向综合征收方式的转变，特别是推行家庭综合征收制

此次个人所得税法的修订，是我国个税征收方式向综合征收方向改革的一次里程碑式的突破。但是，从目前的征收方式来看，还与真正的综合征收方式有一定的差距。在综合征收的所得上可以考虑将现行税法中的财产租赁所得和利息、股息红利所得一并实行综合征收；而在综合征收的纳税人上则可以逐步实行以家庭为单位的综合征收。

此外，大部分个人所得税的纳税人消费支出与家庭收入存在很大的关系。因此，未来可以考虑借鉴国际经验，将以家庭为单位的综合征收作为个人所得税改革的最终目标。以家庭为纳税单位，不仅能凸显个人所得税的公正，还体现了政府通过经济政策实施的人文关怀。任何纳税人在社会中都不是孤立的个体，都承担了一定的家庭负担，并与整个家庭一起发展和成长。我国传统文化中家国情怀氛围浓厚，国家也鼓励在深度老龄化和二孩政策放开等国情背景下，家庭成员能够共同承担更多的家庭责任。因此，借鉴美国、日本等国以家庭为单位来征税，就有了更加现实的意义。从发达国家的实施情况来看，相较于以自然人为纳税单位的征收方式，以家庭为纳税单位这一征收方式更充分地考虑到了底层群体的税收承受力，能够保障他们的基本生活水平。因此，在我国未来个人所得税的改革中，应当充分考虑纳税人本人的直接相关费用和其家庭的基本生活费用。对不同类型的家庭，通过费用的差异有效调节收入与负担之间的平衡。

2. 建立免征额的定期调整机制

《个人所得税法》自 1980 年颁布实施以来，先后四次调整免征额，从最开始的 800 元 / 月调整到目前的 60000 元 / 年，但每次免征额的调整都严重滞后于消费的支出水平，其主要原因是免征额是由《个人所得税法》直接规定，调整免征额需要由全国人大常委会通过修订法律的形式进行，而法律的修订则需要一个较长的过程。因此，建立免征额的定期调整机制有助于保持免征额与居民消费支出同步提升。笔者建议，免征额的调整机制可以从两个方面入手：一是可以将免征额的调整权限授权由国务院定期调整，报全国人民代表大会常务委员会备案后实施；二是可以将免征额的调整与城镇居民人均消费性支出的增长率保持一致，实行年度调整。

3. 实施以自然人为中心的纳税登记制度

实行个人所得税部分综合征收制和实行年免征额后，需要将个人在不同时间、不同地点和不同形式的个人所得实行汇算清缴，而个人所得税的扣缴义务人很难掌握个人在其他地方和时间的所得。因此，建立以自然人为中心的纳税登记制度是实施综合征收的前提，而我国尚未建立完善的个人所得税征管制度。

建议我国在修改《中华人民共和国税收征管法》时增加个人所得税的征管制度，进一步完善个人所得税的纳税登记和征收制度。

4. 建立第三方税收信息提供机制

在个人所得税实行部分综合征收和增加附加扣除项目的情况下，必将增加税务机关对个人所得税的征收难度，并给个人所得税的纳税人和扣缴义务人更多的逃税可能。在此情况下，应建立第三方税收信息提供机制，将第三方提供的税收信息与纳税人提供的信息交叉稽核，提高涉税信息管理的透明度，以此来完善个人所得税的征收工作。

5. 尽快完善《个人所得税法》的相关配套制度

新《个人所得税法》修订后，全国人大授权国务院制定实施条例，对其中尚未明确的事项及专项附加扣除项目的具体范围和标准作出具体规定。因此，尽快完善《个人所得税法》的相关配套制度对更好地实施《个人所得税法》具有十分重要的意义。

1.3.3 个税改革的作用和意义

1. 推进个人所得税征收方式的改变

修订后的《个人所得税法》将工资、薪金所得、劳动报酬所得、特许权使用费所得和稿酬所得实行综合征收，对其他个人所得则仍然实行分类征收。这一改变在一定程度上推动了个人所得税征收方式由单一分类征收向综合与分类相结合征收方式的转变。

2. 减轻个人所得税负，有助于推动消费升级

《个人所得税法》自2011年修订以来，在长达七年的时间内都保持着工资、薪金所得3500元/月的免征额。根据国家税务总局的统计，2011年我国个人所得税实现收入6054.09亿元，占税收总收入的比重为6.7%，而到2017年我国个人所得税实现收入11966亿元，占税收总收入的比重上升为8.2%。同时，我国城镇人口人均负担消费性支出已经从2011年的2348元/月上升到目前的4200元/月。因此，可以说2011年《个人所得税法》确定的3500元/月的免征额已经严重偏低，制约了我国当前居民的消费支出和升级。此次《个人所得税法》修订，从提高免征额、调整税率级距以及增加专项扣除项目等方面来减轻个人所得税税负，从而提高自然人的税后所得，有助于推动我国当前消费升级，促进经济可持续健康发展。

3. 将个人消费、家庭负担与个人所得税实行有机结合

此次《个人所得税法》修订的重要亮点之一是增加了子女教育、继续教育、大病医疗、住房贷款利息或者住房租金、赡养老人等专项附加扣除费用。在专项扣除费用中，一部分是将个人消费与个人所得税有机结合，如继续教育和大病医疗在税前扣除，另一部分则是将家庭负担与个人所得税有机结合，如子女教育和赡养老人等。将个人消费和家庭负担与个人所得税有机结合并在税前扣除，有助于进一步推进税负公平，促进社会的和谐发展。

4. 进一步体现了税收法定的原则

税收法定原则，是指由立法者决定全部税收问题的税法基本原则，税收主体仅能依据法律的规定征税，党的十八届四中全会也提出了依法治国和税收立法的明确任务。此次《个人所得税法》的修订是税收法定原则在《个人所得税法》中的进一步体现，主要体现在以下几个方面：第一，在个人所得的形式上，取消了对"经国务院财政部门确定征税的其他所得"征收个人所得税的规定，意味着只能对《个人所得税法》规定的所得形式进行征税，对未在《个人所得税法》中规定的所得形式则不能再以行政法规或行政规章的形式进行征税；第二，在减免征个人所得税的项目上，对"国务院规定的其他免税所得"和国务院规定的其他减征个人所得税情形均需由国务院报全国人民代表大会常务委员会备案后才能实施；第三，明确规定国务院对储蓄存款利息所得开征、减征、停征个人所得税也需要报全国人民代表大会常务委员会备案后才能实施。以上规定，原《个人所得税法》中均可以由国务院直接规定，而不需要报全国人民代表大会常务委员会备案。

5. 考虑了地区差异因素

新《个人所得税法》规定，减征项目的具体幅度和期限由省、自治区、直辖市人民政府规定，并报同级人民代表大会常务委员会备案，这样有利于地方政府根据实际情况作出减征个人所得税的决定，及时对减征项目的幅度和期限进行调整。

第二章

个人所得项目

2.1 综合所得的计税方法

根据 2018 年 8 月 31 日第十三届全国人民代表大会常务委员会第五次会议表决通过的《全国人民代表大会常务委员会关于修改〈中华人民共和国个人所得税法〉的决定》（第七次修正），2019 年 1 月 1 日起，将劳务报酬、稿酬、特许权使用费三项所得与工资、薪金合并为综合所得计算纳税，并实行专项附加扣除政策。居民个人取得综合所得，按年计算个人所得税；有扣缴义务人的，由扣缴义务人按月或者按次预扣预缴税款；需要办理汇算清缴的，应当在取得所得的次年 3 月 1 日至 6 月 30 日内办理汇算清缴。非居民个人取得工资、薪金所得，劳务报酬所得，稿酬所得和特许权使用费所得，有扣缴义务人的，由扣缴义务人按月或者按次代扣代缴税款，不办理汇算清缴。

2.1.1 居民个人的预扣预缴方法

1. 工资、薪金所得

扣缴义务人向居民个人支付工资、薪金所得时，应当按照累计预扣法计算预扣税款，并按月办理全员全额扣缴申报。具体计算公式如下：

本期应预扣预缴税额 =（累计预扣预缴应纳税所得额 × 预扣率 – 速算扣除数）– 累计减免税额 – 累计已预扣预缴税额

累计预扣预缴应纳税所得额 = 累计收入 – 累计免税收入 – 累计减除费用 – 累计专项扣除 – 累计专项附加扣除 – 累计依法确定的其他扣除

其中：累计减除费用，按照 5000 元/月乘以纳税人当年截至本月在本单位的任职受雇月份数计算。

上述公式中，计算居民个人工资、薪金所得预扣预缴税额的预扣率、速算扣除数，按个人所得税预扣率（见表 2-1）执行。

表 2-1　个人所得税预扣率表

（居民个人工资、薪金所得预扣预缴适用）

级数	累计预扣预缴应纳税所得额	预扣率（%）	速算扣除数
1	不超过 36000 元的部分	3	0
2	超过 36000 元至 144000 元的部分	10	2520
3	超过 144000 元至 300000 元的部分	20	16920
4	超过 300000 元至 420000 元的部分	25	31920
5	超过 420000 元至 660000 元的部分	30	52920
6	超过 660000 元至 960000 元的部分	35	85920
7	超过 960000 元的部分	45	181920

2. 劳务报酬、稿酬、特许权使用费所得

扣缴义务人向居民个人支付劳务报酬所得、稿酬所得、特许权使用费所得时，按次或者按月预扣预缴个人所得税。具体预扣预缴税款计算方法为：

劳务报酬所得、稿酬所得、特许权使用费所得以每次收入减除费用后的余额为收入额，稿酬所得的收入额减按 70% 计算。

减除费用：劳务报酬所得、稿酬所得、特许权使用费所得预扣预缴税款时，每次收入不超过 4000 元的，减除费用按 800 元计算；每次收入 4000 元以上的，减除费用按 20% 计算。

应纳税所得额：劳务报酬所得、稿酬所得、特许权使用费所得，以每次收入额为预扣预缴应纳税所得额。劳务报酬所得适用 20%—40% 的超额累进预扣率，如表 2-2 所示，稿酬所得、特许权使用费所得适用 20% 的预扣率。

劳务报酬所得应预扣预缴税额 = 预扣预缴应纳税所得额 × 预扣率 - 速算

扣除数稿酬所得、特许权使用费所得应预扣预缴税额＝预扣预缴应纳税所得额×20%

表 2-2 个人所得税预扣率表

（居民个人劳务报酬所得预扣预缴适用）

级数	预扣预缴应纳税所得额	预扣率 /%	速算扣除数
1	不超过 20000 元的	20	0
2	超过 20000 元至 50000 元的部分	30	2000
3	超过 50000 元的部分	40	7000

知识链接

累计预扣法主要是通过各月累计收入减去对应扣除，对照综合所得税率表计算累计应缴税额，再减去已缴税额，确定本期应缴税额的一种方法。这种方法，一方面对于大部分只有一处工资、薪金所得的纳税人，纳税年度终了时预扣预缴的税款基本上等于年度应纳税款，因此无须再办理自行纳税申报、汇算清缴；另一方面对需要补退税的纳税人，预扣预缴的税款与年度应纳税款差额相对较小，不会占用纳税人过多的资金。

居民个人劳务报酬所得、稿酬所得、特许权使用费所得个人所得税的预扣预缴方法，基本平移了现行税法的扣缴方法，特别是平移了对每次收入不超过4000 元、费用按 800 元计算的规定。这种预扣预缴方法对扣缴义务人和纳税人来讲既容易理解，也简便易行，方便扣缴义务人和纳税人操作。

2.1.2 居民个人汇算清缴计税方法

居民个人年度综合所得，在取得所得的次年 3 月 1 日至 6 月 30 日内办理汇算清缴。也就是把工资、薪金，劳务报酬所得，稿酬所得，以及特许权使用费所得再来一次打包汇算清缴（仅取得一项收入或一次收入的可以不汇算清缴），清算后税款多还少补。按如下公式和税率表计算：

纳税年度应纳税所得额 = 年度收入额 – 准予扣除额

准予扣除额 = 基本扣除费用 60000 元 + 专项扣除 + 专项附加扣除 + 依法确定的其他扣除

表 2-3　居民个人综合所得税率

（居民个人综合所得汇算清缴适用）

级数	全年应纳税所得额	税率 /%	速算扣除数
1	不超过 36000 元的部分	3	0
2	超过 36000 元至 144000 元的部分	10	2520
3	超过 144000 元至 300000 元的部分	20	16920
4	超过 300000 元至 420000 元的部分	25	31920
5	超过 420000 元至 660000 元的部分	30	52920
6	超过 660000 元至 960000 元的部分	35	85920
7	超过 960000 元的部分	45	181920

【例题 1】假如吴先生 2019 年 1—3 月每月发工资 1 万元，3 月另发绩效奖 5 万元，4 月生病请假，发放工资 3000 元，5—11 月每月工资 1 万元，7 月取得劳务报酬所得 35000 元，12 月取得年终奖 3 万元，每月社保 1000 元，扣除赡养老人支出 2000 元、子女教育支出 1000 元、住房贷款利息支出 500 元，12 月取得继续教育资格证书，扣除继续教育支出 3600 元。计算吴先生每月应预缴多少个人所得税，以及次年汇算清缴的纳税情况。

解析：吴先生 1 月应预扣税额：

（10000−1000−5000−2000−1000−500）×3%=15（元）；

2 月应预扣税额：

（10000×2−1000×2−5000×2−2000×2−1000×2−500×2）×3%−15=15（元）

3 月应预扣税额：

（10000×3+50000−1000×3−5000×3−2000×3−1000×3−500×3）×10%−2520−30=2600（元）；

4月应预扣税额：

（10000×3+50000+3000-1000×4-5000×4-2000×4-1000×4-500×4）×10%-2520-2630=-650（元），4月无须缴纳个人所得税；

5月应预扣税额：

（10000×3+50000+3000+10000-1000×5-5000×5-2000×5-1000×5-500×5）×10%-2520-2630=-600（元），5月无须缴纳个人所得税；

6月应预扣税额：

（10000×3+50000+3000+10000×2-1000×6-5000×6-2000×6-1000×6-500×6）×10%-2520-2630=-550（元），6月无须缴纳个人所得税；

7月应预扣税额：

工资薪金所得：（10000×3+50000+3000+10000×3-1000×7-5000×7-2000×7-1000×7-500×7）×10%-2520=2130（元）

劳务报酬所得：35000×（1-20%）×30%-2000=6400（元）

7月应预扣税额：2130+6400-2630=5900（元）

次年3—6月份汇算清缴应纳税额：

工资薪金所得：10000×3+50000+3000+10000×8-1000×12-5000×12-2000×12-1000×12-500×12-3600=45400（元）

劳务报酬所得：35000元

综合所得：45400+35000×（1-20%）=73400（元）

应缴纳个人所得税：73400×10%-2520=4820（元）

年终奖金所得：30000×3%=900（元）

应缴纳个人所得税：4820+900-8530=-2810（元）

次年汇算清缴应退个人所得税2810元。

知识链接

劳务报酬所得与工资薪金所得的区别：是否存在雇佣与被雇佣关系，是判断一种收入是劳务报酬所得还是工资、薪金所得的重要标准。劳务报酬所得是个人独立从事某种技艺，独立提供某种劳务而取得的所得；工资、薪金所得则是个人从事非独立劳动，从所在单位领取的报酬。后者存在雇佣与被雇佣的关系，而前者则不存在这种关系。如果从事某项劳务活动取得的报酬是以工资、薪金形式体现的，如演员从剧团领取工资、教师从学校领取工资，就属于工资、薪金所得项目，而不属于劳务报酬所得范围。如果从事某项劳务活动取得的报酬不是来自聘用、雇佣或工作的单位，如教师受聘为各类学习班、培训班授课取得的课酬收入，就属于劳务报酬所得的范围。

【例题2】下列收入中，属于"劳务报酬所得"应合并到综合所得缴纳个人所得税的是（　　）。

A. 在其他单位兼职取得的收入　　B. 退休后再受雇取得的收入
C. 在任职单位取得董事费收入　　D. 个人购买彩票取得的中奖收入

【答案】A。

解析：选项B，属于工资、薪金所得；选项C，属于工资、薪金所得，在非任职单位取得的董事费收入属于劳务报酬所得；选项D，个人购买彩票取得的中奖收入属于偶然所得。

2.1.3　无住所个人的计税方法

无住所个人包括居民个人和非居民个人，其各自的应纳工资薪金所得收入额和所得税的计算方法也有所区别。本小节将分别介绍这两类无住所个人的计税方法。

1. 无住所居民个人收入额的确定

在一个纳税年度内，在境内累计居住满183天的无住所居民个人取得的工资、薪金所得，当月工资薪金收入额按照以下规定计算：

（1）无住所居民个人在境内居住累计满183天的年度连续不满六年的情形。

在境内居住累计满183天的年度连续不满六年的无住所居民个人，符合实施条例第四条优惠条件的，其取得的全部工资薪金所得，除归属于境外工作期间且由境外单位或者个人支付的工资薪金所得部分外，均应计算缴纳个人所得税。工资薪金所得收入额的计算公式如下：

$$\text{当月工资薪金收入额} = \text{当月境内外工资薪金总额} \times \left[1 - \frac{\text{当月境外支付工资薪金数额}}{\text{当月境内外工资薪金总额}} \times \frac{\text{当月工资薪金所属工作期间境外工作天数}}{\text{当月工资薪金所属工作期间公历天数}}\right]$$

(2)无住所居民个人在境内居住累计满183天的年度连续满六年的情形。

在境内居住累计满183天的年度连续满六年后，不符合实施条例第四条优惠条件的无住所居民个人，其从境内、境外取得的全部工资薪金所得均应计算缴纳个人所得税。

无住所居民个人为高管人员的，工资薪金收入额按照上述两种情形确定并计算税额。

2. 无住所居民个人的税款计算

无住所居民个人取得综合所得，年度终了后，应按年计算个人所得税；有扣缴义务人的，由扣缴义务人按月或者按次预扣预缴税款；需要办理汇算清缴的，按照规定办理汇算清缴，年度综合所得应纳税额计算公式如下：

年度综合所得应纳税额 =（年度工资薪金收入额 + 年度劳务报酬收入额 + 年度稿酬收入额 + 年度特许权使用费收入额 - 减除费用 - 专项扣除 - 专项附加扣除 - 依法确定的其他扣除）× 适用税率 - 速算扣除数

无住所居民个人为外籍人员的，2022年1月1日前计算工资薪金收入额时，已经按规定减除住房补贴、子女教育费、语言训练费等八项津补贴的，不能同时享受专项附加扣除。

年度工资薪金、劳务报酬、稿酬、特许权使用费收入额分别按年度内每月工资薪金以及每次劳务报酬、稿酬、特许权使用费收入额合计数额计算。

3. 无住所非居民个人收入额的确定

非居民个人取得工资薪金所得当月工资薪金收入额分别按照以下情形计算：

（1）非居民个人境内居住时间累计不超过90天的情形。

在一个纳税年度内，在境内累计居住不超过90天的非居民个人，仅就归属于境内工作期间并由境内雇主支付或者负担的工资薪金所得计算缴纳个人所得税。当月工资薪金收入额的计算公式如下：

$$当月工资薪金收入额 = 当月境内外工资薪金总额 \times \frac{当月境内支付工资薪金数额}{当月境内外工资薪金总额} \times \frac{当月工资薪金所属工作期间境内工作天数}{当月工资薪金所属工作期间公历天数}$$

所称境内雇主包括雇佣员工的境内单位和个人以及境外单位或者个人在境内的机构、场所。凡境内雇主采取核定征收所得税或者无营业收入未征收所得税的，无住所个人为其工作取得工资薪金所得，不论是否在该境内雇主会计账簿中记载，均视为由该境内雇主支付或者负担。工资薪金所属工作期间的公历天数，是指无住所个人取得工资薪金所属工作期间按公历计算的天数。

公式中当月境内外工资薪金包含归属于不同期间的多笔工资薪金的，应当先分别计算不同归属期间工资薪金收入额，然后再加总计算当月工资薪金收入额。

在一个纳税年度内，在境内累计居住不超过90天的非居民高管人员，其取得由境内雇主支付或者负担的工资薪金所得应当计算缴纳个人所得税；不是由境内雇主支付或者负担的工资薪金所得，不缴纳个人所得税。当月工资薪金收入额为当月境内支付或者负担的工资薪金收入额。

（2）非居民个人境内居住时间累计超过90天不满183天的情形。

在一个纳税年度内，在境内累计居住超过90天但不满183天的非居民个人，取得归属于境内工作期间的工资薪金所得，均应当计算缴纳个人所得税；其取得归属于境外工作期间的工资薪金所得，不征收个人所得税。当月工资薪金收入额的计算公式如下：

$$当月工资薪金收入额 = 当月境内外工资薪金总额 \times \frac{当月工资薪金所属工作期间境内工作天数}{当月工资薪金所属工作期间公历天数}$$

在一个纳税年度内,在境内居住累计超过 90 天但不满 183 天的非居民高管人员,其取得的工资薪金所得,除归属于境外工作期间且不是由境内雇主支付或者负担的部分外,应当计算缴纳个人所得税。当月工资薪金收入额计算适用公式如下:

$$当月工资薪金收入额 = 当月境内外工资薪金总额 \times \left[1 - \frac{当月境外支付工资薪金数额}{当月境内外工资薪金总额} \times \frac{当月工资薪金所属工作期间境外工作天数}{当月工资薪金所属工作期间公历天数} \right]$$

4. 无住所非居民个人税款的计算

(1)非居民个人当月取得工资薪金所得,以前文计算的当月收入额,减去税法规定的减除费用后的余额,为应纳税所得额,适用后面所附表 2-4 按月换算后的综合所得税率表(以下称月度税率表)计算应纳税额。

(2)非居民个人一个月内取得数月奖金,单独按照前文所述方法计算当月收入额,不与当月其他工资薪金合并,按 6 个月分摊计税,不减除费用,适用月度税率表计算应纳税额,在一个公历年度内,对每一个非居民个人,该计税办法只允许适用一次。计算公式如下:

当月数月奖金应纳税额 =〔(数月奖金收入额÷6)× 适用税率 – 速算扣除数〕×6

(3)非居民个人一个月内取得股权激励所得,单独按照前文规定计算当月收入额,不与当月其他工资薪金合并,按 6 个月分摊计税(一个公历年度内的股权激励所得应合并计算),不减除费用,适用月度税率表计算应纳税额,计算公式如下:

当月股权激励所得应纳税额 =〔(本公历年度内股权激励所得合计额÷6)× 适用税率 – 速算扣除数〕×6 – 本公历年度内股权激励所得已纳税额

(4)非居民个人取得来源于境内的劳务报酬所得、稿酬所得、特许权使用费所得,以税法规定的每次收入额为应纳税所得额,适用月度税率表计算应纳税额。

表 2-4　非居民个人按月换算后的综合所得税率表

级数	全月应纳税所得额	税率	速算扣除数
1	不超过 3000 元的	3%	0
2	超过 3000 元至 12000 元的部分	10%	210
3	超过 12000 元至 25000 元的部分	20%	1410
4	超过 25000 元至 35000 元的部分	25%	2660
5	超过 35000 元至 55000 元的部分	30%	4410
6	超过 55000 元至 80000 元的部分	35%	7160
7	超过 80000 元的部分	45%	15160

2.1.4　工资、薪金所得计税的几种特殊情况

1. 社保入税

国税、地税合并之后，社保将由税务部门征收，这一项改革对于企业来说，是有很大的压力和受到很大影响的。社保税改以后，要求严格按照员工工资标准来缴纳社保，企业如果之前没有给员工缴纳社保，或者是没有按照全额的标准给员工缴纳社保的话，那么一旦社保入税，势必会增加企业的用工成本，降低企业的经营利润。

知识链接

员工到手工资、个税和社保缴费基数的关系是怎样的？

当月工资先扣除五险一金，再扣除个税后，才是到手工资。一般职工工资计算公式为：到手工资＋个税（个人所得税）＋五险一金缴费比例×个人缴费基数＝当月工资。

以北京为例，个人和单位的缴费比例如下表所示：

表 2-5 北京市个人和单位社保缴费比例表

社保险种及公积金		个人缴费比例	单位缴费比例
养老保险		8%	19%
失业保险	城镇户口	0.2%	0.8%
	农村户口	0	
工伤保险		0	0.3%
生育保险		0	0.8%
医疗保险		2%+3（大病医疗险）	10%
公积金		12%	12%

【例题3】假设小魏是在北京一家公司工作的老员工，2018年的月平均工资收入是8000元，2019年1月的工资是1万元。那么2019年1月小魏的到手工资是多少钱？

解析：小魏缴纳的社保总费用 =8000×8%+8000×0.2%+8000×2%+3=819（元），小魏到手工资 =10000−819−8000×12%−（10000−5000−819−8000×12%）×3%=8124.37（元）。

【例题4】某企业有职工300名。其中从事生产的人员为200名，从事制造的为20名，总部管理人员为50名，销售人员为30名。该公司与劳动者订立了全员劳动合同，未发生人员变动。假定该公司按当地人均薪金基数2946元计算缴纳职工养老保险费，按现行相关政策规定，假定应缴比例为26%，其中：单位缴费18%，个人缴费8%，其计算如下：

解析：1.缴费的计算

（1）月度缴费基数：2946×300=883800.00（元）

（2）月度应缴金额：883800×26%=229788.00（元）

其中：单位缴费共计：883800×18%=159084.00（元）

个人缴费共计：883800×8%=70704.00（元）

2.个人账户清单

（1）月度缴费基数：2946.00（元）

（2）月度应缴金额：2946×26%=765.96（元）

其中：单位缴费：2946×18%=530.28（元）

个人缴费：2946×8%=235.68（元）

2. 全年一次性奖金

居民个人取得全年一次性奖金，即我们所熟悉的年终奖，在2021年12月31日前，不并入当年综合所得，以全年一次性奖金收入除以12个月得到的数额，按照综合所得税率表（按月）（表2-6）换算后的数额，确定适用税率和速算扣除数，单独计算纳税。计算公式为：

应纳税额 = 全年一次性奖金收入 × 适用税率 – 速算扣除数

表2-6 综合所得适用税率表（按月）

级数	全月应纳税所得额	税率/%	速算扣除数
1	不超过3000元的	3	0
2	超过3000元至12000元的部分	10	210
3	超过12000元至25000元的部分	20	1410
4	超过25000元至35000元的部分	25	2660
5	超过35000元至55000元的部分	30	4410
6	超过55000元至80000元的部分	35	7160
7	超过80000元的部分	45	15160

居民个人取得全年一次性奖金，也可以选择并入当年综合所得计算纳税。

自2022年1月1日起，居民个人取得全年一次性奖金，应并入当年综合所得计算缴纳个人所得税。

【例题5】企业职工小刘月工资6000元，假设2019年12月单位发放一次性年终奖20000元。那么，小刘年终奖应缴纳的个人所得税为多少元？

解析：先拿小刘的20000元年终奖除以12为1666.7元，根据按月换算后的综合所得税率表，适用税率为3%，速算扣除数为0，所以，小刘年终奖应缴纳的个人所得税为20000×3% =600（元）。

> 知识链接

年终奖税收陷阱

根据按月换算后的综合所得税率表，会产生新的年终奖临界点，发生"年终奖多发一元，到手收入少千元"的现象，这种税收陷阱是值得注意的，如表。比如，3.6万元就是一个临界点，如果发放3.6万元年终奖，个税需要缴纳36000×3%=1080（元），到手34920元。如果多发一元，也就是发放36001元年终奖，个税需要缴纳36001×10%−210=3390.1(元)，到手32610.9元。相比之下，多发一元年终奖，到手收入反而少了2309.1元。另外，14.4万元、30万元、42万元、66万元、96万元也是临界点。

表2-7 新税率表下年终奖税收陷阱

年终奖	税率	速算扣除数	应纳税额	多发奖金数	增加税额	税后数额
36000	3%	0	1080			34920
36001	10%	210	3390.1	1	2310.1	32610.9
38566.67	10%	210	3646.67	2566.67	2566.67	34920
144000	10%	210	14190			129810
144001	20%	1410	27390.2	1	13200.2	116610.8
160500	20%	1410	30690	16500	16500	129810
300000	20%	1410	58590			241410
300001	25%	2660	72340.25	1	13750.25	227660.75
318333.3	25%	2660	76923.33	18333.33	18333.33	241410
420000	25%	2660	102340			317660
420001	30%	4410	121590.3	1	19250.3	298410.7

3. 关于解除劳动关系、提前退休、内部退养的一次性补偿收入的政策

个人与用人单位解除劳动关系取得一次性补偿收入（包括用人单位发放的

经济补偿金、生活补助费和其他补助费），在当地上年度职工平均工资3倍数额以内的部分，免征个人所得税；超过3倍数额的部分，不并入当年综合所得，单独适用综合所得税率表，计算纳税。

【例题6】2019年3月，某单位因增效减员与在单位工作了18年的王强解除了劳动关系，并支付王强一次性补偿200000元，当地上一年度职工平均工资20000元，则王强取得该项收入应缴纳的个人所得税为多少元？

解析：①计算免征额=20000×3=60000（元）

②按其工作年限平摊其应税收入，即其工作多少年，就将应税收入看作多少个月的工资，但最多不能超过12个月，最后再计算全部应纳税额：视同月应纳税所得额=（200000-60000）÷12-3500=8166.67（元）

③应纳税额=（8166.67×20%-555）×12=12940.01（元）。

个人办理提前退休手续而取得的一次性补贴收入，应按照办理提前退休手续至法定离退休年龄之间实际年度数平均分摊，确定适用税率和速算扣除数，单独适用综合所得税率表，计算纳税。计算公式：

应纳税额={［（一次性补贴收入÷办理提前退休手续至法定退休年龄的实际年度数）-费用扣除标准］×适用税率-速算扣除数}×办理提前退休手续至法定退休年龄的实际年度数

个人办理内部退养手续而取得的一次性补贴收入，应按办理内部退养手续后至法定离退休年龄之间的所属月份进行平均，并与领取当月的"工资、薪金"所得合并后计入综合所得，按适用税率计征个人所得税。

4. 个人获得股权激励

居民个人取得股票期权、股票增值权、限制性股票、股权奖励等股权激励（以下简称股权激励），在2021年12月31日前，不并入当年综合所得，全额单独适用综合所得税率表，计算纳税。计算公式为：

应纳税额=股权激励收入×适用税率-速算扣除数

居民个人一个纳税年度内取得两次以上（含两次）股权激励的，应合并按规定计算纳税。

2022年1月1日之后的股权激励政策另行明确。

5. 个人领取企业年金、职业年金

年金征税模式（EET）如表 2-8 所示。

表 2-8　年金征税模式

征税模式（EET）	情形	税务处理
缴费环节	单位按有关规定缴费部分	免个税
	个人缴费不超过本人缴费工资计税基数 4% 标准内部分	暂从应纳税所得额中扣除
	超标年金单位缴费和个人缴费部分	征收个税
投资环节	年金基金投资运营收益分配计入个人账户时	个人暂不缴纳个税
领取环节	领取年金时	纳税

知识链接

个人缴费工资计税基数

企业年金是本人上一年度月平均工资。月平均工资超过职工工作地所在设区城市上一年度职工月平均工资 300% 以上的部分，不计入个人缴费工资计税基数。职业年金是职工岗位工资和薪级工资之和。职工岗位工资和薪级工资之和超过职工工作地所在设区城市上一年度职工月平均工资 300% 以上的部分，不计入个人缴费工资计税基数。

个人达到国家规定的退休年龄，领取的企业年金、职业年金不并入综合所得，全额单独计算应纳税款。其中按月领取的，适用月度税率表计算纳税；按季领取的，平均分摊计入各月，按每月领取额适用月度税率表计算纳税；按年领取的，适用综合所得税率表计算纳税。

个人因出境定居而一次性领取的年金个人账户资金，或个人死亡后，其指定的受益人或法定继承人一次性领取的年金个人账户余额，适用综合所得税率表计算纳税。对个人除上述特殊原因外一次性领取年金个人账户资金或余额的，适用月度税率表计算纳税。

【例题 7】某市 2019 年度在岗职工年平均工资 6000 元,年金个人缴费的税前扣除限额为 600 元（60000÷12×3×4%）,市地税局将根据市统计公报数据每年调整扣除限额标准。

解析:(1)假设 A 先生 2019 年 7 月工资 10000 元,企业年金缴费工资计税基数为 10000 元,若其按 4% 缴付年金 400 元,均可税前扣除;若按 3% 缴付年金 300 元,则只能扣除 300 元;若按 5% 缴付年金 500 元,仍可以扣除 500 元。

(2)假设 B 先生 2019 年 9 月工资 24000 元,若其按 4% 缴付 800 元年金,由于允许扣除金额最高为 600 元,超出的 200 元须并入综合所得缴税。

2.2 经营所得的计税方法

2.2.1 应纳税所得额

根据 2018 年新《中华人民共和国个人所得税法实施条例》(国务院令第 707 号)第六条第一款第(五)项的规定,经营所得,是指:

(1)个体工商户从事生产、经营活动取得的所得,个人独资企业投资人、合伙企业的个人合伙人来源于境内注册的个人独资企业、合伙企业生产、经营的所得;

(2)个人依法从事办学、医疗、咨询以及其他有偿服务活动取得的所得;

(3)个人对企业、事业单位承包经营、承租经营以及转包、转租取得的所得;

(4)个人从事其他生产、经营活动取得的所得。

1. 个体工商业户的生产经营所得

应纳税所得额 = 收入总额 -(成本 + 费用 + 损失 + 准予扣除的税金)- 规定的费用扣除

《个体工商户个人所得税计税办法》根据 2018 年 6 月 15 日《国家税务总局关于修改部分税务部门规章的决定》修正:

(1)成本是指个体工商户在生产经营活动中发生的销售成本、销货成本、业务支出以及其他耗费；

（2）费用是指个体工商户在生产经营活动中发生的销售费用、管理费用和财务费用，已经计入成本的有关费用除外；

（3）税金是指个体工商户在生产经营活动中发生的除个人所得税和允许抵扣的增值税以外的各项税金及其附加；

（4）损失是指个体工商户在生产经营活动中发生的固定资产和存货的盘亏、毁损、报废损失，转让财产损失，坏账损失，自然灾害等不可抗力因素造成的损失以及其他损失。

个体工商户发生的损失，减除责任人赔偿和保险赔款后的余额，参照财政部、国家税务总局有关企业资产损失税前扣除的规定扣除。

个体工商户已经作为损失处理的资产，在以后纳税年度又全部收回或者部分收回时，应当计入收回当期的收入。

（5）其他支出是指除成本、费用、税金、损失外，个体工商户在生产经营活动中发生的与生产经营活动有关的、合理的支出。

取得经营所得的个人，没有综合所得的，计算其每一纳税年度的应纳税所得额时，应当减除费用60000元、专项扣除、专项附加扣除以及依法确定的其他扣除。专项附加扣除在办理汇算清缴时减除。从事生产、经营活动，未提供完整、准确的纳税资料，不能正确计算应纳税所得额的，由主管税务机关核定应纳税所得额或者应纳税额。

（6）不得税前扣除项目如下：

①个人所得税税款；

②税收滞纳金；

③罚金、罚款和被没收财物的损失；

④不符合扣除规定的捐赠支出；

⑤赞助支出；

⑥用于个人和家庭的支出；

⑦与取得生产经营收入无关的其他支出；

⑧国家税务总局规定不准扣除的支出。

2. 个人独资企业与合伙企业生产经营所得

查账征收：应纳税所得额 = 收入总额 −（成本 + 费用 + 损失）

核定征收：应纳税所得额 = 收入总额 × 应税所得率

= 成本费用支出 ÷（1− 应税所得率）× 应税所得率

扣除项目比照《个体工商户个人所得税计税办法》执行，但下列项目的扣除例外：

（1）投资者及其家庭发生的生活费用不允许在税前扣除。投资者及其家庭发生的生活费用与企业生产经营费用混合在一起，并且难以划分的，全部视为投资者个人及其家庭发生的生活费用，一律不允许在税前扣除。

（2）企业生产经营和投资者及其家庭生活共用的固定资产，难以划分的，由主管税务机关根据企业的生产经营类型、规模等具体情况，核定准予在税前扣除的折旧费用的数额或比例。

（3）企业计提的各种准备金不得扣除。

（4）实行核定征税的投资者，不能享受个人所得税的优惠政策。实行查账征税方式的个人独资企业和合伙企业改为核定征税方式后，在查账征税方式下认定的年度经营亏损未弥补完的部分，不得再继续弥补。

（5）个体工商户、个人独资企业和合伙企业因在纳税年度中间开业、合并、注销及其他原因，导致该纳税年度的实际经营期不足1年的，对个体工商户业主、个人独资企业投资者和合伙企业自然人合伙人的生产经营所得计算个人所得税时，以其实际经营期为1个纳税年度。投资者本人的费用扣除标准，应按照其实际经营月数，以每月5000元的减除标准确定。

3. 对企事业单位承包、承租经营所得

应纳税所得额 = 个人承包、承租经营收入总额 + 承包者个人的工资 −5000× 承包经营的月数

对实行承包、承租经营的纳税人，虽然原则上要求其应以每一纳税年度取得的承包、承租经营所得计算纳税，但纳税人的承包、承租期在一个纳税年度内经营不足12个月的，以其实际承包、承租经营的期限作为一个纳税年度计算纳税。

2.2.2 应纳税额的计税方法

1. 个体工商户生产经营所得应纳税额的计算方法

应纳税额 = 应纳税所得额 × 税率 – 速算扣除数

【例题8】2019年某个体工商户为其从业人员实际发放工资105万元，业主领取劳动报酬20万元，该个体工商户允许税前扣除的从业人员补充养老保险限额为（　　）万元。

A. 7.35　　　　B. 5.25　　　　C. 3.15　　　　D. 1.05

【答案】B

解析：允许扣除的从业人员的补充养老保险限额 =105×5%=5.25（万元）

【例题9】李某2019年承包某加工厂，根据协议变更登记为个体工商户，2019年加工厂取得收入总额70万元，准予扣除的成本、费用及相关支出合计63万元（含李某每月从加工厂领取的工资2700元）。李某2019年个人所得税应纳税所得额为多少元？

解析：个体工商户业主的工资不能在计算个体工商户生产经营所得应纳税所得额时扣除。

应纳税所得额为：70–63+0.27×12–0.5×12=4.24（万元）

应纳税额为：4.24×10%–0.15=0.274（万元）

【例题10】2019年某个体工商户取得销售收入40万元，将不含税价格为5万元的商品用于家庭成员和亲友消费；当年取得银行利息收入1万元，转让股票取得转让所得10万元，取得基金分红1万元。该个体工商户允许税前扣除的广告费和业务宣传费限额为（　　）万元。

A. 6.00　　　　B. 6.75　　　　C. 7.50　　　　D. 8.25

【答案】B

解析：个体工商户年销售收入 =40+5=45（万元）

广告费的扣除限额 =45×15%=6.75（万元）

【例题11】赵先生为一个体工商户，假设其2019年销售收入80000元，销售成本及费用45000元，其中每月赵先生领取工资3800元、业务招待费3000元。

计算赵先生 2019 年应纳的个人所得税。

  解析：该个体工商户会计利润 =80000-45000=35000（元）

  业务招待费税前扣除限额：3000×60%=1800（元）

  80000×5‰ =400（元）

  税前扣除限额为 400 元，超过的 2600 元（3000-400）不得税前扣除

  该个体工商户应纳税所得额 =80000-45000+3800×12-5000×12+2600=23200（元）

  该个体工商户应纳税额 =23200×5%=1160（元）

2. 个人独资企业和合伙企业投资者生产经营所得应纳税额的计算方法

个人独资企业与合伙企业有两种计税办法，即查账征收与核定征收。

（1）查账征收

投资者兴办两个或两个以上企业，并且企业性质全部是独资的，年度终了后，汇算清缴时，应纳税款的计算按以下方法进行（先合再税后分）：

应纳税所得额 =Σ 各个企业的经营所得

应纳税额 = 应税所得额 × 税率 – 速算扣除数

本企业应纳税额 = 应纳税额 × 本企业的经营所得 ÷ Σ 各企业的经营所得

本企业应补缴的税额 = 本企业应纳税额 – 本企业预缴的税额

（2）核定征收

应纳税额 = 应纳税所得额 × 适用税率 – 速算扣除数

3. 企事业单位承包、承租经营所得应纳税额的计算方法

应纳税额 = 应纳税所得额 × 适用税率 – 速算扣除数

【例题 12】 假设自 2019 年 9 月 1 日起，张某承包了一招待所，合同规定张某每月取得工资 3500 元，年终从企业所得税税后利润中上缴承包费 50000 元，其余经营成果归张某所有。再假设在 2019 年该招待所税后利润 95000 元，当年张某共应缴多少个人所得税？

  解析：纳税年度收入总额 =3500×4+（95000-50000）=59000（元）

  年应纳税所得额 =59000-5000×4=39000（元），适用税率为 10%，速算扣除数为 1500。

应纳个人所得税 =39000×10%-1500=2400（元）

【例题 13】2019 年 1 月 1 日，李某与其所在的事业单位签订承包经营合同经营招待所。假设 2019 年招待所实现承包经营利润 15 万元（含李某工资），按合同规定李某每年应上缴承包费 3 万元。请计算李某 2019 年应纳个人所得税。

解析：李某应纳税所得额 =150000-30000-5000×12=60000（元）

应纳个人所得税 =60000×10%-1500=4500（元）

表 2-9　经营所得个人所得税税率

（个体工商户的生产、经营所得和对企事业单位的承包经营、承租经营所得适用）

级数	全年应纳税所得额	税率	速算扣除数
1	不超过 30000 元的	5%	0
2	超过 30000 元至 90000 元的部分	10%	1500
3	超过 90000 元至 300000 元的部分	20%	10500
4	超过 300000 元至 500000 元的部分	30%	40500
5	超过 500000 元的部分	35%	65500

2.3　利息、股息、红利所得的计税方法

根据 2018 年新《个人所得税法实施条例》第六条第一款第（六）项的规定，利息、股息、红利所得，是指个人拥有债权、股权等而取得的利息、股息、红利所得。

2.3.1　应纳税所得额

个人取得利息、股息、红利所得，以每次收入额为应纳税所得额，以支付利息、股息、红利时取得的收入为一次，适用税率为 20%。股息、红利作为应纳税所得，无任何费用扣除。自 2008 年 10 月 9 日起，储蓄存款利息收入暂免

征收个人所得税；国债和国家发行的金融债券利息免征个税。

2.3.2 应纳税额的计算方法

（1）计税公式：

应纳税额 = 应纳税所得额 × 适用税率

应纳税所得额为每次收入额，适用税率为 20% 的比例税率。

（2）股息红利采取差别化个税规定：①个人从公开发行和转让市场取得的上市公司股票，持股期限在 1 个月以内（含 1 个月）的，其股息红利所得全额计入应纳税所得额；②持股期限在 1 个月以上至 1 年（含 1 年）的，暂减按 50% 计入应纳税所得额；上述所得统一适用 20% 的税率计征个人所得税；③自 2015 年 9 月 8 日起，个人从公开发行和转让市场取得的上市公司股票，持股期限超过 1 年的，股息红利所得暂免征收个人所得税。

（3）对个人持股 1 年以内（含 1 年）的，上市公司暂不扣缴个人所得税；待个人转让股票时，证券登记结算公司根据其持股期限计算应纳税额。

（4）持股期限是指个人从公开发行和转让市场取得上市公司股票之日至转让交割该股票之日前一日的持有时间。

（5）个人转让股票时，按照先进先出的原则计算持股期限，即证券账户中先取得的股票视为先转让。

（6）外籍人员从外商投资企业取得的股息、红利所得，暂免征收个人所得税。

（7）个人股东获得转增的股本，应按照"利息、股息、红利所得"项目，适用 20% 的税率征收个人所得税。

【例题 14】李先生于 2019 年 3 月持有某上市公司的股票 10000 股，2019 年 6 月该上市公司股东大会决定每 10 股送 2 股，该股票的面值为每股 1 元。同期，从非上市公司取得股息所得 6000 元，该股票于 2018 年 1 月购入。李先生应承担的个人所得税为多少元？

解析：李先生上市公司股息红利所得 = 10000 ÷ 10 × 2 × 1 = 2000（元）

应纳个人所得税 = 2000 × 20% × 50% = 200（元）

个人从公开发行和转让市场取得的上市公司股票，持股期限超过1年的，股息红利所得暂免征收个人所得税。

所以，李先生非上市公司取得股息应纳个人所得税=0

【例题15】小赵于2018年5月15日买入某上市公司股票7000股，2019年4月3日又买入3000股，2019年6月6日又买入6000股，共持有该公司股票16000股，2019年6月11日卖出其中的12000股。按照先进先出的原则，视为依次卖出2018年5月15日买入的7000股、2019年4月3日买入的3000股和2019年6月6日买入的2000股，其中，7000股的持股期限超过1年，3000股的持股期限超过1个月不足1年，2000股的持股期限不足1个月，股票买入卖出情况如图2-1所示。

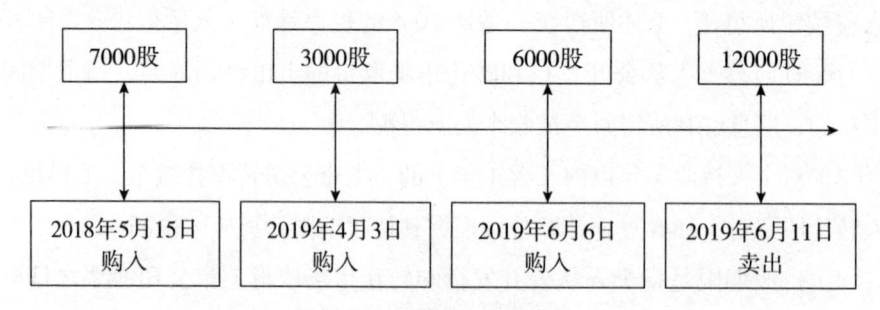

图2-1 股票买入卖出情况

解析：如果小赵买卖交易的股票属于全国中小企业股份转让系统挂牌公司的股票，则个人持股期限在1个月以内（含1个月）的，其股息红利所得全额计入应纳税所得额；持股期限在1个月以上至1年（含1年）的，暂减按50%计入应纳税所得额；上述所得统一适用20%的税率计征个人所得税。

知识链接

沪港股票市场交易互联互通机制试点有关税收政策

（1）对于内地投资者。股票转让差价所得，自2014年11月17日起至2017年11月16日暂免征收个人所得税；通过沪港通从上市H股、非H股取得的股息红利，按照20%的税率缴纳个人所得税；个人投资者在国外已缴纳的预提税，可持有效扣税凭证到中国结算的主管税务机关申请税收抵免。

（2）关于香港市场投资者。对香港市场投资者（包括企业和个人）投资上交所上市 A 股取得的转让差价所得，暂免征收所得税；对香港市场投资者（包括企业和个人）投资上交所上市 A 股取得的股息红利所得，暂不执行按持股时间实行差别化征税政策，由上市公司按照 10% 的税率代扣所得税。

个人转让全国中小企业股份转让系统挂牌公司股票有关税收政策

（1）自 2018 年 11 月 1 日（含）起，对个人转让新三板挂牌公司非原始股取得的所得，暂免征收个人所得税。这里的非原始股是指个人在新三板挂牌公司挂牌后取得的股票，以及由上述股票孳生的送、转股。

（2）对个人转让新三板挂牌公司原始股取得的所得，按照"财产转让所得"，适用 20% 的比例税率征收个人所得税。

（3）2019 年 9 月 1 日之前，个人转让新三板挂牌公司原始股的个人所得税，征收管理办法按照现行股权转让所得有关规定执行，以股票受让方为扣缴义务人，由被投资企业所在地税务机关负责征收管理。

【例题 16】假设小张 2019 年 8 月取得国债利息收入 1200 元；取得某国内上市公司发行的公司债券利息 750 元。请问小张应缴纳多少个人所得税？

解析：国债利息收入免征个人所得税。因此，小张取得的各项利息收入应缴纳的个人所得税 =750×20%=150（元）

2.4 财产租赁所得的计税方法

2.4.1 应纳税所得额

财产租赁所得，是指个人出租建筑物、土地使用权、机器设备、车船以及其他财产取得的所得。

知识链接

个人取得的财产转租收入，属于"财产租赁所得"范围，其中最重要的是房屋的租赁。个人出租房屋涉及多个税种，如城建税、教育费附加和地方教育附加、房产税、印花税、个人所得税。

1. 一般情况下财产租赁所得应纳税所得额的确定

（1）每次收入不超过 4000 元的：应纳税所得额 = 每次收入额 −800 元

（2）每次收入 4000 元以上的：应纳税所得额 = 每次收入额 ×（1−20%）

2. 个人出租房产，在计算缴纳所得税时从收入（不含增值税）中依次扣除的费用

（1）财产租赁过程中缴纳的税费（城建税、教育费附加和地方教育费附加、房产税，可持完税凭证，从其财产租赁收入中扣除）。

（2）取得转租收入的个人向房屋出租方支付的租金。

（3）能够提供有效、准确凭证，由纳税人负担的该出租财产实际开支的修缮费用（每次以 800 元为限，一次扣不完的下次继续扣除，直到扣完为止）。

（4）税法规定的费用扣除标准：

①每次月收入不超过 4000 元的：

应纳税所得额 = 每次（月）收入额 − 准予扣除项目 − 修缮费用（以 800 元为限）−800 元

②每次月收入超过 4000 元的：

应纳税所得额 =［每次（月）收入额 − 准予扣除项目 − 修缮费用（以 800 元为限）］×（1−20%）

2.4.2 应纳税额的计算方法

一般情况下应纳税额的计算公式为：应纳税额 = 应纳税所得额 ×20%

在计算个人出租住房应纳税额时，税率减按 10% 进行征收。

关于财产租赁所得，必须注意以下问题：

（1）定额或定率扣除（每次净收入4000元）；（2）次数规定：财产租赁所得以一个月内取得的收入为一次；（3）出租房产特殊扣除项目；（4）出租住房，个人所得税税额减按10%征收；（5）个人房屋租赁涉及的税种有增值税、个人所得税、城建税及教育费附加等。

【例题17】小李2019年1月1日将县城内一处住房出租于他人居住，租期3年，每月租金3000元，房产原值80万元，当地政府规定损耗扣除比例为30%，可提供实际缴纳出租环节增值税以外的税金完税凭证每月150元。假设10月发生漏雨修缮费1200元。

请问小李2019年应纳的个人所得税是多少？

解析：

1月至9月租金纳税 =（3000–150–800）×10%×9=1845（元）

10月租金纳税 =（3000–150–800–800）×10%=125（元）

11月租金纳税 =（3000–150–400–800）×10%=165（元）

12月租金纳税 =（3000–150–800）×10%=205（元）

小李2019年应纳个人所得税 =1845+125+165+205=2340（元）

2.5 财产转让所得的计税方法

2.5.1 应纳税所得额

应纳税所得额 = 每次收入额 – 财产原值 – 合理税费

1. 有价证券出售

每次卖出债券应纳个人所得税额 =（该次卖出该类债券收入 – 该次卖出该类债券允许扣除的买价和费用）×20%

2. 个人购买和处置债权

"打包债权"应按照"财产转让所得"项目缴纳个人所得税。

如果只处置部分债权的，其应纳税所得额按以下方式确定：

（1）以每次处置部分债权的所得作为一次财产转让所得征税。

（2）其应税收入按照个人取得的货币资产和非货币资产的评估价值或市场价值的合计数确定。

（3）当次处置债权成本费用＝个人购置"打包"债权实际支出×当次处置债权账面价值（或拍卖机构公布价值）／"打包"债权账面价值（或拍卖机构公布价值）。

（4）个人购买债权过程中发生的拍卖招标手续费、诉讼费、审计评估费以及缴纳的税金等合理税费，在计算个人所得税时允许扣除。

3. 处置房产

个人出售自有住房取得的所得，应按照"财产转让所得"项目征收个人所得税。对个人转让自用5年以上并且是家庭唯一生活用房取得的所得，免征个人所得税。纳税人须持房地产管理部门提供的有关证明，到主管税务机关办理免征手续。

知识链接

财产转让所得按照一次转让财产的收入额减除财产原值和合理费用后的余额计算纳税。

财产原值，按照下列方法确定：

（1）有价证券，为买入价以及买入时按照规定交纳的有关费用；

（2）建筑物，为建造费或者购进价格以及其他有关费用；

（3）土地使用权，为取得土地使用权所支付的金额、开发土地的费用以及其他有关费用；

（4）机器设备、车船，为购进价格、运输费、安装费以及其他有关费用。

其他财产，参照上述方法确定财产原值。

纳税人未提供完整、准确的财产原值凭证，不能按照上述方法确定财产原值的，由主管税务机关核定财产原值。

所称合理费用，是指卖出财产时按照规定支付的有关税费。

2.5.2 应纳税额的计算方法

应纳税额 = 应纳税所得额 × 适用税率

【例题18】某人2019年6月购入债券1000份,每份买入价10元,支付购进买入债券的税费共计150元。2019年6月内将买入的债券一次卖出600份,每份卖出价12元,支付卖出债券的税费共计110元。12月末债券到期,该人取得债券利息收入2500元。计算该人应缴纳的个人所得税。

解析:一次卖出债券应扣除的买价及费用 =(10000+150)÷1000×600+110=6200(元),应缴纳个人所得税 =(600×12-6200)×20%=200(元)。

债券利息收入应缴纳个人所得税 =2500×20%=500(元)

【例题19】李刚购买"打包"债权实际支出为100万元,2019年3月处置该债权的16%,处置收入25万元,在债权处置过程中发生评估费用2万元。李刚处置"打包"债权应缴纳多少个人所得税?

解析:李刚处置"打包"债权应缴纳个人所得税 =(25-100×16%-2)×20%=1.40(万元)

2.6 偶然所得的计税方法

偶然所得是指个人得奖、中奖、中彩以及其他偶然性质的所得。

2.6.1 应纳税所得额

偶然所得以每次收入额为应纳税所得额,适用20%的比例税率。

2.6.2 应纳税额的计算方法

(1)计税公式

应纳税额 = 应纳税所得额 × 适用税率 = 每次收入额 ×20%

（2）个人取得单张有奖发票奖金所得不超过 800 元（含 800 元）的，暂免征收个人所得税；个人取得单张有奖发票奖金所得超过 800 元的，应全额按照"偶然所得"项目征收个人所得税。

（3）企业对累计消费达到一定额度的顾客给予额外抽奖机会的，个人的获奖所得，按照"偶然所得"项目，全额适用 20% 的税率缴纳个人所得税。

【例题 20】下列各项中，以取得的收入为应纳税所得额直接计征个人所得税的有（　）。

A. 稿酬所得

B. 偶然所得

C. 股息所得

D. 特许权使用费所得

【答案】B、C

解析：直接以收入作为应纳税所得额的有利息、股息、红利所得，以及偶然所得。

【例题 21】沈先生参加电视台举办的有奖竞猜活动中奖，获一台价值 9000 元的电脑。请问沈先生应缴纳多少个人所得税？

解析：沈先生应缴纳的个人所得税为：9000×20%=1800（元）

个人购买社会福利彩票、体育彩票中奖的，个人所得税有部分优惠：个人购买社会福利彩票、体育彩票中奖获取的所得，一次中奖收入不超过 10000 元的，不用缴纳个人所得税；一次中奖收入超过 10000 元的，应全额计算缴纳个人所得税。

【例题 22】赵先生购买体育彩票获得价值 16000 元的摩托车一辆，同时购买福利彩票获得奖金 3000 元。请问赵先生应缴纳多少个人所得税？

解析：由于购买福利彩票获得的奖金 3000 元 < 10000 元，因此该奖金不需要缴纳个人所得税，则赵先生应缴纳的个人所得税 =16000×20%=3200（元）

2.7 特殊情形下个人所得税的计税方法

2.7.1 扣除捐赠额的计税方法

一般捐赠额的扣除以不超过纳税人申报的应纳税所得额的30%为限。

计算公式为：捐赠扣除限额＝申报的应纳税所得额×30%

【例题23】假设公民潘某取得2019年年终奖12000元，通过S区民政局将其中5000元捐赠给公益事业，那么潘某应缴的年终奖个人所得税为多少？

解析：年终奖捐赠扣除限额=12000×30%=3600（元）

年终奖应纳个税=（12000-3600）÷12×3%=21（元）

知识链接

2018年12月18日中华人民共和国国务院令第707号第四次修订的《中华人民共和国个人所得税法实施条例》第十九条规定：个人所得税法第六条第三款所称个人将其所得对教育、扶贫、济困等公益慈善事业进行捐赠，是指个人将其所得通过中国境内的公益性社会组织、国家机关向教育、扶贫、济困等公益慈善事业的捐赠；所称应纳税所得额，是指计算扣除捐赠额之前的应纳税所得额。

2.7.2 境外缴纳税额抵免的计税方法

纳税义务人从中国境外取得的所得，准予其在应纳税额中扣除已在境外缴纳的个人所得税税额，但扣除额不得超过该纳税义务人境外所得依照我国税法规定计算的应纳税额。

（1）个人所得税境外所得能计算的限额采用的是"分国又分项"的计算方法，不同于企业所得税的"分国不分项"。

（2）境外个人所得税的抵免，采用"分国不分项"的计算方法。

【例题24】 江女士2019年取得新加坡一家公司支付的劳务报酬金额10000元（折合成人民币，下同），被扣缴个人所得税1000元；在新加坡出版一部小说，获得稿酬20000元，被扣缴个人所得税2000元。同月还从美国取得利息收入1000元，被扣缴个人所得税300元；提供咨询劳务，获得报酬20000元，被扣缴个人所得税1500元。经核查，境外完税凭证无误。计算其境外所得在我国境内应补缴的个人所得税。

解析：计算限额"分国又分项"：

A：来自新加坡的综合所得按我国税法计算应纳税额=（10000+20000-5000）×20%-1410=3590（元）

B：美国的所得计算：

①来自美国的偶然所得按我国税法计算应纳税额=20000×20%=4000（元）

②来自美国的利息收入按我国税法计算应纳税额=1000×20%=200（元）

我国个人所得税的抵免限额采用"分国不分项"限额抵免法。

境外已纳税额＞抵免限额：不退国外多交税款；

境外已纳税额＜抵免限额：补交差额部分税额。

抵免限额的计算如表2-10所示。

表2-10 抵免限额计算表

单位：元

国别	所得项目	境外已纳税额	计算限额（分国又分项）	抵免限额（分国不分项加总）	应补交税额
新加坡	综合所得30000	3000	3590	3590	590
美国	利息1000	300	200	4200	2400
	偶然所得20000	1500	4000		

2.7.3 从事广告业个人取得所得的计税办法

（1）纳税人在广告设计、制作、发布过程中提供名义、形象而取得的所得（偶然的、临时性的），应按"劳务报酬所得"项目计算纳税。

（2）纳税人在广告设计、制作、发布过程中提供其他劳务取得的所得，视其情况分别按照税法规定的"劳务报酬所得""稿酬所得""特许权使用费所得"等应税项目计算纳税。

（3）扣缴义务人的本单位人员在广告设计、制作、发布过程中取得的由本单位支付的所得，按"工资、薪金所得"项目计算纳税。

2.7.4 演出市场个人取得所得的计税办法

演职员参加非任职单位组织的演出取得的报酬，应按"劳务报酬所得"项目，按次计算纳税；演职员参加任职单位组织的演出取得的报酬，应按"工资、薪金所得"项目，按月计算纳税。

2.7.5 股权转让所得个人所得税管理办法

按"财产转让所得"缴纳个人所得税，以股权转让方为纳税人，以受让方为扣缴义务人，于股权转让相关协议签订后5个工作日内报主管税务机关。

应纳税所得额＝股权转让收入－股权原值－合理费用

股权转让收入包括违约金、补偿金以及其他名目的款项、资产、权益等。纳税人按照合同约定，在满足约定条件后取得的后续收入，应当作为股权转让收入。

主管税务机关可以核定股权转让收入的情形：

（1）申报的股权转让收入明显偏低且无正当理由的；

（2）未按照规定期限办理纳税申报，经税务机关责令限期申报，逾期仍不申报的；

（3）转让方无法提供或拒不提供股权转让收入的有关资料的；

（4）其他应核定股权转让收入的情形。

符合下列情形之一，视为股权转让收入明显偏低：

（1）申报股权转让收入低于股权对应净资产份额的；

（2）申报的股权转让收入低于初始投资成本或低于取得该股权所支付的价款及相关税费的；

（3）申报的股权转让收入低于相同或类似条件下同一企业同一股东或其他股东股权转让收入的；

（4）申报的股权转让收入低于相同或类似条件下同类行业的企业股权转让收入的；

（5）不具合理性的无偿让渡股权或股份；

（6）主管税务机关认定的其他情形。

股权转让收入虽明显偏低，但视为有正当理由的情形：

（1）能出具有效文件，证明被投资企业因国家政策调整，生产经营受到重大影响，导致低价转让股权；

（2）继承或将股权转让给其能提供具有法律效力身份关系证明的配偶、父母、子女、祖父母、外祖父母、孙子女、外孙子女、兄弟姐妹以及对转让人承担直接抚养或者赡养义务的抚养人或者赡养人；

（3）相关法律、政府文件或企业章程规定，并有相关资料充分证明转让价格合理且真实的本企业员工持有的不能对外转让股权的内部转让；

（4）股权转让双方能够提供有效证据证明其合理性的其他合理情形。

主管税务机关有权核定股权转让收入，具体方法有净资产核定法、类比法、其他合理方法。

被投资企业的土地使用权、房屋、房地产企业未销售房产、知识产权、探矿权、采矿权、股权等资产占企业总资产比例超过20%的，主管税务机关可参照纳税人提供的具有法定资质的中介机构出具的资产评估报告核定股权转让收入。

个人转让股权未提供完整、准确的股权原值凭证，不能正确计算股权原值的，由主管税务机关核定其股权原值。

对个人多次取得同一被投资企业股权的，转让部分股权时，采用"加权平均法"确定其股权原值。

2.7.6 纳税人收回转让股权征收个人所得税方法

（1）股权转让合同履行完毕、股权已作变更登记，且所得已经实现的，转让人取得的股权转让收入应当依法缴纳个人所得税。转让行为结束后，当事人双方签订并执行解除原股权转让合同、退回股权的协议，是另一次股权转让行为，对前次转让行为征收的个人所得税款不予退回。

（2）股权转让合同未履行完毕，因执行仲裁委员会作出的解除股权转让合同及补充协议的裁决而停止执行原股权转让合同，并原价收回已转让股权的，由于其股权转让行为尚未完成，收入未完全实现，随着股权转让关系的解除，股权收益不复存在，纳税人不应缴纳个人所得税。

2.7.7 个人转让限售股征收个人所得税方法

（1）自2010年1月1日起，个人转让限售股取得所得，按照"财产转让所得"，适用20%的比例税率征收个人所得税。

应纳税所得额 = 限售股转让收入 −（限售股原值 + 合理税费）

应纳税额 = 应纳税所得额 ×20%

（2）如果纳税人未能提供完整、真实的限售股原值凭证，且不能准确计算限售股原值的，主管税务机关一律按限售股转让收入的15%核定限售股原值及合理税费。

（3）纳税人同时持有限售股及该股流通股的，其股票转让所得，按照限售股优先原则，即转让股票视同先转让限售股，按规定缴纳个人所得税。

【例题25】张某在某上市公司任职，任职期间该公司授予张某限售股3万股，假设该批限售股于2019年年初解禁，张某在8月之前陆续买进该公司股票2万股，股票平均买价为5.4元/股，但限售股授予价格不明确。假设2019年8月张某以8元/股的价格卖出公司股票4万股。在不考虑股票买卖过程中其他相关税费的情况下，张某转让4万股股票应缴纳个人所得税（　）万元。

A. 2.72　　　　B. 3.24　　　　C. 3.76　　　　D. 4.08

【答案】D

解析：张某股票转让所得，应按照限售股优先原则处理。张某转让的 4 万股股票中，有 3 万股是限售股，1 万股是上市公司流通股股票。个人转让境内上市公司普通股票暂不征收个人所得税。

应纳税所得额 =8×3×（1–15%）=20.4（万元）

应纳税额 =20.4×20%=4.08（万元）

2.7.8 关于单位低价向职工售房的政策

单位按低于购置或建造成本价格出售住房给职工，职工因此而少支出的差价部分，不并入当年综合所得，以差价收入除以 12 个月得到的数额，按照月度税率表确定适用税率和速算扣除数，单独计算应纳税额。计算公式为：

应纳税额 = 职工实际支付的购房价款低于该房屋的购置或建造成本价格的差额 × 适用税率 – 速算扣除数

【例题 26】某单位 2019 年购置一批商品房，低价销售给职工，2019 年 2 月李某以 30 万元的价格购买了其中一套（单位原购置价为 36 万元），李某每月工资 5000 元。下列关于李某买房行为的税务处理正确的是（　　）。

A. 该行为应缴纳个人所得税 11445 元

B. 该行为应缴纳个人所得税 1800 元

C. 应按购买价与单位原购置价的差价金额除以 12 的商数确定适用的税率

D. 低于购置成本购买住房的差价应按解除劳动关系得到补偿收入的计算方法缴纳个人所得税

【答案】B、C

解析：李某少支付的差价部分 =36–30=6（万元）

6÷12=0.5（万元），适用的税率为 10%，速算扣除数为 210

应纳税额 =6×10%–0.021=0.579（万元）

2.7.9 个人取得拍卖收入征收个人所得税的计算方法

对个人财产拍卖所得征收个人所得税时，以该项财产最终拍卖成交价格为其转让收入额。

如表 2-11 所示，个人财产拍卖所得适用"财产转让所得"项目计算应纳税所得额时，纳税人凭合法有效凭证（税务机关监制的正式发票、相关境外交易单据或海关报关单据、完税证明等），从其转让收入额中减除相应的财产原值、拍卖财产过程中缴纳的税金及有关合理费用。

表 2-11 个人拍卖收入征收个人所得税政策

拍卖物品	适用税目	应纳税所得额	税率
作者将自己的文字作品手稿原件或复印件拍卖	特许权使用费所得	转让收入额减除 800 元或者 20% 后的余额	20%
作者将他人的文字作品手稿原件或复印件拍卖	财产转让所得	转让收入额减除财产原值和合理费用后的余额	20%
个人拍卖除文字作品原稿及复印件外的其他财产	财产转让所得	转让收入额减除财产原值和合理费用后的余额	20%

纳税人如果不能提供合法、完整、准确的财产原值凭证，不能正确计算财产原值的，按转让收入额的 3% 征收率计算缴纳个人所得税；拍卖品为经文物部门认定的海外回流文物的，按转让收入额的 2% 征收率计算缴纳个人所得税。

纳税人的财产原值凭证内容填写不规范，或者一份财产原值凭证包括多件拍卖品且无法确认每件拍卖品一一对应的原值的，不得将其作为扣除财产原值的计算依据，应视为不能提供合法、完整、准确的财产原值凭证，并按规定的征收率计算缴纳个人所得税。

纳税人虽然能够提供合法、完整、准确的财产原值凭证，但不能提供有关税费凭证的，不得按征收率计算纳税，应当就财产原值凭证上注明的金额据实扣除，并按照税法规定计算缴纳个人所得税。

个人财产拍卖所得应纳的个人所得税税款，应由拍卖单位负责代扣代缴，并按规定到拍卖单位所在地主管税务机关办理纳税申报工作。

【例题 27】某市居民李某委托某拍卖行拍卖其 2019 年以 21000 元的价格从民间购买的一件瓷器（能提供有效发票），最终拍卖取得的收入是 500000 元，转让过程中缴纳可以在税前扣除的税费为 1500 元，则李某应缴纳个人所得税多少元？

【答案】95500 元

解析：应纳税所得额 =500000−21000−1500=477500（元）

应纳税额 =477500×20%=95500（元）

【例题 28】陈某拍卖其收藏品取得收入 50000 元，不能提供合法、完整、准确的收藏品财产原值凭证。陈某应缴纳个人所得税（　　）元。

A. 1500　　　　B. 2500　　　　C. 1000　　　　D. 5000

【答案】A

解析：应纳税额 =50000×3%=1500（元）

2.7.10　个人无偿受赠房屋产权的个人所得税处理

（1）以下情形的房屋产权无偿赠与，对当事双方不征收个人所得税：房屋产权所有人将房屋产权无偿赠与配偶、父母、子女、祖父母、外祖父母、孙子女、外孙子女、兄弟姐妹；房屋产权所有人将房屋产权无偿赠与对其承担直接抚养或者赡养义务的抚养人或者赡养人；房屋产权所有人死亡，依法取得房屋产权的法定继承人、遗嘱继承人或者受遗赠人。

除上述规定情形外，房屋产权所有人将房屋产权无偿赠与他人的，受赠人因无偿受赠房屋取得的受赠所得，按照"经国务院财政部门确定征税的其他所得"项目计算缴纳个人所得税，税率为 20%。

（2）对受赠人无偿受赠房屋计征个人所得税时，其应纳税所得额为房地产赠与合同上标明的赠与房屋价值减除赠与过程中受赠人支付的相关税费后的余额。赠与合同标明的房屋价值明显低于市场价格或房地产赠与合同未标明赠与房屋价值的，税务机关可依据受赠房屋的市场评估价格或采取其他合理方式确定受赠人的应纳税所得额。

（3）受赠人转让受赠房屋的，以其转让受赠房屋的收入减除原捐赠人取得该房屋的实际购置成本以及赠与和转让过程中受赠人支付的相关税费后的余额，为受赠人的应纳税所得额，依法计征个人所得税。受赠人转让受赠房屋价格明显偏低且无正当理由的，税务机关可以依据该房屋的市场评估价格或通过其他合理方式确定的价格核定其转让收入。

【例题 29】假设大刘 2019 年 9 月以 120 万元转让一套住房。该房产是 2016 年年底大刘的亲兄弟小刘赠送给他的。小刘 2014 年 4 月以 60 万元购入该房产。2016 年 12 月赠送给大刘的时候，房产评估价值 100 万元。大刘转让该房产时发生可扣除的各项税费大概 6 万元。那么大刘的受赠和转让都该如何纳税？

解析：受赠时：案例中大刘无偿受赠兄弟的住房，满足"无偿赠与配偶、父母、子女、祖父母、外祖父母、孙子女、外孙子女、兄弟姐妹"的情形，因此，赠与人小刘和受赠人大刘均无须缴纳个人所得税。

转让时：案例中大刘转让受赠的房产，在计算缴纳个人所得税时，应当扣除小刘购买该房产的"实际购置成本"即 60 万元，以及大刘在"转让过程中"支付的"相关税费" 6 万元后的余额（120-60-6）=54（万元），依法按照"财产转让所得"计征个人所得税 54×20%=10.8（万元）。

2.7.11 对律师事务所从业人员个人所得税的计算方法

（1）律师个人出资兴办的独资和合伙性质的律师事务所的年度生产经营所得，按照"个体工商户的生产、经营所得"缴纳个人所得税。出资律师本人的工资、薪金不得扣除。

（2）合伙制律师事务所应将年度经营所得全额作为基数，按出资比例或者事先约定的比例计算各合伙人应分配的所得，据以征收个人所得税。

（3）律师个人出资兴办的律师事务所，凡有《中华人民共和国税收征收管理法》第二十三条所列情形之一的，主管税务机关有权核定出资律师个人的应纳税额。

（4）律师事务所（聘任律师）雇员所得，应按工资、薪金所得项目征收个人所得税。

（5）作为律师事务所雇员的律师与律师事务所按规定的比例对收入分成，律师事务所不负担律师办理案件支出的费用（如交通费、资料费、通信费及聘请人员等费用）的，律师当月的分成收入按规定扣除办理案件支出的费用后，余额与律师事务所发给的工资合并，按"工资、薪金所得"应税项目计征个人所得税。

对作为律师事务所雇员的律师，其办案费用或其他个人费用在律师事务所报销的，在计算其收入时不得再扣除上述规定的其收入35%以内的办理案件支出费用。

（6）兼职律师从律师事务所取得工资、薪金性质的所得，律师事务所在代扣代缴其个人所得税时，不再减除个人所得税法规定的费用扣除标准，以收入全额（取得分成收入的为扣除办理案件支出费用后的余额）直接确定适用税率，计算扣缴个人所得税。

（7）律师以个人名义再聘请其他人员为其工作而支付的报酬，应由该律师按"劳务报酬所得"应税项目负责代扣代缴个人所得税。

（8）律师从接受法律事务服务的当事人处取得的法律顾问费或其他酬金，应并入其从律师事务所取得的其他收入，按照规定计算缴纳个人所得税。

【例题30】合伙人律师老吴每年分成加上工资收入50万元，假设2019年他收取的顾问费收入及其他收入减去成本、费用等后为50万元，律师事务所经营所得减去成本、费用等后为20万元，每年给自己缴纳医疗保险和养老保险共16800元，专项附加扣除为一年14400元。

请问老吴2019年综合所得需要缴纳多少个人所得税？

解析：工资、薪金应纳税所得额=500000-5000×12-16800-14400=408800（元）

工资、薪金应纳税额=408800×25%-31920=70280（元）

经营所得应纳税额=（200000+500000）×35%-65500=179500（元）

综上：老吴需要缴纳的个人所得税额：70280+179500=249780（元）

表 2-12　律师事务所从业人员个人所得税归纳总结

从业人员	收入类型	税目	备注
出资律师	事务所经营所得	经营所得	
	事务所对外投资分回利息或者股息、红利	股息、利息、红利所得	
雇员律师	工资＋约定的分成收入（律师事务所不负担律师办理案件支出的费用）	工资、薪金所得	1. 可扣除办理案件支出费用； 2. 如果为兼职律师，律师事务扣缴个税时不再减除个人所得税法规定的费用扣除标准
律所雇用的律师助手及行政辅助人员	工资	工资、薪金所得	
律师以个人名义再聘请其他人员	劳务报酬	劳务报酬所得	

2.7.12　个人投资者收购企业股权后，将企业原盈余积累转增股本个人所得税计税办法

1. 新股东以不低于净资产价格收购股权的，企业原盈余积累已全部计入股权交易价格，新股东取得盈余积累转增股本的部分，不征收个人所得税。

【例题 31】某居民企业的所有者权益情况为：股本（实收资本）2000 万元，资本公积 500 万元（其中股本溢价 300 万元），盈余公积 500 万元，未分配利润 600 万元，总计 3600 万元。王女士出资 4000 万元购买本企业 100% 股权。然后，以盈余积累转增资本。请问，本企业原股东、新股东王女士须缴纳多少个人所得税？

解析：

（1）本企业原股东：

股权转让应纳个人所得税 = [4000－（2000+300）]×20%=340（万元）

（2）新股东王女士：取得股权后，转增资本，无须缴纳个人所得税。

2. 新股东以低于净资产价格收购股权的，企业原盈余积累中，对于股权收购价格减去原股本的差额部分已经计入股权交易价格，新股东取得盈余积累转增股本的部分，不征收个人所得税；对于股权收购价格低于原所有者权益的差额部分未计入股权交易价格，新股东取得盈余积累转增股本的部分，应按照"利息、股息、红利所得"项目征收个人所得税。

【例题32】某居民企业的所有者权益情况为：股本（实收资本）1500万元，资本公积400万元（其中股本溢价200万元），盈余公积400万元，未分配利润500万元，总计2800万元。王女士出资2500万元购买本企业100%股权。然后以盈余公积转增资本。请问，本企业原股东、新股东王女士须缴纳多少个人所得税？

解析：

（1）本企业原股东：

股权转让应纳个人所得税=［2500-（1000+200）］×20%=260（万元）

（2）新股东王女士：

王女士取得股权后，转增资本，按规定，股权收购价格减去原股本的差额部分即2500-1500=1000（万元），已经计入股权交易价格，新股东取得盈余积累转增股本的部分，不征收个人所得税；对于股权收购价格低于原所有者权益的差额部分即2500-2800=-300（万元），应征税。即盈余积累1000万元中有300万元是不征个税的，剩余700万元需要缴纳个人所得税，王女士应缴个人所得税=700×20%=140（万元）。

须注意的是，新股东以低于净资产价格收购企业股权后转增股本，应按照下列顺序进行，即先转增应税的盈余积累部分，再转增免税的盈余积累部分。

2.7.13 个人非货币性资产投资个人所得税的计税方法

非货币性资产，是指现金、银行存款等货币性资产以外的资产，包括股权、不动产、技术发明成果以及其他形式的非货币性资产。非货币性资产投资，包括以非货币性资产出资设立新的企业，以及以非货币性资产出资参与企业增资扩股、定向增发股票、股权置换、重组改制等投资行为。

自2015年4月1日起，对个人非货币性资产投资按以下规定计算缴纳个人所得税：对2015年4月1日之前发生的个人非货币性资产投资，尚未进行税收处理且自发生非货币性资产投资应税行为之日起期限未超过5年的，可在剩余的期限内分期缴纳其应纳税款。

个人以非货币性资产投资，属于个人转让非货币性资产和投资同时发生。对个人转让非货币性资产的所得，应按照"财产转让所得"项目，依法计算缴纳个人所得税。

（1）个人以非货币性资产投资，应按评估后的公允价值确认非货币性资产转让收入。非货币性资产转让收入减除该资产原值及合理税费后的余额为应纳税所得额。

（2）个人以非货币性资产投资，应于非货币性资产转让、取得被投资企业股权时，确认非货币性资产转让收入的实现。

（3）个人应在发生非货币性资产投资应税行为的次月15日内向主管税务机关申报纳税。纳税人一次性缴税有困难的，可合理确定分期缴纳计划并报主管税务机关备案后，自发生非货币性资产投资应税行为之日起不超过5个公历年度内（含）分期缴纳个人所得税。

（4）个人以非货币性资产投资交易过程中取得现金补价的，现金部分应优先用于缴税；现金不足以缴纳的部分，可分期缴纳。

个人在分期缴税期间转让其持有的上述全部或部分股权，并取得现金收入的，该现金收入应优先用于缴纳尚未缴清的税款。

【例题33】小周于2019年3月1日投资100万元成立吉祥企业管理有限公司（简称"吉祥公司"），2019年3月17日经评估作价参与如意科技有限公司的定向增发，小周以每股8元的价格取得200万股如意科技公司的股票，定向增发后如意科技公司持有吉祥公司100%的股权。请问小周应否缴纳个人所得税？

解析：小周以其持有吉祥公司100%的股权经评估作价参与如意科技公司定向增发，2019年3月17日按每股8元的价格取得200万股如意科技公司的股票，应按"财产转让所得"项目缴纳个人所得税。

应缴个人所得税：（200×8-100）×20%=300（万元）。（注：评估费、印花税等其他税费忽略不计）

小周根据《财政部 国家税务总局关于个人非货币性资产投资有关个人所得税政策的通知》（财税〔2015〕41号）的规定，到吉祥公司所在地地税机关申报纳税；也可自行制订缴税计划并向主管税务机关报送"非货币性资产投资分期缴纳个人所得税备案表"、纳税人身份证明、投资协议、非货币性资产评估价格证明材料、能够证明非货币性资产原值及合理税费的相关资料，确定分期缴纳计划并报主管税务机关备案后，自2019年3月17日起不超过5个公历年度内（含）分期缴纳个人所得税。

2.7.14 关于保险营销员、证券经纪人佣金收入的计税方法

保险营销员、证券经纪人取得的佣金收入，属于劳务报酬所得，以不含增值税的收入减除20%的费用后的余额为收入额，收入额减去展业成本以及附加税费后，并入当年综合所得，计算缴纳个人所得税。保险营销员、证券经纪人展业成本按照收入额的25%计算。

扣缴义务人向保险营销员、证券经纪人支付佣金收入时，应按照累计预扣法计算预扣税款。

每月预扣时应纳税所得额 = 不含增值税收入 ×（1-20%）- 不含增值税收入 ×（1-20%）×25% - 附加税费 - 累计减除费用 - 累计专项扣除 - 累计专项附加扣除和累计依法确定的其他扣除

【例题34】小李是某保险公司保险代理人，2019年1—3月，分别取得保险代理佣金收入10300元、20600元、15450元，该保险公司接受税务机关委托代征税款，向个人保险代理人支付佣金费用后，代个人保险代理人统一向主管税务机关申请汇总代开增值税专用发票。假定小李每月应缴"三险一金"800元，无专项附加扣除和其他扣除，附加税费征收率为12%。保险公司该如何预扣预缴小李的个人所得税？

1月：

代征增值税=10300÷（1+3%）×3%=300（元）

代征附加税费=300×12%=36（元）

展业费用=（10300–300）×（1–20%）×25%=2000（元）

计税收入额=（10300–300）×（1–20%）–2000–36=5964（元）

应预扣个人所得税额=（5964–5000–800）×3%=4.92（元）

2月：

应征增值税=20600÷（1+3%）×3%=600（元）

应征附加税费=600×12%=72（元）

展业费用=（20600–600）×（1–20%）×25%=4000（元）

计税收入额=（20600–600）×（1–20%）–4000–72=11928（元）

应预扣个人所得税=［（5964+11928）–2×5000–2×800］×3%–4.92=183.84（元）

3月：

应征增值税=15450÷（1+3%）×3%=450（元）

应征附加税费=450×12%=54（元）

展业费用=（15450–450）×（1–20%）×25%=3000（元）

计税收入额=（15450–450）×（1–20%）–3000–54=8946（元）

应预扣个人所得税=［（5964+11928+8946）–3×5000–3×800］×3%–4.92–183.48=94.74（元）

2.7.15 关于外籍人员津补贴的计税方法

2019年1月1日至2021年12月31日，外籍人员符合居民个人条件的，可以选择享受个人所得税专项附加扣除，也可以选择按照规定，享受住房补贴、语言训练费、子女教育费等津补贴免税优惠政策，但不得同时享受。外籍人员一经选择，在一个纳税年度内不得变更。

自2022年1月1日起，外籍人员不再享受住房补贴、语言训练费、子女教育费等津补贴免税优惠政策，应按规定享受专项附加扣除。

【例题 35】凯文先生是英国人，2019 年来中国上海任某跨国公司中国区 CEO，任职期限 5 年，每年年薪百万元。租住在陆家嘴某高端住宅小区，月租金 3 万元左右。凯文先生的 2 个子女在上海某国际学校就读，一年学费超 30 万元。工作之余，凯文先生报名参加中文课程学习，每年培训费 6 万元。凯文先生每年回英国探望父母 2 次，探亲交通费 2 万元。凯文先生 2018 年取得境内任职公司发放的伙食补贴、搬迁费、洗衣费数万元。

在财税〔2018〕164 号文的新规定下，凯文先生取得的上述津补贴在中国应如何申报缴纳个人所得税呢？

解析：凯文先生是外籍人员，2019 年来中国任职，根据其享受的津补贴金额估算，在 2019 年 1 月 1 日至 2021 年 12 月 31 日，无论凯文先生是否构成中国税收居民个人，最佳选择都是按照现行政策享受住房补贴、语言训练费、子女教育费等津补贴免税优惠政策。

到 2022 年 1 月 1 日，凯文先生如构成中国税收居民个人，则应按规定享受专项附加扣除；如不构成中国税收居民个人，则应作为收入额计算缴纳税款。

第三章
扣除项目

2018年8月31日,《关于修改〈中华人民共和国个人所得税法〉的决定》经十三届全国人大常委会第五次会议表决通过。《个人所得税法》迎来了一次根本性变革：工资薪金、劳务报酬、稿酬和特许权使用费四项劳动性所得首次实行综合征税；个税起征点（即基本减除费用）由每月3500元提高至每月5000元（每年6万元）；首次增加子女教育支出、继续教育支出、大病医疗支出、住房贷款利息或住房租金、赡养老人支出等专项附加扣除；优化调整税率结构，扩大较低档税率级距等。

根据新《个人所得税法》的规定，2018年10月1日起施行最新起征点和税率。自2018年10月1日至2018年12月31日，纳税人的工资、薪金所得，先行以每月收入额扣减基本减除费用5000元以及专项扣除和依法确定的其他扣除后的余额为应纳税所得额（其中不包括扣减专项附加扣除费用的规定），并依照新个人所得税税率表（综合所得适用）计算缴纳税款。自2019年1月1日起，居民个人的工资、薪金，劳务报酬，稿酬，以及特许权使用费这四项所得实行综合课征，以每一纳税年度的综合所得额扣减新个税法规定的扣除项目即基本减除费用（60000元/年）、专项扣除、专项附加扣除和依法确定的其他扣除后的余额，为应纳税所得额，依照个人所得税税率表（综合所得适用）按月换算后计算缴纳税款。

根据新《个人所得税法》规定，在计算个人综合所得的应纳税所得额时，税前可以扣除的项目包括：基本减除费用、专项扣除、专项附加扣除以及其他扣除。下面将分别具体地介绍这四种扣除项目在计算个税时的具体扣除方法。

3.1 基本减除费用

基本减除费用也就是我们常说的个税起征点，正确的叫法应为个税免征额，即在个人综合所得总额中免予征税的数额。它是按照一定标准从个人综合所得总额中预先减除的数额。免征额部分不征税，只对超过免征额的部分征税。例如，个税的免征额为5000元，当月综合所得总额是5001元，那么当月的综合所得总额中的5000元就免予征收个人所得税，只就超出的1元钱缴税。

基本减除费用扣除亦称生计扣除，是指在征收个人所得税时从个人计税收入中予以减除的维持纳税人本人及其家庭成员所需的最低生活费用。生计扣除的多少，主要取决于纳税人及其家庭成员为维持最基本的生活水平所必需的费用，而最基本的生活水平又取决于当时社会生产力发展的状况。这也就是说，各个时期有其不同的最低生活水平。一般情况下，国家征税不仅不能影响人民的最低生活需要，而且要随着生产力水平的提高和社会的进步，不断地提高人民的福利，进而提升人民的生活水平。也就是说，基本减除费用的确定，一方面应当与本国的经济发展水平相适应，另一方面则应当体现出税收制度对公平目标的追求。目前，基本减除费用提升至5000元，是综合考虑了个人所得税的功能定位、政府的财政需求和纳税人的实际情况等因素。

3.2 专项扣除

个人所得税专项扣除，是对现行规定允许扣除的"三险一金"（即居民个人按照国家规定的范围和标准缴纳的基本养老保险、基本医疗保险、失业保险和住房公积金）进行归纳后的一个概念。其法定扣除的内容并没有发生变化，只是新增一个"专项扣除"的概念而已。

根据《财政部　国家税务总局关于基本养老保险费　基本医疗保险费　失业保险费　住房公积金有关个人所得税政策的通知》（财税〔2006〕10号）第一条的规定，企事业单位按照国家或省（自治区、直辖市）人民政府规定的缴费比例或办法实际缴付的基本养老保险费、基本医疗保险费和失业保险费，免征个人所得税；个人按照国家或省（自治区、直辖市）人民政府规定的缴费比例或办法实际缴付的基本养老保险费、基本医疗保险费和失业保险费，允许在个人应纳税所得额中扣除。企事业单位和个人超过规定的比例和标准缴付的基本养老保险费、基本医疗保险费和失业保险费，应将超过部分并入个人当期的工资、薪金收入，计征个人所得税。

根据《住房公积金管理条例》《建设部　财政部　中国人民银行关于住房公积金管理若干具体问题的指导意见》（建金管〔2005〕5号）等规定精神，单位和个人分别在不超过职工本人上一年度月平均工资12%的幅度内，其实际缴存的住房公积金，允许在个人应纳税所得额中扣除。单位和职工个人缴存住房公积金的月平均工资不得超过职工工作地所在设区城市上一年度职工月平均工资的3倍，具体标准按照各地有关规定执行。单位和个人超过上述规定比例和标准缴付的住房公积金，应将超过部分并入个人当期的工资、薪金收入，计征个人所得税。上述职工工资口径按照国家统计局规定列入工资总额统计的项目计算。个人实际领（支）取原提存的基本养老保险金、基本医疗保险金、失业保险金和住房公积金时，免征个人所得税。

针对"三险一金"专项扣除需要注意的是，"三险一金"仅包括基本养老保险费、基本医疗保险费、失业保险费和住房公积金。只有个人按照国家或省（自治区、直辖市）人民政府规定的缴费比例或办法实际缴付的"三险一金"才能在缴纳个人所得税前扣除，超标的部分（包括单位和个人）均计入个人当月工资、薪金总额缴纳个人所得税。其中需要关注的是住房公积金的缴费比例最高为12%，缴费基数最高为职工工作地所在设区城市上一年度职工月平均工资的3倍。

3.3 专项附加扣除

个人所得税专项附加扣除，是指个人所得税法规定的子女教育、继续教育、大病医疗、住房贷款利息或者住房租金、赡养老人六项专项附加扣除。个人所得税专项附加扣除遵循公平合理、利于民生、简便易行的原则。根据教育、医疗、住房、养老等民生支出变化情况，适时调整专项附加扣除范围和标准。下面将具体对各项专项附加扣除进行分析和解读。

3.3.1 子女教育

子女教育这项专项附加扣除是指纳税人的子女接受全日制学历教育的相关支出，按照每个子女每月1000元的标准定额扣除。其中全日制学历教育包括义务教育（小学、初中教育）、高中阶段教育（普通高中、中等职业、技工教育）、高等教育（大学专科、大学本科、硕士研究生、博士研究生教育）。年满3岁至小学入学前处于学前教育阶段的子女，也在扣除范围之内。扣除办法是父母可以选择由其中一方按扣除标准的100%扣除，也可以选择由双方分别按扣除标准的50%扣除，具体扣除方式在一个纳税年度内不能变更。

> **小贴士**
>
> 子女满3周岁，但未入幼儿园的，仍需要填写就读学校或者就读国家（地区）。如果不填写，将可能导致此条信息之后信息采集失败，影响个人享受专项附加扣除。子女处于满3周岁至小学入学前的学前教育阶段，但确实未接受幼儿园教育的，仍可享受子女教育扣除，就读学校可以填写"无"。

根据《国家税务总局关于发布〈个人所得税专项附加扣除操作办法（试行）〉的公告》（国家税务总局公告2018年第60号）第十二条规定，享受子女教育附加扣除的纳税人，应当填报配偶及子女的姓名、身份证件类型及号码、子女当前受教育阶段及起止时间、子女就读学校以及本人与配偶之间扣除分配比例等信息。在境内就读的,税务机关可以获取教育部门的学籍信息,纳税人不需留存资料备查。子女在境外接受教育的,纳税人应当留存境外学校录取通知书、留学签证等境外教育佐证资料。

```
                    ┌─ 扣除标准 ── 1000元/每个子女/每月
                    │
                    │              ┌─ 学前教育阶段:年满3岁至小学入学前
                    │              │
            子女教育 ├─ 扣除范围 ──┤
                    │              │  学历教育阶段:义务教育(小学、初中教
                    │              └─ 育)、高中阶段教育(普通高中、中等职
                    │                 业、技工教育)、高等教育(大学专科、
                    │                 大学本科、硕士研究生、博士研究生教育)
                    │
                    │              ┌─ 父母分别每月扣500元 ──┐
                    │              │                          ├─ 选择扣除办法后,一年不变
                    └─ 扣除办法 ──┤  父母某一方扣1000元 ────┘
                                   │
                                   └─ 境外接受教育的,留存境外学校录取通知
                                      书、留学签证等相关教育的证明资料备查
```

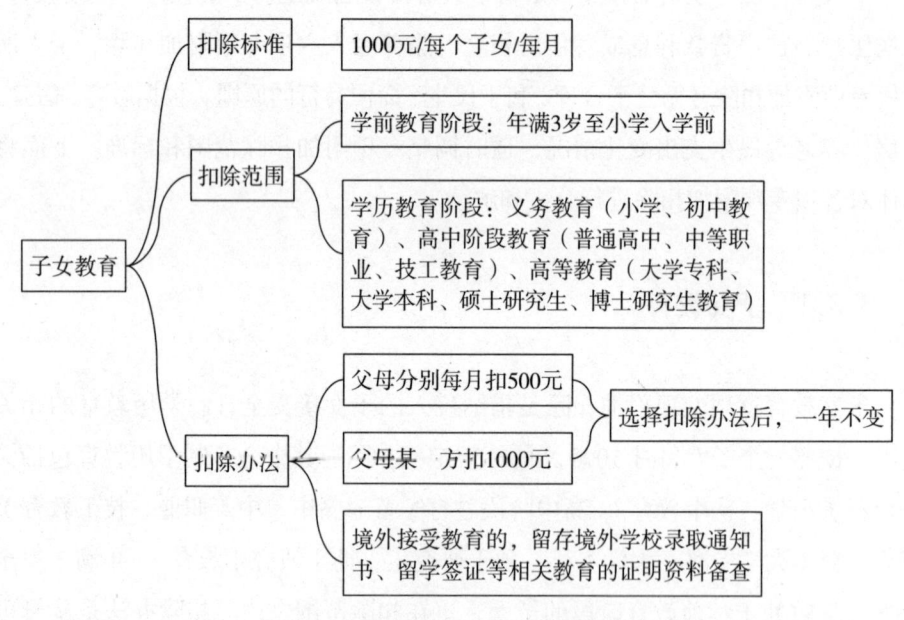

图 3-1　子女教育专项附加扣除

　　子女教育这项专项扣除中的子女既包括婚生子女、非婚生子女、养子女、继子女,也包括未成年但受到本人监护的非子女,也就是说该项扣除的主体是子女的法定监护人,包括生父母、继父母、养父母,父母之外的其他人担任未成年人的监护人的,比照执行。例如,小张和小李不是侄女小婷的亲生父母,但是他们是小婷的法定监护人,负有抚养和教育未成年的小婷的义务,因此,小张和小李也可以依法申报享受子女教育扣除。该项附加按照每个子女每个月 1000 元的定额进行扣除,并且对于每个子女的这项扣除,父母都可以选择由一人 100% 扣除,或者两人按 50% 分别扣除。例如,小刘和小王有一对儿女,大儿子上初中,小女儿上小学,均属于子女教育专项附加扣除的扣除范围。对于大儿子教育支出的附加扣除,小刘和小王商议由小刘一人 100% 扣除;对于小女儿教育支出的附加扣除,小刘和小王各扣 50%,也就是说,小刘每月子女教育专项附加扣除金额为

1500元；小王每月则可以扣除500元，且这种扣除方法一年内都不能改变，一年之后，两人也可以重新协商具体的扣除办法。

> **小贴士**
>
> 子女接受学历全日制教育中的寒暑假不影响父母享受子女教育专项附加扣除。只要纳税人未填写终止受教育时间，当年一经采集，全年不中断享受。

3.3.2 继续教育

继续教育这项附加扣除包括两种不同的继续教育，其一是学历（学位）继续教育，其二是职业资格继续教育以及专业技术人员职业资格继续教育。对于学历（学位）继续教育，扣除标准为每月400元定额扣除，同一项学历（学位）继续教育以48个月即4年为限。扣除办法是接受本科及以下学历（学位）继续教育，符合规定扣除条件的，可以选择由其父母扣除，也可以选择由本人扣除；接受本科以上学历（学位）继续教育只能由本人按每月400元定额扣除。对于职业资格继续教育以及专业技术人员职业资格继续教育，扣除办法为在取得相关证书的当年，按照3600元定额扣除。

> **小贴士**
>
> 继续教育专项附加扣除的范围限定于学历继续教育、技能人员职业资格继续教育和专业技术人员职业资格继续教育的支出，上述继续教育之外的花艺等兴趣培训不在税前扣除范围内。

上述继续教育的专项附加扣除中的学历（学位）继续教育是指非全日制的学历（学位）继续教育，本科及以下，可以选择由父母或者由本人扣除；本科以上，只能由本人扣除。如果是全日制学历教育的本科生、硕士研究生、博士研究生，

```
                    ┌─ 扣除标准 ── 每月400元定额扣除；同一继续教育以48个月为限
       ┌ 学历（学位）继续教育 ┤                    ┌─ 本人扣除
       │            └─ 扣除办法 ┬ 本科及以下，选择 ┤
继续教育 ┤                    │                   └─ 父母扣除
       │                    └ 本科以上 ── 本人扣除
       │
       │            ┌─ 扣除标准 ── 取得证书年度3600元/年
       └ 职业资格继续教育 ┤          ┌─ 技能人员职业资格继续教育
                    └─ 扣除办法 ┤─ 专业技术人员职业资格继续教育
                              └─ 留存相关证书等资料备查
```

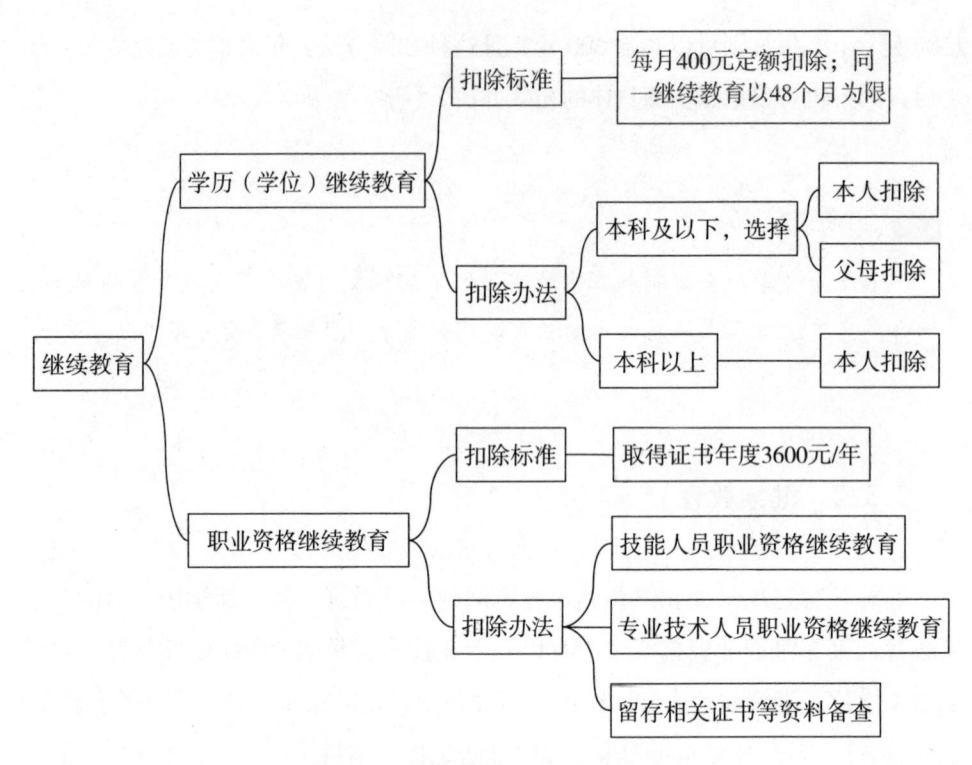

图 3-2　继续教育专项附加扣除

应当由其父母按照子女教育进行扣除。学历（学位）继续教育的扣除期限是在中国境内接受学历（学位）继续教育入学的当月至学历（学位）继续教育结束的当月，但同一学历（学位）继续教育的扣除期限最长不得超过 48 个月。需要注意的是，这"48 个月"包括纳税人因病、因故等休学且学籍继续保留的休学期间，以及施教机构按规定组织实施的寒暑假期。例如，假设小王 2019 年 9 月考上了某大学非全日制的税务硕士研究生，后因故休学一年但学籍继续保留，在计算小王的该学历（学位）继续教育的扣除期限时，应当包含小王休学的这一年 12 个月的时间。小王休学一年后于 2021 年 9 月重新接受税务硕士的继续教育，经过了一年的学习之后，又因其他原因最终并未取得学历（学位）证书。虽然小王接受硕士研究生的继续教育并未取得学历（学位）证书，但是在小王接受学历（学位）继续教育期间是可以享受不超过 48 个月的每月 400 元的定额扣除的。这是因为在接受学历继续教育方面，是按照学籍信息进行相关扣除，并不考察最终是否取得证书,因此纳税人也不需要保存相关资料。再如,小明通过自己的努力完成了税务硕士研究生的学历(学位)继续教育,但他想要继续进修另一专业的硕士研究生学位,小明可以重新按第二次参加学历(学位)继续教育扣除,并且扣除期限也应当重新计算,最长不得超过 48 个月。

上述继续教育的专项附加扣除中的职业资格继续教育以及专业技术人员职业资格继续教育,是在取得证书的当年按 3600 元定额扣除。同时,纳税人接受技能人员职业资格继续教育、专业技术人员职业资格继续教育的,应当留存相关证书等资料备查。举个例子,小芳在工作之余,不仅接受博士研究生的继续教育(在扣除期限范围内),还参加了两项专业技术人员职业资格继续教育,并且在 2019 年获得了两个技能人员职业资格证书,那么小芳在 2019 年可以按照学历(学位)继续教育每月扣除 400 元,全年也就是 4800 元;同时小芳还可以按照取得的专业技术人员资格证书在 2019 年扣除 3600 元。需要注意的是,即使小芳 2019 年取得了两项职业资格证书,也只能按照 3600 元定额扣除。

> **小贴士**
>
> 学历(学位)继续教育与职业资格继续教育可以同时享受;但多个学历(学位)继续教育不可同时享受,多个职业资格继续教育也不可同时享受。

3.3.3 大病医疗

大病医疗这项专项附加扣除是指在一个纳税年度内,纳税人发生的与基本医保相关的医药费用支出,扣除医保报销后个人负担(指医保目录范围内的自付部分)累计超过 15000 元的部分,可以由纳税人在办理年度汇算清缴时,在 80000 元限额内据实扣除。扣除办法是:纳税人发生的医药费用支出可以选择由本人或者其配偶扣除;未成年子女发生的医药费用支出可以选择由其父母一方扣除;纳税人及其配偶、未成年子女发生的医药费用支出,应当按照规定分别计算扣除额。纳税人应当留存医药服务收费及医保报销相关票据原件（或者复印件）等资料备查。医疗保障部门应当向患者提供医疗保障信息系统记录的本人年度医药费用信息查询服务。

> **小贴士**
>
> 　　纳税人日常看病时，应当注意留存医疗服务收费相关票据原件（或复印件）备查，同时可以通过医疗保障部门的医疗保障管理信息系统查询本人上一年度医药费用情况。纳税人在年度汇算清缴时填报相关信息申请退税。纳税人需留存医疗服务收费相关票据复印件备查。

大病医疗
- 扣除标准：在80000元每年的限额内据实扣除
- 扣除范围：个人负担累计超过15000元的部分
- 扣除办法：
  - 本人或配偶扣
  - 未成年子女由父母一方扣
  - 纳税人及其配偶、未成年子女发生的医药费用支出应分别计算扣除额
  - 年度汇算清缴时扣
  - 留存医疗票据原件或复印件备查

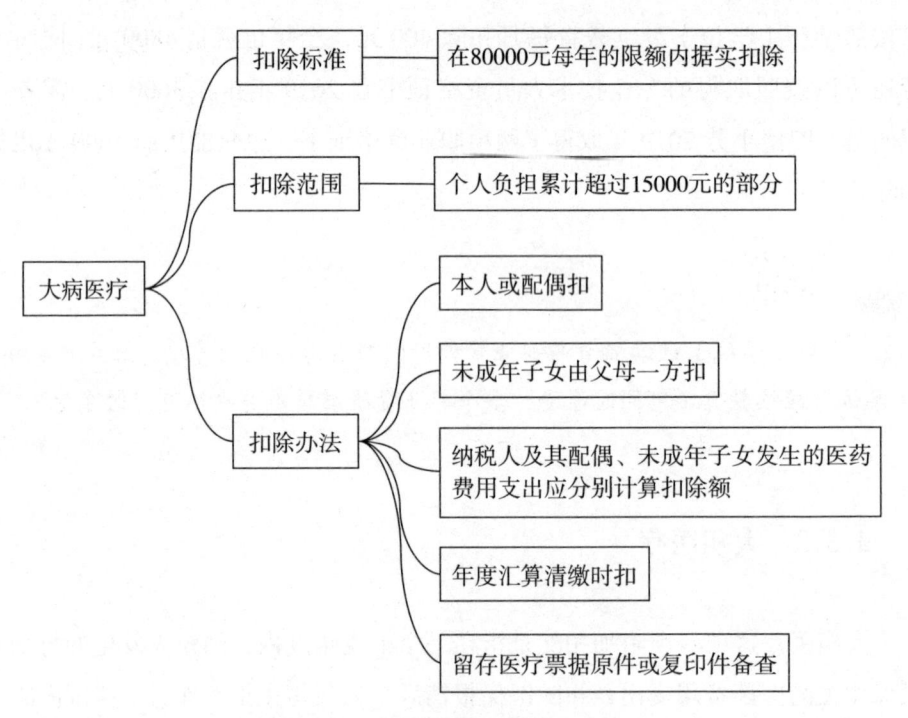

图3-3　大病医疗专项附加扣除

　　例如，小郭和小宋是一对夫妻，在2019年两人同时有符合条件的大病医疗支出，夫妻俩可以选择上述的大病医疗支出由双方各自在80000元限额内据实扣除，也可选择均由男方扣除。但是选择均由男方扣除时，男方的大病医疗支

出的最高扣除限额仍为 80000 元。在次年 3 月 1 日至 6 月 30 日汇算清缴时扣除。同时，在 2019 年，小郭的父亲也发生了大病医疗支出，但是该项支出目前并未被纳入大病医疗专项扣除的范围之中，也就是说，目前尚未将纳税人的父母纳入大病医疗扣除范围。但如果小郭和小宋的未成年子女发生了大病医疗支出，是可以选择由父母一方扣除的。

3.3.4 住房贷款利息

住房贷款利息这项专项附加扣除是指纳税人本人或者配偶单独或者共同使用商业银行或者住房公积金个人住房贷款为本人或者其配偶购买中国境内住房，发生的首套住房贷款利息支出，在实际发生贷款利息的年度，按照每月 1000 元的标准定额扣除，扣除期限最长不超过 240 个月。纳税人只能享受一次首套住房贷款的利息扣除。上述首套住房贷款是指购买住房享受首套住房贷款利率的住房贷款。经夫妻双方约定，可以选择由其中一方扣除，具体扣除方式在一个纳税年度内不能变更。夫妻双方婚前分别购买住房发生的首套住房贷款，其贷款利息支出，婚后可以选择其中一套购买的住房，由购买方按扣除标准的 100% 扣除，也可以由夫妻双方对各自购买的住房分别按扣除标准的 50% 扣除，具体扣除方式在一个纳税年度内不能变更。

举个例子，在 2017 年，小张和小李是一对情侣，两人在上海工作，并且两人分别购买了住房且发生了首套住房贷款，则小张发生的首套住房贷款利息可以按照每月 1000 元的标准定额扣除，小李发生的首套住房贷款利息也可以按照每月 1000 元的标准定额扣除。过了两年，2019 年，小张和小李成了一对夫妻，他们两人可以选择其中一套购买的住房，由购买方按扣除标准的 100% 扣除，也可以由夫妻双方对各自购买的住房分别按扣除标准的 50% 扣除。也就是说，可以选择小李（或小张）在婚前购买的住房由小李（或小张）一人扣除每月 1000 元的住房贷款利息支出，也可以选择小张和小李每人每月扣除 500 元，具体扣除方式在选择后的一个纳税年度内不能变更。如果小张和小李为了工作便利，又在工作单位附近租了一间房，发生了住房租金支出，此时，两人只能选择住房贷款利息支出或者住房租金支出中的一项扣除。

```
住房贷款利息
├── 扣除标准 —— 实际发生贷款利息的年度，按1000元/月的标准定额扣除，扣除期限最长不超过240个月
├── 扣除范围 —— 商业银行或者住房公积金个人住房贷款发生的首套住房贷款利息支出
└── 扣除办法
    ├── 夫妻选一方，一年不变
    ├── 婚前各扣各的
    ├── 婚后：由一方扣1000元每月，或者双方各扣500元每月
    ├── 只能享受一次首套住房贷款的利息扣除
    └── 留存贷款合同、贷款还款支出凭证
```

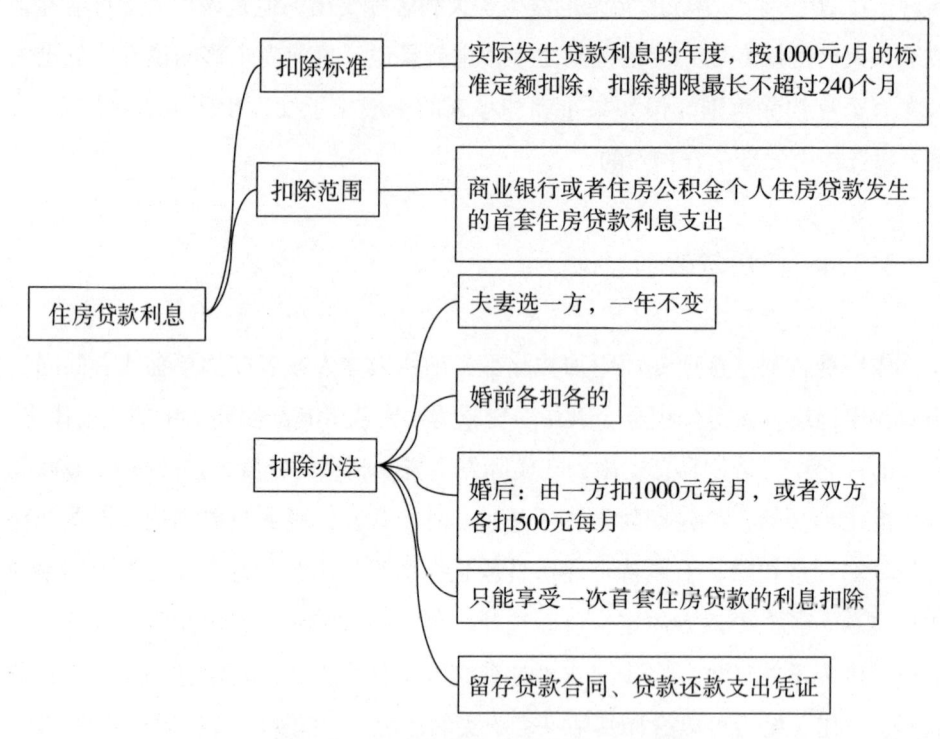

图 3-4　住房贷款利息专项附加扣除

住房贷款扣除"首套住房贷款利率"是否按银行的标准执行？银行在不同时期对首套住房贷款的规定也不同。如果纳税人甲名下共有 3 套住房，2 套住房有贷款，其中 1 套住房贷款在前几年贷的时候由于名下没有住房贷款而符合"首套房贷款利率"条件，甲可否享受扣除？而纳税人乙名下共有 2 套住房，其中第 1 套住房无贷款，第 2 套由于在近两年房产调控时购买，银行首套房贷款标准收紧，已不符合"首套房贷款利率"条件，乙能否享受扣除？

正确的解读应该是，"首套住房贷款利率"按人民银行规定的标准执行，只要住房贷款利率享受的是银行首套房贷利率，即可以享受此项扣除，每人（家庭）只能享受一次首套房贷利息扣除。上述案例中的甲虽有 3 套房子，但其中有 1 套符合"首套住房贷款利率"，可以享受此项扣除。乙第 1 套房屋未贷款，第 2 套房屋贷款，银行未让其享受"首套住房贷款利率"，不符合有关扣除条件，不

得扣除住房贷款利息。

将扣除范围限定于首套房贷款利息支出,是为了与"分城施策"的房地产调控政策相衔接,兼顾调控效果,体现"房住不炒"的中央精神,更好地保障人民的基本居住需求。

此外,目前商业银行贷款月均利息为 1025 元至 1189 元。从国际上看,韩国、墨西哥、意大利等国房贷利息扣除限额占人均月工资的 10% 至 15%,而上述扣除标准约占我国人均月工资的 15%,处于较高水平。

知识链接

关于做好个人所得税住房贷款利息专项附加扣除相关信息归集工作的通知

银办发〔2019〕71 号

为配合做好个人所得税专项附加扣除工作,现就个人所得税住房贷款利息专项附加扣除相关信息归集(以下简称信息归集)有关事项通知如下:

一、信息归集范围

信息归集的住房贷款为 1989 年 1 月 1 日(含)之后发放的商业性个人住房贷款,不包括个人商用房(含商住两用房)贷款。

信息归集的数据项包括"借款人姓名""证件类型及号码""贷款银行""贷款合同编号""是否为首套住房贷款""贷款类型""开户日期""到期日期""首次还款日期""是否已结清"和"结清日期"。

二、信息归集方式

依托人民银行征信系统(以下简称征信系统),在目前已采集的商业性个人住房贷款信息基础上,增加采集"贷款合同编号"和"是否为首套住房贷款"两个数据项。

(一)"是否为首套住房贷款"填报规则。

"是否为首套住房贷款"的判断以差别化住房信贷政策的发布时间为分界点。贷款发放日期在 2003 年 6 月 6 日(含)之后的,根据当时发放贷款的历史时间的差别化住房信贷政策以及所在地区在该历史时点发布的相关住房信贷政策执行标准判断"是否为首套住房贷款"。具体填报规则如下：

报"01-是"：商业银行在发放贷款的历史时点认定是首套住房贷款。

报"02-否"：商业银行在发放贷款的历史时点认定不是首套住房贷款。

贷款发放日期在2003年6月5日（含）之前的，报"04-未发布差别化住房信贷政策"。

（二）"贷款合同编号"填报规则。

"贷款合同编号"须填报行内能唯一定位一笔贷款业务的账号，原则上优先填报商业银行和借款人签订的纸质贷款合同编号。若商业银行填报纸质贷款合同编号确实有困难的，或者纸质贷款合同编号不能唯一定位一笔贷款业务的，可报送行内能唯一定位一笔业务的其他账号；无论该账号与已经报送征信系统的"业务号"是否相同，均须通过职业段的"工资账号"字段报送。

三、向借款人提供咨询服务

商业银行应向借款人提供关于"是否为首套住房贷款"和"贷款合同编号"信息的咨询服务。

（一）咨询"是否为首套住房贷款"。

对于1989年1日1日（含）至2003年6月5日（含）之间发放的商业性个人住房贷款，商业银行可告知借款人该期间未发布差别化住房信贷政策，没有首套住房贷款的概念，由借款人自己按照是否是家庭的首次住房贷款进行判断。借款人可查看本人及配偶手中的商业性个人住房贷款合同和个人公积金住房贷款合同，比对贷款的发放日期，发放日期最早的那笔贷款若在2018年12月31日仍未结清，就是首次个人住房贷款，可参照首套住房贷款，依法享受个人所得税专项附加扣除政策。

对于2003年6月6日（含）之后发放的商业性个人住房贷款，商业银行无法实时答复借款人的，应做好解释工作，并在查询相关住房贷款档案后给予回复。

商业银行在信息归集中确实无法填报住房贷款相关数据，但能确认住房贷款真实存在的，应向借款人提供相关信息。信息内容包括但不限于借款人姓名、证件类型及号码、贷款余额、贷款期限、剩余还款时间、是否结清等信息，须加盖公章，提供给借款人留存备查。

（二）咨询"贷款合同编号"。

商业银行应及时通过短信、电话、网银、APP、官方网站等多种形式告知借款人获取"贷款合同编码"的途径和填写方式。

3.3.5 住房租金

住房租金这项专项附加扣除是指纳税人在主要工作城市没有自有住房而发生的住房租金支出，可以按照以下标准定额扣除：（1）直辖市、省会（首府）城市、计划单列市以及国务院确定的其他城市，扣除标准为每月1500元；（2）除第（1）项所列城市外，市辖区户籍人口超过100万人的城市，扣除标准为每月1100元；市辖区户籍人口不超过100万人的城市，扣除标准为每月800元。市辖区户籍人口，以国家统计局公布的数据为准。纳税人的配偶在纳税人的主要工作城市有自有住房的，视同纳税人在主要工作城市有自有住房，在该城市发生的住房租金不能享受住房租金专项附加扣除。上述的主要工作城市是指纳税人任职受雇的直辖市、计划单列市、副省级城市、地级市（地区、州、盟）全部行政区域范围；纳税人无任职受雇单位的，为受理其综合所得汇算清缴的税务机关所在城市。以石家庄市为例，纳税人在石家庄郊县有房，在石家庄市区工作，视为当地有房，不可以扣除租金。如果夫妻双方主要工作城市相同的，只能由一方扣除住房租金支出；如果夫妻双方主要工作城市不同，则可以由双方各自扣除。住房租金支出由签订租赁住房合同的承租人扣除。纳税人应当留存住房租赁合同、协议等有关资料备查。

上述扣除标准较大程度地覆盖了全国平均租金支出水平，同时兼顾了各地租金水平的差异性。住房租金扣除标准总体上略高于房贷利息扣除标准，体现了对租房群体的照顾。采取定额扣除而不按租金发票限额据实扣除，是考虑了目前租房市场的实际情况，即大部分租赁行为并没有开具发票，如果把发票作为前置条件，会增加纳税人负担，还会推高租金价格。依据住房租赁合同扣除，比较容易拿到证据。

根据《国家税务总局关于发布〈个人所得税专项附加扣除操作办法（试行）〉的公告》（国家税务总局公告2018年第60号）的相关规定，纳税人享受住房租金专项附加扣除，应当通过远程办税端或电子模板填报"个人所得税专项附加扣除信息表"，在月度预扣预缴时报送给扣缴义务人或者在年度终了后报送给主管税务机关，完整录入主要工作城市、租赁住房坐落地址、出租人姓名及身份证件类型和号码或者出租方单位名称及纳税人识别号（社会统一信用代码）、租赁起止时间等信息（纳税人有配偶的，填写配偶姓名、身份证件类型及号码等信息），即可享受住房租金专项附加扣除。注意留存扣缴由义务人签章的"个人所得税专项附加扣除信息表"纸质件，同时将住房租赁合同或协议等资料留存备查。

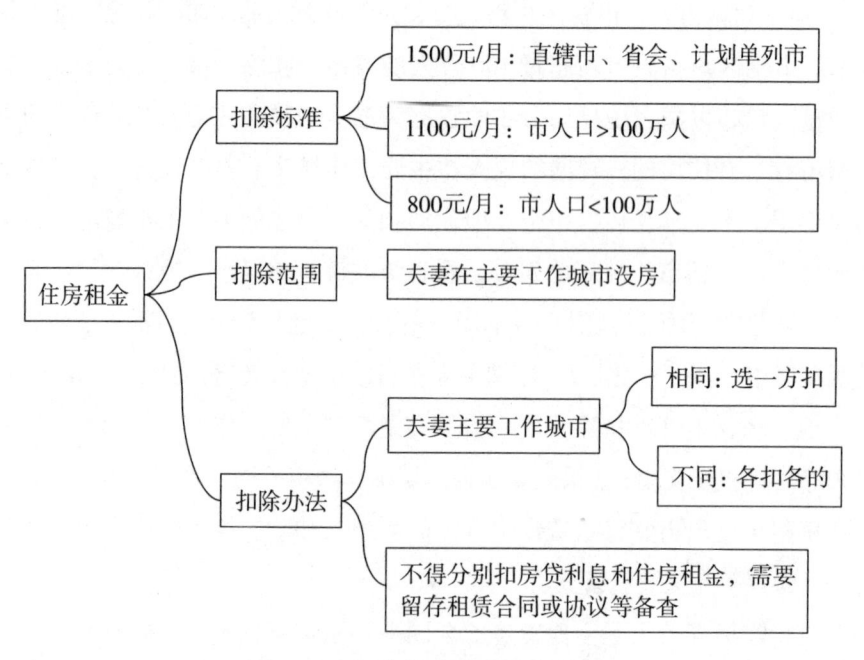

住房租金
- 扣除标准
  - 1500元/月：直辖市、省会、计划单列市
  - 1100元/月：市人口>100万人
  - 800元/月：市人口<100万人
- 扣除范围
  - 夫妻在主要工作城市没房
- 扣除办法
  - 夫妻主要工作城市
    - 相同：选一方扣
    - 不同：各扣各的
  - 不得分别扣房贷利息和住房租金，需要留存租赁合同或协议等备查

图3-5　住房租金专项附加扣除

对于住房租金支出的专项附加扣除，扣除条件总结为以下三点：第一，本人及配偶在主要工作城市无自有住房；第二，本人及配偶扣除年度未扣除住房贷款利息支出；第三，本人及配偶主要工作城市相同的，该扣除年度配偶未享受过住

房租金支出扣除。

下面通过具体的事例进一步了解住房租金的扣除办法。小黄和同事小罗在北京工作，由于两人都没有自有住房，所以只能在工作单位就近合租了一间公寓。因两人分别与出租方签署了规范的租房合同，所以小黄和小罗都可以按照每月1500元的定额在税前扣除住房租金支出。后来，小黄由于不适应当前的租处，就重新在附近找了别的公寓，但是由于之前租住的公寓期限并未到期，导致中间有重叠租赁月份。小黄在填报住房租金专项扣除的时候，虽然一个月同时租住两处住房，但是只能填写其中一处。亦即中间月份更换租赁住房的，不能填写两处租赁日期有交叉的租赁住房信息。

> **小贴士**
>
> 如果此前已经填报过住房租赁信息的，只能填写新增租赁信息，且必须晚于上次已填报的住房租赁最后日期所属月份。确需修改已填报信息的，需联系扣缴义务人在扣缴客户端修改。

小罗由于工作原因当年一直被外派并在被外派当地租房居住，如果公司为外派员工解决住宿问题，则小罗不应扣除住房租金；如果小罗自行解决租房问题，且一年内多次变换工作地点的，小罗应及时向扣缴义务人或者税务机关更新专项附加扣除相关信息，允许一年内按照更换工作地点的情况分别进行扣除。

3.3.6 赡养老人

赡养老人这项专项附加扣除是指纳税人赡养一位及以上被赡养人的赡养支出，统一按照以下标准定额扣除：（1）纳税人为独生子女的，按照每月2000元的标准定额扣除；（2）纳税人为非独生子女的，由其与兄弟姐妹分摊每月2000元的扣除额度，每人分摊的额度不能超过每月1000元。可以由赡养人均摊或者约定分摊，也可以由被赡养人指定分摊。约定或者指定分摊的须签订书面分摊协议，指定分摊优先于约定分摊。具体分摊方式和额度在一个纳税年度内不能变更。上述所称的被赡养人是指年满60周岁的父母，以及子女均已去世的年满60周岁的祖父母、外祖父母。

符合赡养老人这项专项附加扣除的情形如下：（1）纳税人是独生子女，且父母中有一方年满60周岁的，纳税人可以按照规定标准扣除。（2）纳税人为非独生子女的，且父母中有一方年满60周岁的，纳税人可以与其兄弟姐妹按照规定标准分摊扣除。具体分摊方式包括兄弟姐妹按人数均摊、兄弟姐妹约定分摊以及由其父母指定分摊。在约定分摊和指定分摊方式下，每个纳税人的扣除金额不能超过规定扣除标准的50%，且指定分摊方式优先。（3）被赡养老人的子女都去世的，可以由孙子女、外孙子女按照上述规定扣除。需要注意以下两点：一是纳税人赡养两个及以上老人的，不按老人人数加倍扣除。二是祖父母、外祖父母的子女已经去世，实际承担对祖父母、外祖父母赡养义务的孙子女、外孙子女可以扣除相关支出。

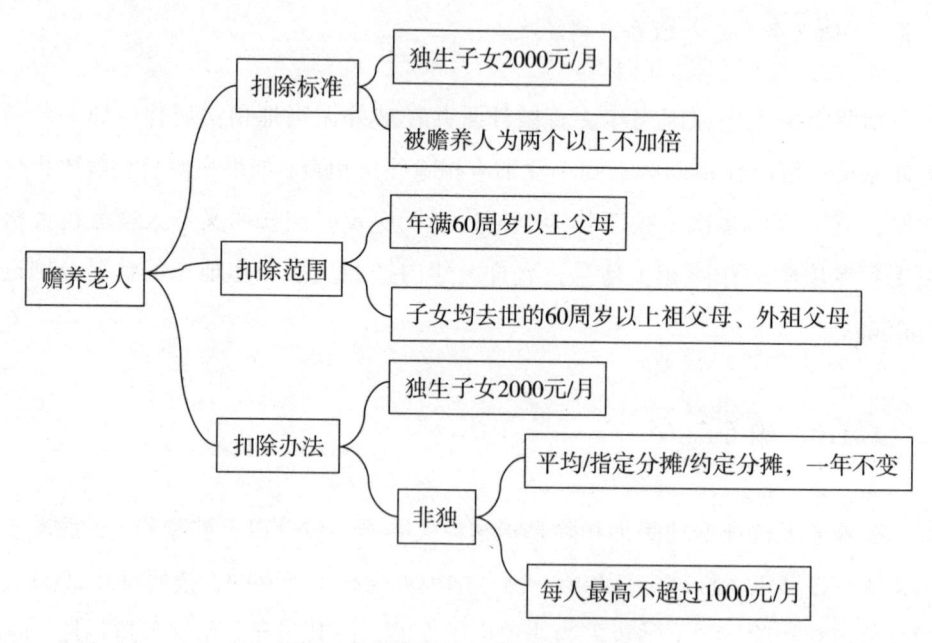

图3-6 赡养老人专项附加扣除

根据赡养老人专项附加扣除的规定可知，被赡养人只能是年满60周岁的父母（父母其中一方年满60周岁即可）以及子女均已去世的年满60周岁的祖父母、外祖父母（同理只需一方年满60周岁即可），如果是赡养岳父、岳母或公婆的费用则不属于上述被赡养人的范围。同时值得注意的是，对于独生子女来说，赡养老人的扣除标准为每月2000元，对于非独生子女而言，无论采用由被赡养人指定分摊的方法，还是均摊或约定分摊的方法，非独生子女的扣除限额都为每月1000元。举个例子，在2019年，小红的父母均年满60周岁，小红不是独生子女，她有一个丧失了劳动力且并未工作的哥哥和一位未成年且未参加工作的弟弟，也就是说，在小红家中只有小红一个人在工作，但是对于小红而言，赡养老人的扣除限额仍然为每月1000元。等到小红的弟弟成年并且开始工作之后，小红和她的弟弟可以选择均摊的方式，两人分别每月扣除1000元，采取均摊方式只需向税务机关填报相应的信息即可，不需要留存资料。如果小红有两个弟弟都参加工作，那么他们三人可以均摊，也可以采取约定分摊或者由其父母指定分摊的方式，此时则须签订书面分摊协议并由自己留存备查。

专项附加扣除并不能直接减免个人所得税，而是需要代入一个公式中进行计算，最后的得数才是个人应当缴纳的个人所得税额。个人应纳所得税额=（税前收入-基本减除费用-"三险一金"-专项附加扣除-法定其他扣除）×税率-速算扣除数。下面通过具体的案例来讲解专项附加扣除在计算个人所得税时的具体操作（详见表3-1、表3-2）。

表3-1 一对夫妻赡养老人、有孩子、有房贷

小刘	小王
独生子女	独生子女
父母已过60周岁	父母已过60周岁
与小王育有一子，上小学	与小刘育有一子，上小学
家庭住房有首套房房贷	家庭住房有首套房房贷
月薪15000元（扣除社保、公积金后）	月薪9000元（扣除社保、公积金后）

续表

专项附加扣除：2000（赡养老人）+1000（子女教育）+1000（住房贷款利息）=4000（元）	专项附加扣除：2000元（赡养老人）
夫妻商定，子女教育、住房贷款利息均由丈夫小刘扣除	
增加专项附加扣除前，小刘应纳所得税额为：（15000-5000）×10%-210=790（元）	增加专项附加扣除前，小王应纳所得税额为：（9000-5000）×10%-210=190（元）
增加专项附加扣除后，小刘应纳所得税额为：（15000-5000-4000）×10%-210=390（元）	增加专项附加扣除后，小王应纳所得税额为：（9000-5000-2000）×3%=60（元）
结论：增加专项附加扣除后，小刘和小王夫妻两人每月可少缴个人所得税税额为530元，相当于每年少缴6360元	

表3-2 北漂单身女子在北京工作、租房

小张在北京工作、租房
攻读在职研究生
独生子女且父母已过60周岁
月薪12000元（扣除社保、公积金后）
专项附加扣除：1200（住房租金）+400：（学历学位继续教育）+2000（赡养老人）=3600（元）
增加专项附加扣除前，小张应纳所得税额为：（12000-5000）×10%-210=490（元）
增加专项附加扣除后，小张应纳所得税额为：（12000-5000-3600）×10%-210=130（元）
结论：增加专项附加扣除后，小张每月可少缴个人所得税税额为360元，相当于每年少缴4320元

3.3.7 专项附加扣除申报需要注意的事项

纳税人向收款单位索取发票、财政票据、支出凭证的，收款单位不能拒绝提供。

纳税人首次享受专项附加扣除的，应当将专项附加扣除相关信息提交扣缴义务人或者税务机关，扣缴义务人应当及时将相关信息报送税务机关，纳税人对所提交信息的真实性、准确性、完整性负责。专项附加扣除信息发生变化的，纳税人应当及时向扣缴义务人或者税务机关提供相关信息。上述专项附加扣除相关信息，包括纳税人本人、配偶、子女、被赡养人等个人身份信息，以及国务院税务主管部门规定的其他与专项附加扣除相关的信息。

对于法律法规规定纳税人需要留存备查的相关资料，应当留存 5 年。

有关部门和单位有责任和义务向税务部门提供或者协助核实以下与专项附加扣除有关的信息：（1）公安部门有关户籍人口基本信息、户籍成员关系信息、出入境证件信息、相关出国人员信息、户籍人口死亡标识等信息；（2）卫生健康部门有关出生医学证明信息、独生子女信息；（3）民政部门、外交部门、法院有关婚姻状况信息；（4）教育部门有关学生学籍信息（包括学历继续教育学生学籍、考籍信息）、在相关部门备案的境外教育机构资质信息；（5）人力资源社会保障等部门有关技工院校学生学籍信息、技能人员职业资格继续教育信息、专业技术人员职业资格继续教育信息；（6）住房城乡建设部门有关房屋（含公租房）租赁信息、住房公积金管理机构有关住房公积金贷款还款支出信息；（7）自然资源部门有关不动产登记信息；（8）人民银行、金融监督管理部门有关住房商业贷款还款支出信息；（9）医疗保障部门有关在医疗保障信息系统记录的个人负担的医药费用信息；（10）国务院税务主管部门确定需要提供的其他涉税信息。

上述数据信息的格式、标准、共享方式，由国务院税务主管部门及各省、自治区、直辖市和计划单列市税务局商有关部门确定。有关部门和单位拥有专项附加扣除涉税信息，但未按规定要求向税务部门提供的，拥有涉税信息的部门或者单位的主要负责人及相关人员承担相应责任。扣缴义务人发现纳税人提供的信息与实际情况不符的，可以要求纳税人修改。纳税人拒绝修改的，扣缴义务人应当向税务机关反映相关情况，税务机关应当及时处理。

表 3-3　有关部门向税务部门提供或协助核实与专项附加扣除有关的信息

有关部门和单位	核实内容
公安部门	有关身份信息、户籍信息、出入境证件信息、出国留学人员信息、公民死亡标识等信息
卫生健康部门	有关出生医学证明信息、独生子女信息
民政部门、外交部门、法院	有关婚姻登记信息
教育部门	有关学生学籍信息（包括学历继续教育学生学籍信息）或者在相关部门备案的境外教育机构资质信息
人力资源社会保障等部门	有关学历继续教育（职业技能教育）学生学籍信息、职业资格继续教育、技术资格继续教育信息
财政部门	有关继续教育收费财政票据信息
住房城乡建设部门	有关房屋租赁信息、住房公积金管理机构有关住房公积金贷款还款支出信息
自然资源部门	有关不动产登记信息
人民银行、金融监督管理部门	有关住房商业贷款还款支出信息
医疗保障部门	有关个人负担的医药费用信息

税务机关核查专项附加扣除情况时，纳税人任职受雇单位所在地、经常居住地、户籍所在地的公安派出所、居民委员会或者村民委员会等有关单位和个人应当协助核查。所有的专项附加扣除在纳税人本年度综合所得应纳税所得额中扣除，本年度扣除不完的，不得结转以后年度扣除。个人所得税专项附加扣除额一个纳税年度扣除不完的，不得结转以后年度扣除。

3.4　法定其他扣除

个人所得税的法定其他扣除包括个人缴付符合国家规定的企业年金、职业年金，个人购买符合国家规定的商业健康保险、税收递延型商业养老保险的支出，以及国务院规定可以扣除的其他项目。

个人缴付的符合国家规定的企业年金、职业年金的具体处理办法如下：企事业单位（以下统称单位）根据国家有关政策规定的办法和标准，为在本单位任职或者受雇的全体职工缴付的企业年金或职业年金（以下统称年金）单位缴费部分，在计入个人账户时，个人暂不缴纳个人所得税。个人根据国家有关政策规定缴付的年金个人缴费部分，在不超过本人缴费工资计税基数的4%标准内的部分，暂从个人当期的应纳税所得额中扣除。超过上述标准范围缴付的年金单位缴费和个人缴费部分，应并入个人当期的工资、薪金所得，依法计征个人所得税。税款由建立年金的单位代扣代缴，并向主管税务机关申报解缴。其中，企业年金个人缴费工资计税基数为本人上一年度月平均工资。月平均工资按国家统计局规定列入工资总额统计的项目计算。月平均工资超过职工工作地所在设区城市上一年度职工月平均工资300%以上的部分，不计入个人缴费工资计税基数。其中职业年金个人缴费工资计税基数为职工岗位工资和薪级工资之和。职工岗位工资和薪级工资之和超过职工工作地所在设区城市上一年度职工月平均工资300%以上的部分，不计入个人缴费工资计税基数。

自2017年7月1日起，个人自行购买符合国家规定的商业健康保险的，可以按照2400元/年（200元/月）的标准在税前扣除。单位统一为员工购买的，视同个人购买，按照单位为每一员工购买的保险金额分别计入其工资、薪金，并在2400元/年（200元/月）的标准内按月税前扣除。取得综合所得扣缴申报和按月自行申报时，月度保费大于200元的，填写200元；月度保费小于200元的，按月度保费填写。个体工商户业主、个人独资企业投资者、合伙企业个人合伙人和承包承租经营者申报时，年度保费金额大于2400元的，填写2400元；年度保费小于2400元的，按实际年度保费填写。

个人税收递延型商业养老保险（简称税延养老保险）目前仍在试点阶段。财税〔2018〕22号规定：自2018年5月1日起，在上海市、福建省（含厦门市）和苏州工业园区实施个人税收递延型商业养老保险试点。试点期限暂定1年。对试点地区个人通过个人商业养老资金账户购买符合规定的商业养老保险产品的支出，允许在一定标准内税前扣除；计入个人商业养老资金账户的投资收益，暂不征收个人所得税，待个人领取商业养老金时再征收个人所得税。

"税收递延型"是指：(1)当期在购买此种保险时，不存在缴税的事，而且向保险公司缴纳的保险费（即保费）还可以在一定标准内税前扣除：取得工资、薪金和连续性劳务报酬所得的个人，按当月收入的6%和1000元中较低者确定；取得经营所得的个人，按当年应税收入的6%和12000元中较低者确定。(2)按期缴纳的保费全部计入个人的专款专用账户（对保险公司来说是参保人的专款产品账户），形成一个养老年金（简言之，年金是等额、定期的系列收支）。此账户有个积累期，也就是说，资金在不断积累。积累期结束前，资金只能进不能出；积累期结束后进入领取期，才可以将账户里的资金取出来。资金在到期领取前会产生利息收入，对于该收入，暂不征个税。账户资金根据个人风险偏好可进行投资，如购买国债，所取得的投资收益也暂不征个税。"税收递延型"只是税收递延，不是税收免除，在个人领取时还是要征收个税的。领取要达到规定的条件，如达到国家规定的退休年龄、发生保险合同约定的全残或身亡等。按期或一次性领取的商业养老保险，是个人收入的一部分。对于领取的商业养老金收入中的25%部分予以免税，其余75%部分按照10%的比例税率计算缴纳个人所得税。

国务院规定的其他扣除项目包括：个人将其所得对教育、扶贫、济困等公益慈善事业进行捐赠，捐赠额未超过纳税人申报的应纳税所得额30%的部分，可以从其应纳税所得额中扣除；国务院规定对公益慈善事业捐赠实行全额税前扣除的，从其规定。

第四章

个人所得税涉外业务

4.1 外籍人员涉税管理

近年来，大量外国企业在华设立了子公司，随之而来的还有众多作为企业高管的外籍人士。由于我国对外籍在华人员个人所得税规定得较为复杂，且新《个人所得税法》的出台也对其产生了一定影响，因此本专题将对相关外籍高管的个税政策进行简要归纳，结合具体案例说明外籍高管在华任职期间取得的各项收入，应如何缴纳个人所得税。

4.1.1 外籍人员涉税政策

1. 基本概念

改革开放以来，中国在吸引外资方面成果显著，越来越多的境外企业在中国境内设立分支机构和子公司，同时也会派遣外籍员工到中国境内工作，这些外籍员工有的可能会同时被国外的母公司和中国的子公司或分公司作为高管雇用，由此在中国国内税法中便产生了对这些外籍高管的工资、薪金等各项所得如何征税的问题。

外籍高管的个人所得税情形比较复杂。首先，从高管类型来看，如果高管仅仅担任中国居民公司的董事，其收入对应的税目是劳务所得；如果高管担任除董事外其他职务的，其收入所对应的税目是工资薪金所得。其次，根据中国与不同国家与地区签订的税收协定看，有些税收协定规定只要担任外籍高管，不论其是否在中国境内停留，其来源于中国境内的所得均应在中国缴税；而有些税收协定规定只要担任董事，不论其是否在中国境内停留，其来源于中国境内的所得均应在中国缴税。

对于高层管理人员的定义，实务中往往有不同的理解。税法上所称的高层管理职务，根据国税函〔1995〕125号文的规定，是指公司正、副（总）经理，各职能总师、总监，以及其他类似公司管理层的职务。但是在实践中，对外籍高管的理解通常较为宽泛。为了更全面地分析现实问题，本章对外籍高管的讨论并不局限于上述税法定义，而是将对中国境内企业（或机构）具有一定决策力或管理影响力、因从事与中国境内企业有关的活动而有来源于中国境内所得的外籍人员作为研究对象。

2. 税务考量

外籍人员个税事项的核心问题主要有三个：一是纳税人的确定，二是应税所得范围的确定，三是税款的计算与缴纳。首先判断在中国境内是否有住所及居住时间的长短：一是基础性规则，即外籍人员只要在中国境内取得所得，就需要缴纳个税；二是补充性规则，即如果在中国境内有住所或者在一个纳税年度内在中国境内居住满183天，还需要就境外所得缴纳个税。

（1）纳税人的确定

根据旧《个人所得税法》第1条规定，对于中国国境内有住所，或者无住所但在国内居住满一年的个人，对来源于中国境内和境外的所得征税。根据此条及其实施条例，如果长期离境，一年内一次性离境超过30天，或多次离境累计超过90天，就可以规避居民纳税人身份。而新《个人所得税法》导入了居民的概念，并与国际惯例及税收协定接轨，确立了183天的测试标准，将居民定义为在中国境内有住所的个人，或无住所但一年内在中国境内累计居住满183天的个人。对于居民个人，对其从中国境内和境外取得的所得征税；而对非居民个人，则仅对其从中国境内取得的所得征税。

表4–1 非居民纳税人判定标准

	定义（满足任意一条）	纳税范围
居民纳税人	（1）在中国境内有住所； （2）无住所，且一年内在中国境内累计居住满183天	从中国境内和境外取得的收入

续表

	定义（满足任意一条）	纳税范围
非居民纳税人	（1）在中国境内无住所、不居住； （2）无住所，且一年内在中国境内累计居住不满183天	从中国境内取得的收入

注：这项修改无疑严格了税收征收条件。但是，因为包括日本在内的很多国家已经与中国签订了税收协定以避免双重征税，大多时候已经按照协定中183天的规定在执行。所以，这项操作对于跨国税收的实务操作来说，影响并不大。

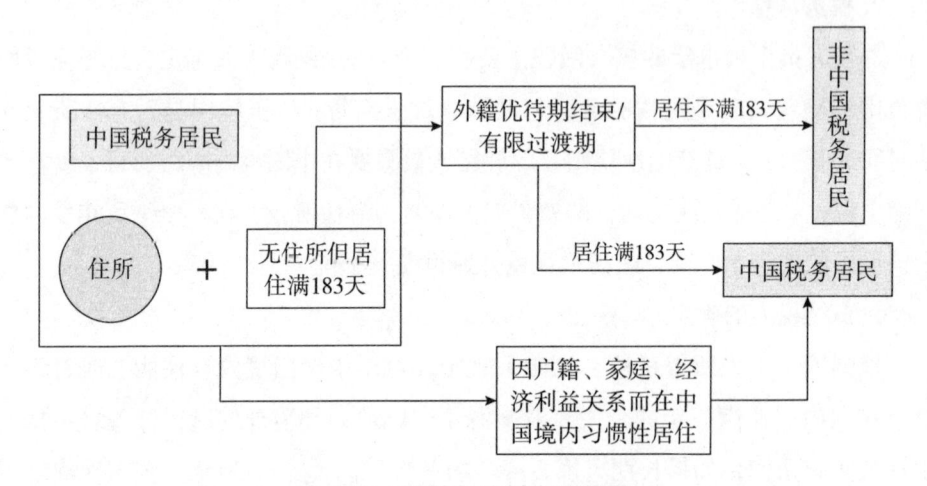

图4-1 纳税身份判定流程图

需要指出的是，税法上的住所并非生活常识上的"居住房屋"的概念，而是指在境内"持续工作生活"的含义。个人所得税法所称在中国境内有住所，是指因户籍、家庭、经济利益关系而在中国境内习惯性居住；所称从中国境内和境外取得的所得，分别是指来源于中国境内的所得和来源于中国境外的所得。认定居民纳税人还有一个居住时间的标准，按照新《个人所得税法》规定，是指"一个纳税年度内在中国境内居住满183天"。也即，若没有住所或者经常居住的意愿，但实际上在中国境内实际居住（按出入境记录）满183天的，亦被认定为中国税法上的居民纳税人。在税法上，居民纳税人就需要就全球所得（包括境内所得和境外所得）向中国税务机关缴纳个税。

（2）应税所得范围的确定

关于应税所得的问题，新个税法中的相关规定简练清晰：居民纳税人就全球所得纳税，非居民纳税人就境内所得纳税。这里需要指出的是，在理解"境内所得""境外所得"概念时，需要从"来源"的角度来理解，原则上与其支付地并无直接关联。某项所得来源于境内但是由境外单位支付的，仍属于"境内所得"，非居民身份的外籍员工在中国境内提供劳务，即使支付劳务所得的地点在境外，也属于中国境内所得，需要征税。

我国税法仍有一些补充性规定。值得注意的是：（1）在一个纳税年度内在中国境内居住累计不超过90天的，其来源于中国境内的所得，由境外雇主支付并且不由该雇主在中国境内的机构、场所负担的部分，免予缴纳个人所得税。（2）在中国境内居住累计满183天的年度连续不满6年的，经向主管税务机关备案，其来源于中国境外且由境外单位或者个人支付的所得，免予缴纳个人所得税；在中国境内居住累计满183天的任一年度中有一次离境超过30天的，其在中国境内居住累计满183天的年度的连续年限重新起算。（3）在中国境内居住连续满6年及以上的，从第六年开始就其从中国境内和境外取得的所得依法缴纳个人所得税。

另根据国税发〔2004〕97号文有三点补充意见：（1）关于工资、薪金境内所得的补充认定。来源于中国境内的工资、薪金所得应为个人实际在中国境内工作期间取得的工资、薪金，即个人实际在中国境内工作期间取得的工资、薪金，不论是由中国境内还是境外企业或个人雇主支付的，均属来源于中国境内的所得；个人实际在中国境外工作期间取得的工资、薪金，不论是由中国境内还是境外企业或个人雇主支付的，均属于来源于中国境外的所得。（2）关于高管所得作为非居民纳税人的免税认定。担任中国境内企业董事或高层管理职务的个人，其取得的由该中国境内企业支付的董事费或工资、薪金，不适用非居民纳税人免税的相关规定。（3）关于双边及多边税收协定。相关税收协定或协议有约定的，相关纳税事项从其约定。

（3）税款的计算及缴纳

根据《个人所得税法》规定，非居民个人的工资、薪金所得，以每月收入额减除费用5000元后的余额为应纳税所得额；劳务报酬所得、稿酬所得、特许权使用费所得，以每次收入额为应纳税所得额。非居民个人取得工资、薪金所得，劳务报酬所得，稿酬所得和特许权使用费所得，有扣缴义务人的，由扣缴义务人按月或者按次代扣代缴税款，不办理汇算清缴。

（4）非居民个人扣缴方法

扣缴义务人向非居民个人支付工资、薪金所得，劳务报酬所得，稿酬所得和特许权使用费所得时，应当按以下方法按月或者按次代扣代缴个人所得税：非居民个人的工资、薪金所得，以每月收入额减除费用5000元后的余额为应纳税所得额；劳务报酬所得、稿酬所得、特许权使用费所得，以每次收入额为应纳税所得额，适用按月换算后的非居民个人月度税率表计算应纳税额。其中，劳务报酬所得、稿酬所得、特许权使用费所得以收入减除20%的费用后的余额为收入额。稿酬所得的收入额减按70%计算。

（5）非居民纳税人个税申报缴纳

至于个税申报缴纳的问题，非居民纳税人维持了原有的按月申报纳税的做法，而居民纳税人在继续实行代扣代缴的前提下，需要在次年进行汇算清缴。对于综合所得之外的其他所得，本次个税法修订也明确了具体的申报和缴纳时间。就扣缴义务人而言，每月所扣的税款，应当在次月15日内缴入国库，并向税务机关报送纳税申报表。

3. 税法规定

（1）外籍高管补贴征免税规定

个人因任职、受雇取得的各项补贴应并入当月工资收入缴纳个人所得税。而外籍人员的部分补贴是可以享受免税待遇的。《财政部　国家税务总局关于个人所得税若干政策问题的通知》（财税字〔1994〕20号）规定，下列所得，暂免征收个人所得税：(1)外籍人员以非现金形式或实报实销形式取得的住房补贴、伙食补贴、搬迁费、洗衣费。(2)外籍人员按合理标准取得的境内、外出差补贴。(3)外籍人员取得的探亲费、语言训练费、子女教育费等，经当地税务机关审核批准为合理的部分。

根据2019年1月1日生效的《关于个人所得税法修改后有关优惠政策衔

接问题的通知》，2019年1月1日至2021年12月31日，外籍人员符合居民个人条件的，可以选择享受个人所得税专项附加扣除，也可以选择按照《财政部　国家税务总局关于个人所得税若干政策问题的通知》（财税〔1994〕20号）、《国家税务总局关于外籍人员取得有关补贴征免个人所得税执行问题的通知》（国税发〔1997〕54号）和《财政部　国家税务总局关于外籍人员取得港澳地区住房等补贴征免个人所得税的通知》（财税〔2004〕29号）规定，享受住房补贴、语言训练费、子女教育费等补贴免税优惠政策，但不得同时享受。外籍人员一经选择，在一个纳税年度内不得变更。自2022年1月1日起，外籍人员不再享受住房补贴、语言训练费、子女教育费津补贴免税优惠政策，应按规定享受专项附加扣除。

《国家税务总局关于外籍人员取得有关补贴征免个人所得税执行问题的通知》（国税发〔1997〕54号）进一步明确，对外籍人员以非现金形式或实报实销形式取得的合理的住房补贴、伙食补贴和洗衣费免征个人所得税，应由纳税人在初次取得上述补贴或上述补贴数额、支付方式发生变化的月份的次月进行工资、薪金所得纳税申报时，向主管税务机关提供上述补贴的有效凭证，由主管税务机关核准确认免税。

（2）外籍高管奖金计税方法

《国家税务总局关于调整个人取得全年一次性奖金等计算征收个人所得税方法问题的通知》（国税发〔2005〕9号）规定，雇员取得除全年一次性奖金外的其他各种名目奖金，如半年奖、季度奖、加班奖、先进奖、考勤奖等，一律与当月工资、薪金收入合并，按税法规定缴纳个人所得税。

国税外函〔1997〕61号文件规定："对于在中国境内无住所的个人来华工作后取得的数月奖金中属于到华当月的部分，只要该个人当月在华有实际工作天数（无论长短），根据国税函〔1997〕546号第二条的规定，可将属于该月的奖金计入应在中国申报缴纳个人所得税的数月奖金，按照《国家税务总局关于在中国境内无住所的个人得奖金征税问题的通知》（国税发〔1996〕183号）规定的计方法计算征收个人所得税。但该个人在中国境内停止工作时，其离华当月的实际工作天数与上述到华当月的实际工天数相加不足30日的，对其取得的数月奖金中属于离华当月的部分，可不再申报缴纳个人所得税。"

（3）董事费计税方法

《国家税务总局关于明确个人所得税若干政策执行问题的通知》（国税发〔2009〕121号）规定，董事费按劳务报酬所得项目征税方法，仅适用于个人担任公司董事、监事，且不在公司任职、受雇的情形；个人在公司（包括关联公司）任职、受雇，同时兼任董事、监事的，应将董事费、监事费与个人工资收入合并，统一按工资、薪金所得项目缴纳个人所得税。只有独立董事的董事费可以按照劳务报酬项目缴纳个人所得税，非独立董事的董事费应按工资、薪金所得项目缴纳个人所得税。

（4）对外籍人员居住日的规定

关于判定纳税义务时如何计算在中国境内居住天数的问题，按国税发〔2004〕97号的规定，对在中国境内无住所的个人，需要计算确定其在中国境内居住天数，以便依照税法和协定或安排的规定判定其在华负有何种纳税义务时，均应以该个人实际在华逗留天数计算。上述个人入境、离境、往返或多次往返境内外的当日，均按一天计算在其在华实际逗留天数内。

知识链接

所得为人民币以外货币的，按照办理纳税申报或者扣缴申报的上一月最后一日人民币汇率中间价，折合成人民币计算应纳税所得额。年度终了后办理汇算清缴的，对已经按月、按季或者按次预缴税款的人民币以外货币所得，不再重新折算；对应当补缴税款的所得部分，按照上一纳税年度最后一日人民币汇率中间价，折合成人民币计算应纳税所得额。

4.1.2 案例分析

1. 案例背景

某外籍人士 A 在北京市担任某国外知名律师事务所首席代表，既从事律师业务工作，又从事律师事务所管理工作，每年向税务机关申报的个人收入为 50

余万元，税务机关对其工资、薪金给予了重新核定，最终该外籍人员缴纳个人所得税及罚款合计1000余万元。

2. 税收分析

该外籍高管A任知名律师事务所首席代表，既从事律师业务工作，又从事律师事务所管理工作，但每年向税务机关申报的个人收入仅有50余万元，比所内部分中国籍律师的收入还要低一半，这与律师行业的收入特点是极不相符的。通过比对层层数据、调取内外资料、多方实地取证等途径，最终发现其取得的来源于中国境内的收入并没有反映在工资、薪金上，而是大量以董事费的形式由国外发放并在国外代扣代缴个人所得税，而这些收入在国内并未扣缴个税。

根据《中华人民共和国个人所得税法实施条例》第三条，因任职、受雇、履约等在中国境内提供劳务取得的所得，无论支付地点是否在中国境内，均为来源于中国境内的所得。上述案例中，虽然该外籍人士的大量收入是以董事费的形式由国外发放，但因部分收入与境内事务所的工作业绩挂钩，属于和任职受雇相关的境内所得，有义务在中国境内缴纳个人所得税。

实务中，一些外企董事或合伙人可能同时在中国境内设立的机构担任职务并取得不同形式的收入，如分红收入、董事费收入及工资、薪金收入等。税法对外籍高管在不同情形下取得的上述收入如何纳税做了明确规定。

（1）工资、薪金所得。《国家税务总局关于明确个人所得税若干政策执行问题的通知》（国税发〔2009〕121号）第二条第（二）项规定，个人在公司（包括关联公司）任职、受雇，同时兼任董事、监事的，应将董事费、监事费与个人工资收入合并，统一按工资、薪金所得项目缴纳个人所得税。

（2）劳务报酬所得。国税发〔2009〕121号第二条第（一）项规定，外籍人员担任境内公司董事、监事，且不在公司任职、受雇而取得的董事费收入，按劳务报酬所得缴纳个人所得税。

（3）股息红利性质所得。《国家税务总局关于外国企业的董事在中国境内兼任职务有关税收问题的通知》（国税函〔1999〕284号）规定，外国企业合伙人在中国境内该企业设立的机构、场所担任职务，应取得工资、薪金所得，但其申报仅以分红形式取得收入时，税务机关可以参照同类地区、同类行业和相近规模企业中类似职务的工资、薪金收入水平核定其每月应取得的工资、薪金收入额征收个人所得税。

虽然《个人所得税法》对居民和非居民的判定并非以国籍为标准，但实务中除非有证据证明某外籍人士构成中国税法下的居民个人，通常将其视为非居民个人。上述案例中，税务机关实际是将 A 作为非居民个人对待的。A 在中国工作期间，其来源于中国境内的收入并没有反映在工资、薪金上，而是大量以董事费的形式由国外发放并在国外代扣代缴个人所得税。因此，税务机关对该外籍人士的工资薪金收入重新进行了核定，并补征了该外籍人士的个人所得税。

4.2 海外派遣人员涉税管理

随着我国企业"走出去"到海外直接投资，海外派遣员工境内外个人所得税汇算清缴，是很多"走出去"企业关心的话题。海外派遣员工就国内外的收入，应该按照相关税法规定进行税务申报，尤其是近年来我国对个人征信系统的强化，若不能及时汇算清缴而产生滞纳金，甚至有可能会影响个人将来的征信信用度。

> 知识链接

劳务派遣方式

（一）直接派遣

直接派遣方式下的劳动合同，受中国劳动法的规范，薪酬应以人民币在中国境内支付。

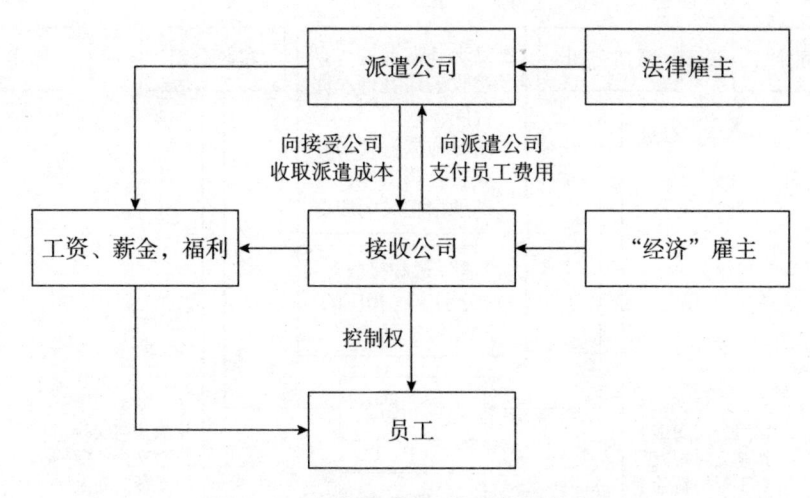

图 4-2 直接派遣方式下的劳动合同

（二）本地雇佣

员工将与境内派遣公司解除劳动合同，不再受中国劳动法的规范，派遣员工的工资、薪金和其他社保福利均在境外发放。

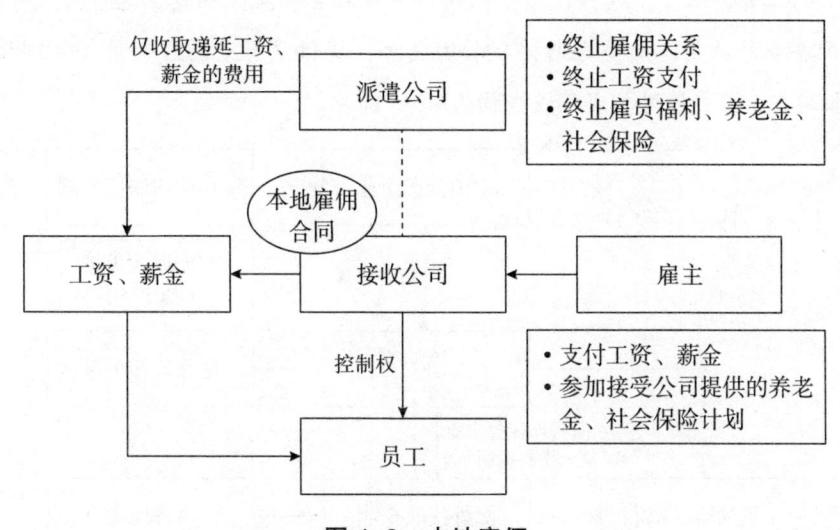

图 4-3 本地雇佣

（三）双重雇佣

在双重雇佣计划的安排下，员工在与中方公司签署劳动合同的同时，与境外公司也签订雇佣劳动合同，其工资、薪金将按照境内、外合同的规定在两处发放。

图 4-4 双重雇佣

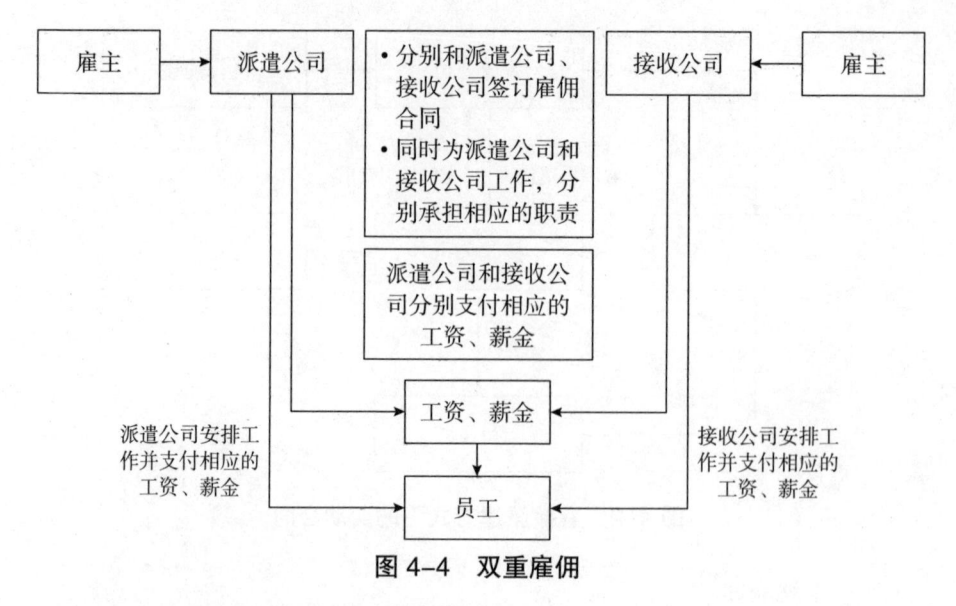

（四）全球雇佣公司安排（以下简称 GEC）

在这种派遣安排下，外派员工将与 GEC 签订劳动合同，由 GEC 直接发放派遣员工的工资、薪金，代扣代缴个人所得税及社会保险等福利。这种形式可以减轻中国企业外派员工的个人所得税扣缴义务，提供更有效的经营员工管理模式，并降低境内企业在境外构成常设机构的风险。

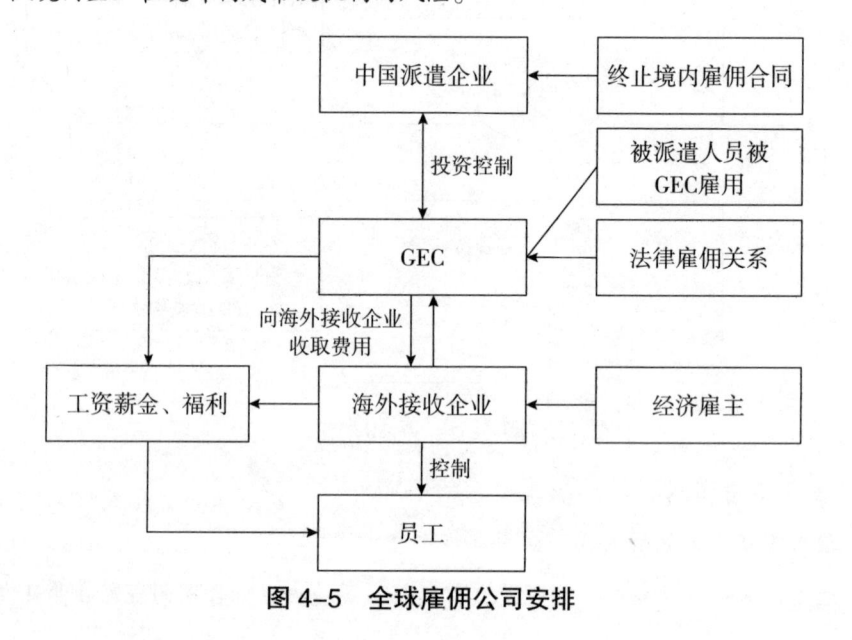

图 4-5 全球雇佣公司安排

4.2.1 涉税政策

1. 纳税义务人

根据新《个人所得税法》规定，在中国境内有住所，或者无住所而一个纳税年度内在中国境内居住累计满 183 天的个人，为居民个人。居民个人从中国境内和境外取得的所得，依照本法规定缴纳个人所得税。在中国境内无住所又不居住，或者无住所而一个纳税年度内在中国境内居住累计不满 183 天的个人，为非居民个人。非居民个人从中国境内取得的所得，依照本法规定缴纳个人所得税。所谓纳税年度，自公历 1 月 1 日起至 12 月 31 日止。

在中华人民共和国境内居住满一年，但未超过 5 年的个人，其从中国境外取得的所得，只就汇到中国的部分缴纳个人所得税；居住超过 5 年的个人，从第 6 年起，应当就从中国境外取得的全部所得纳税。根据《境外所得个人所得税征收管理暂行办法》第二条规定，在中国境内有住所，并有来源于中国境外所得的个人纳税人适用该办法。

在中国境内有住所的个人，是指因户籍、家庭、经济利益关系而在中国境内习惯性居住的个人。在境内居住满 1 年，是指一个纳税年度中在中国境内居住 365 日。临时离境的，不扣减日数。临时离境，是指在一个纳税年度中一次不超过 30 日或者多次累计不超过 90 日的离境。

在中国境内无住所，但是居住 1 年以上 5 年以下的个人，其来源于中国境外的所得，经主管税务机关批准，可以只就由中国境内公司、企业以及其他经济组织或者个人支付的部分缴纳个人所得税；居住超过 5 年的个人，从第 6 年起，应当就其来源于中国境外的全部所得缴纳个人所得税。

在中国境内有住所的个人，是指因户籍、家庭、经济利益关系而在中国境内习惯性居住的个人。习惯性居住，是判定纳税义务人是居民或非居民的一个法律意义上的标准，而不是指实际居住或在某一个特定时期内的居住地。如果因学习、工作、探亲、旅游等而在中国境外居住，在其原因消除之后，必须回到中国境内居住的个人，则中国即为该纳税人的习惯性居住地。

2. 个人所得税范围

从中国境内取得的所得，是指来源于中国境内的所得；从中国境外取得的所得，是指来源于中国境外的所得。

下列所得，不论支付地点是否在中国境内，均为来源于中国境内的所得：

（1）因任职、受雇、履约等而在中国境内提供劳务取得的所得；

（2）将财产出租给承租人在中国境内使用而取得的所得；

（3）转让中国境内的建筑物、土地使用权等财产或者在中国境内转让其他财产取得的所得；

（4）许可各种特许权在中国境内使用而取得的所得；

（5）从中国境内的公司、企业以及其他经济组织或者个人取得的利息、股息、红利所得。

纳税人的境外所得包括现金、实物和有价证券。纳税人的境外所得，应按《个人所得税法》及其实施条例的规定确定应税项目，并分别计算其应纳税额。纳税人的境外所得按照有关规定交付给派出单位的部分，凡能提供有效合同或有关凭证的，经主管税务机关审核后，允许从其境外所得中扣除。

个人由于担任董事职务所取得的董事费收入，属于劳务报酬所得性质，按照劳务报酬所得项目征收个人所得税。

纳税义务人在境内、境外同时取得工资、薪金所得的，应根据《个人所得税法条例》第五条规定的原则，判断其境内、境外取得的所得是否来源于一国的所得。纳税义务人能够提供在境内、境外同时任职或者受雇及其工资、薪金标准的有效证明文件的，可判定其所得是来源于境内和境外所得，应按《个人所得税法》及其实施条例的规定分别减除费用并计算纳税；不能提供上述证明文件的，应视为来源于一国的所得，如其任职或者受雇单位在中国境内，应为来源于中国境内的所得；如其任职或受雇单位在中国境外，应为来源于中国境外的所得。

3. 申报方式

一是企业申报。根据《境外所得个人所得税征收管理暂行办法》第七条规定，纳税人受雇于中国境内的公司、企业和其他经济组织以及政府部门并派往境外工作，其所得由境内派出单位支付或负担的，境内派出单位为个人所得税扣缴义务人，税款由境内派出单位负责代扣代缴；其所得由境外任职、受雇的中方机构支付、负担的，可委托其境内派出（投资）机构代征税款。

二是自行申报。根据《境外所得个人所得税征收管理暂行办法》第八条规定，境外所得来源于两处以上的以及取得境外所得没有扣缴义务人、代征人的（包括扣缴义务人、代征人未按规定扣缴或征缴税款的），需自行申报。

根据《境外所得个人所得税证收管理暂行办法》第十条规定，须自行申报纳税的纳税人，应在年度终了后30日内，向中国主管税务机关申报缴纳个人所得税。如所得来源国与中国的纳税年度不一致，年度终了后30日内申报纳税有困难的，可报经中国主管税务机关批准，在所得来源国的纳税年度终了、结清税款后30日内申报纳税。

纳税人如在税法规定的纳税年度期间结束境外工作任务回国，应当在回国后的次月7日内，向主管税务机关申报缴纳个人所得税。

4. 申报期限

根据《境外所得个人所得税征收管理暂行办法》第十条规定，依本办法第八条规定须自行申报纳税的纳税人，即境外所得来源于两处以上的以及取得境外所得没有扣缴义务人、代征人的（包括扣缴义务人、代征人未按规定扣缴或征缴税款的）纳税人，应在年度终了后30日内，向中国主管税务机关申报缴纳个人所得税。如所得来源国与中国的纳税年度不一致，年度终了后30日内申报纳税有困难的，可报经中国主管税务机关批准，在所得来源国的纳税年度终了、结清税款后30日内申报纳税。对于国内由用人单位发放的薪金部分，用人单位应按照根据《中华人民共和国个人所得税法》及其实施条例的相关规定，按时完成税务申报义务。

5. 申报地点

根据《个人所得税自行纳税申报办法（试行）》规定，从两处或者两处以上取得工资、薪金所得的，选择并固定向其中一处单位所在地主管税务机关申报。从中国境外取得所得的，向中国境内户籍所在地主管税务机关申报。在中国境内有户籍，但户籍所在地与中国境内经常居住地不一致的，选择并固定向其中一地主管税务机关申报。在中国境内没有户籍的，向中国境内经常居住地主管税务机关申报。

6. 境内用人单位义务

一是外派人员信息报备义务。根据《境外所得个人所得税征收管理暂行办法》第九条规定，中国境内的公司、企业和其他经济组织以及政府部门有外派人员的，应在每一公历年度终了后30日内向主管税务机关报送外派人员基本信息、境内外收入状况及缴纳税收情况，报送《外派人员情况表》和主管地税机关要求的其他资料。《外派人员情况表》的内容主要包括外派人员的姓名、身份证或护照号码、职务、派往国家或地区、境外工作单位名称和地址、合同期限、境内外收入状况、境内住所及缴纳税收情况等。

二是代扣代缴义务。根据《境外所得个人所得税征收管理暂行办法》第七条规定，纳税人受雇于中国境内的企业和其他经济组织以及政府部门并派往境外工作，其所得由境内派出单位支付或负担的，境内派出单位为个人所得税扣缴义务人，税款由境内派出单位负责代扣代缴。扣缴义务人应当在发放工资、薪金的次月15日内向其主管税务机关报送纳税申报表以及税务机关要求报送的其他资料，并将税款缴入国库。

7. 计算境外所得的应纳个人所得税

（1）应纳税额的计算

纳税人的境外所得应按照分国分项的方法计算应纳税额。也就是说，同一国家/地区同一项目所得来源于两处以上的，应合并计算；不同国家/地区和不同应税项目，应分别依照税法规定的费用减除标准和适用税率计算应纳税额。

如果当年取得境外所得月份数不足12个月的，应按实际月数分摊。纳税人取得全年一次性奖金、股权激励所得、解职一次性收入、提前退休一次性补贴和内部退养一次性收入等工资、薪金所得时，可按照相关规定单独计算应纳税额。

（2）费用扣除

纳税人的境外所得按照有关规定交付给派出单位的部分，只要能提供有效的合同或有关凭证，经过主管地税机关审核后，就可以从境外所得中扣除。纳税人兼有来源于中国境内、境外所得的，应按《个人所得税法》及其实施条例的规定分别减除费用，并计算纳税。

（3）境外工资、薪金的计算方法

需要注意的是，与代扣代缴的工资、薪金不同，个人当年因任职或受雇在中国境外提供劳务取得的工资、薪金所得，如按规定需要办理自行纳税申报的，应按该所得当年所属月份平均分摊计算个人所得税：

应纳税额＝[（全年收入额－三费一金全年汇总额－减除费用全年合计额）÷12×适用税率－速算扣除数]×12

（4）外国货币的折算

如果纳税人取得的所得是外国货币，应当按照代扣代缴或自行申报的上一月最后一日人民币汇率中间价，折合成人民币计算应纳税所得额。纳税人在年度终了后办理境外所得自行申报或年所得12万元以上自行申报时，对已经按月或者按次预缴税款的外国货币所得，无须重新折算；对应当补缴税款的所得部分，按照上一纳税年度最后一日人民币汇率中间价，折合成人民币计算应纳税所得额。

案例

李先生2019年1月至12月前往A国任职，取得工薪收入177600元（人民币，下同），特许权使用费收入7000元；同时，又在B国取得利息收入1000元；收入均由境外单位支付，税款均由个人负担。李先生没有委托其境内派出机构办理纳税申报。

1. 李先生的收入均由境外单位支付，且没有委托其境内派出机构办理纳税申报，因此，他应在年度终了后30日内办理年度自行申报。

2. 在计算李先生2019年度境外所得的应纳个人所得税时，应区分A国和B国不同所得项目，分别计算两个国家各项应纳个人所得税额。

（1）A国工资、薪金所得按我国税法规定计算的应纳税额

{（177600－4800×12）÷12×适用税率－速算扣除数}×12（月数）=

（10000×25-1005）×12=17940（元）

（2）A国特许权使用费所得按我国税法规定计算的应纳税额

7000×（1-20%）×20%=1120（元）

（3）在B国取得的利息所得按我国税法规定计算的应纳税额

1000×20%=200（元）

8. 境外税额的抵免

纳税人从中国境外取得的所得，可以在应纳税额中扣除已在境外缴纳的个人所得税税额。

（1）可抵免的境外税额

可抵免的境外税额是指同时满足以下条件的境外税额：

1）纳税人从中国境外取得的所得，依照该所得来源国家/地区的法律应当缴纳并实际已经缴纳的个人所得税款；

2）能提供境外税务机关填发的完税凭证或其他完税证明材料。

（2）不得抵免的境外税额

1）按照境外所得税法律及相关规定属于错缴或错征的境外所得税税款；

2）按照税收协定规定不应征收的境外所得税税款；

3）因少缴或迟缴境外所得税而追加的利息、滞纳金或罚款。

（3）抵免税额的计算

纳税人在计算抵免税额前，应按照分国不分项的原则计算扣除限额。也就是说，扣除限额是该纳税义务人在同一国家/地区内取得不同所得项目的应纳税额之和。在境外一个国家/地区实际已经缴纳的个人所得税税额，低于这个国家/地区扣除限额的，应当在中国缴纳差额部分的税款；超过该国家/地区扣除限额的，其超过部分不得在本纳税年度的应纳税额中扣除，但是可以在以后纳税年度的该国家/地区扣除限额的余额中补扣。补扣期限最长不得超过5年。

案例

2019年，上一案例中的李先生已分别按A国和B国税法规定，缴纳了个人所得税11150元和250元，他的境外税额应如何抵免呢？

1. 分别汇总A国和B国不同所得项目的应纳税额，作为该国的扣除限额。再以此为依据，分别抵减A国和B国的应纳税额。

（1）在A国取得缴纳税款的抵扣

A国扣除限额=17940+1120=19060（元）

来源于A国的所得应纳个人所得税额=19060-11150=7910（元）

李先生在A国所得缴纳个人所得税11150元，低于扣除限额，可全额抵扣，并需在中国补缴税款7910元。

（2）在B国取得缴纳税款的抵扣

B国扣除限额=200（元）

B国未抵扣完的可抵免税额=250-200=50（元）

李先生在B国实际缴纳的税款超出了扣除限额，只能在限额内抵扣200元，不用补缴税款。B国缴纳税款未抵扣完的50元，可在以后5年内该纳税人从B国取得的所得中的征税扣除限额有余额时补扣。

2. 汇总A国和B国抵减后的应缴纳税额，计算李先生2019年度境外所得应纳的个人所得税额。

2019年度境外所得应纳的个人所得税额=7910+0=7910（元）

因此，2019年度李先生取得的境外所得应在中国补缴个人所得税7910元。

4.2.2　案例简介

1. 案例背景

S公司为国内一家上市能源公司，根据企业战略发展需要，近年来一直开拓海外能源市场，在多个国家注册实体公司，并派遣国内员工常驻当地。S公司采用双重雇佣形式外派员工，一方面，根据当地相关法律签署用工合同、办理工作签证等；另一方面，在国内与外派员工签署劳务合同，承担海外派遣员工的国内社保部分，以及补足境外发放少于核定工资的部分。按照代扣代缴义务，对于国内承担的薪酬部分按时进行个人所得税申报工作，但对于国外发放的薪酬，因海外员工境外薪酬对于 S 公司税务管理方面属于新业务，并无经验可以参考。本案例主要针对 S 公司境外派遣员工 2018 年度境外所得进行个人所得税汇算清缴，本次申报工作从 2019 年 3 月中旬开始，其间因某些原因搁置，一直到 2020 年 1 月相应税款及滞纳金才顺利上缴国库。本次境外员工个人所得税申报涉及多个国家，主要有澳大利亚、日本、土耳其、坦桑尼亚和马耳他。

2. 申报准备阶段

一是组建境外派遣员工个人所得税汇算清缴小组，同时聘请知名会计师事务所税务团队，提供实务操作建议及优化方案。二是与主管税所就境外员工个人所得税申报工作进行咨询协商，重点了解境外员工个人所得税申报的操作流程、相关政策等情况。三是收集境外公司个人所得税申报期间及派遣国当地的税务申报资料、纳税期限证明材料，统计境外公司外派员工基本信息。四是根据税务局要求，提供相关的情况说明资料。

3. 申报阶段

（1）税额计算公式的确认

（a）汇率的确认

境外派遣员工个人所得税申报阶段最重要的工作，是确保申报数据的准确性。根据新《个人所得税法》及其实施条例第十七条规定，个人所得为外国货币的，应当按照填开纳税凭证当日国家外汇管理总局公布的外汇牌价，折合成人民币缴纳税款。S 公司在计算个人所得税汇算清缴时，应采用 2018 年度最后一个工作日外汇局汇率公布的中间价。

（b）允许抵扣项目。

在中国境外任职或受雇取得工资、薪金所得的中国国籍个人，可享受每月 4800 元的税前减除费用。根据《境外所得个人所得税征收管理暂行办法》第六条规定，纳税人的境外所得按照有关规定交付给派出单位的部分，凡能提供有效合同或有关凭证，经主管税务机关审核后，允许从其境外所得中扣除。S 公司根据 2018 年度核定的工资、薪金，对于当年度在国内采取多退少补政策，因此，在 2019 年有部分员工将 2018 年境外所得超过核定标准的部分交还 S 公司，这部分金额允许税前抵扣。因为这部分返回金额属于一次性返回，所以只能税前抵扣当月的收入，对于当月回缴金额高于税前收入的部分，后续不得抵扣。因此，从税务筹划的角度考虑，可以合理安排境外员工超过核定标准的部分分月进行回缴。各派遣国对当地雇员都有一些免税项目，这部分金额允许在税前扣除，如日本对当地雇员支付的房租允许税前扣除。

（2）资料清单

①个人所得税自行纳税申报表（B表）。该表可以根据在申报准备阶段收集到的信息，以及在申报阶段计算出来的应纳税额进行申报。在实务操作中，要严格按照税务局要求进行操作。该表是必备的申报材料。

②各派遣国申报截止时间情况说明。资料由企业准备，内容涉及各派遣国纳税年度、个税申报截止日期以及相应的各国政策支持文件，主要为后续滞纳金减免申请提供政策支持。

③各派遣国完税证明。为证明境外派遣员工已经在海外缴纳个人所得税，S公司提交了各派遣国的完税证明。因各个国家税务管理标准不一，有些国家可以提供由当地税务局出具的完税证明，如坦桑尼亚；有些国家只能提供企业申报个人所得税的申报材料，如马耳他；还有一些申报个人所得税可能是由代理公司进行的，也可以由代理公司出具个人所得税完税证明。

④缴款阶段

待申报工作和滞纳金减免申请流程结束后，就到了最后的缴款环节。税务局在输入完整的申报信息后，会向纳税人出具"银行端查询缴税凭证"，企业可以凭此缴款回执前往银行缴款。

4.2.3　申请过程中可能遇到的问题

1. 申报截止时间问题

（1）根据国家税务局金税系统默认设定，境外所得个人所得税汇算清缴系统截至5月31日，但税务系统中可以勾选"境外个税申报期间与国内不一致"选项，以此修改个人所得税汇算清缴截止日。所以，在计算滞纳金时，根据不同的派遣国个人所得税申报截止日期顺延 30 个自然日后开始。

（2）金税三期系统期间默认设 H 到月份，对于上述派遣国个人所得税申报最后截止日期，如日本的 3 月 15 日、土耳其的 3 月 25 日，均会有一定的时间差异，如果不能在截止日期前完成申报，可能会产生额外的滞纳金问题。

S 公司在开展 2016 年度境外派遣员工个人所得税申报工作时，已经超过各派遣国截止日期，因此产生了滞纳金问题。会计师事务所提供了两种方案：一是按照当月收入进行申报，不产生滞纳金；二是按照汇算清缴工作进行清算，产生滞纳金。根据国家税务总局关于滞纳金的计算期限规定，对纳税人未按照法律、行政法规规定的期限，或者未按照税务机关依照法律、行政法规的规定确定的期限向税务机关缴纳的税款，滞纳金的计算从纳税人应缴纳税款的期限届满之次日起，至实际缴纳税款之日止。对于涉及滞纳金且想申请减免的企业，因申请滞纳金减免工作费时费力，涉及税务多个机构，期间税务局各科室也会要求提供各项资料，企业应权衡滞纳金减免申请流程的周期所影响的滞纳金，以及希望减免的滞纳金金额。

3. 团队问题

会计师事务所税务团队有其税务专业知识、相关税务政策，尤其是涉及外国的税务政策方面的优势，可以为 S 公司提供政策支持。具体到企业操作，税务团队在整个申报过程中所发挥的作用主要是提供指导，企业不应该完全依靠税务团队。作为用人单位，除听取会计师事务所税务团队对个人所得税申报工作分析外，负责人也与主管税所进行了沟通询问，评估方案利弊，对具体的实务操作过程、方案选择等进行甄选。在实际操作过程中，不同的主管税务机关对政策的理解或有不同，要求的申报材料也许会有不同。

4.3　个人境外投资专题

普通个人可以在境外投资吗？个人境外投资方式多种多样，只要不触犯法律并合理报告即可。普通人也可在境外投资，可直接投资，也可将资金交给机构进行投资。也可以投融资为目的设立公司，银行外币理财产品、外国股市、海外基金、国外房地产都是不错的选择，根据投资方式选择是否需要跨境转账或操作资金出海。要注意，大额交易和转账达到一定额度是需要报告的，个人银行购汇也需要审核，而且比以前更严格。

4.3.1 业务概览

知识链接

相关问题解答

1.境内居民个人能否直接在境外投资设立公司进行生产经营？

目前，按照《国家外汇管理局关于境内居民通过特殊目的公司境外投融资及返程投资外汇管理有关问题的通知》(汇发〔2014〕37号，以下简称37号文)规定，境内居民个人可以投融资为目的，以其合法持有的境内企业资产或权益，或者以其合法持有的境外资产或权益，在境外直接设立或间接控制特殊目的公司。除此以外，境内居民个人不能进行境外直接投资。

2.境内个人能否以其境外的合法资产出资在境外投资设立公司？若可以，需要提交哪些材料？

根据37号文规定，境内居民个人可以投融资为目的，以其合法持有的境外资产或权益出资在境外直接设立或间接控制特殊目的公司。境内居民个人以境外合法资产或权益向特殊目的公司出资的，应根据《国家外汇管理局关于进一步简化和改进直接投资外汇管理政策的通知》(汇发〔2015〕13号，以下简称13号文)的规定，向户籍所在地银行申请办理境内居民个人特殊目的公司外汇登记。具体材料可参考13号文所附操作指引"2.5境内居民个人特殊目的公司外汇(补)登记"的相关内容。

3.A公司欲并购一家境外企业，但该企业于2015年由内地居民在境外设立，经了解，尚未在外汇局办理手续。请问A公司可否并购该企业？

如果该企业属于37号文规定的特殊目的公司，那么该企业境内实际控制人应到外汇局办理特殊目的公司外汇补登记手续，随后到银行办理特殊目的公司外汇注销登记。然后，A公司可凭相关部门批准文件，到A公司注册地银行办理境外直接投资外汇登记手续。

4. 境内居民B在境外设立了一家特殊目的公司，并已在外汇局登记。现有一家境内企业欲购买该境外特殊目的公司50%股份，请问股权转让对价可否在境内直接支付？

可以。根据13号文的规定，境内个人应在特殊目的公司登记地银行办理特殊目的公司变更登记手续。境内主体间的股权转让款应该以人民币进行支付。

5. 境内居民C在境外设立了一家特殊目的公司，现在准备按照37号文办理登记，出资资产是C在境内企业的60%的股权，请问可否在外汇局办理登记？

根据37号文规定，境内居民个人可以境内企业资产或权益向特殊目的公司出资。同时，根据13号文规定，境内居民个人可直接到境内企业资产或权益注册地银行办理特殊目的公司登记手续。但在办理登记之前，除支付（含境外支付）特殊目的公司注册费用外，若境内居民个人对该特殊目的公司已发生其他出资（含境外出资）行为，应按特殊目的公司外汇补登记程序，至外汇局办理补登记手续。

6. 某境外公司股东是大陆居民，但当时没有办理境外投资备案，现在因业务需要，要在境内设立一家外资公司，请问需要办理什么手续？

如果该境外公司属于37号文规定的特殊目的公司，那么其境内股东应办理特殊目的公司外汇（补）登记手续。在办理补登记后，该公司可按13号文的规定，凭相关主管部门的批准或备案文件，至拟设立的境内企业注册地银行办理外商直接投资外汇登记手续。

只要不触犯法律并合理报告，并按照操作流程登记，可以以投融资为目的设立公司。现金和转账的相关投资要看是否和房地产有关并注意额度，最好找正规的投资公司进行投资。

1. 法律依据

新《个人所得税法》第七条规定："居民个人从中国境外取得的所得，可以从其应纳税额中抵免已在境外缴纳的个人所得税税额，但抵免额不得超过该纳税人境外所得依照本法规定计算的应纳税额。"

2. 已在境外缴纳的个人所得税税额

新《个人所得税法实施条例》第二十一条第一款规定："个人所得税法第七条所称已在境外缴纳的个人所得税税额，是指居民个人来源于中国境外的所得，依照该所得来源国家（地区）的法律应当缴纳并且实际已经缴纳的所得税税额。"

3. 抵免限额（分国分项）

新《个人所得税法实施条例》第二十一条第二款规定："个人所得税法第七条所称纳税人境外所得依照本法规定计算的应纳税额，是居民个人抵免已在境外缴纳的综合所得、经营所得以及其他所得的所得税税额的限额（以下简称抵免限额）。除国务院财政、税务主管部门另有规定外，来源于中国境外一个国家（地区）的综合所得抵免限额、经营所得抵免限额以及其他所得抵免限额之和，为来源于该国家（地区）所得的抵免限额。"

4. 补缴税款及补扣期限（分国不分项）

新《个人所得税法实施条例》第二十一条第三款规定："居民个人在中国境外一个国家（地区）实际已经缴纳的个人所得税税额，低于依照前款规定计算出的来源于该国家（地区）所得的抵免限额的，应当在中国缴纳差额部分的税款；超过来源于该国家（地区）所得的抵免限额的，其超过部分不得在本纳税年度的应纳税额中抵免，但是可以在以后纳税年度来源于该国家（地区）所得的抵免限额的余额中补扣。补扣期限最长不得超过五年。"

5. 纳税凭证

新《个人所得税法实施条例》第二十二条规定："居民个人申请抵免已在境外缴纳的个人所得税税额，应当提供境外税务机关出具的税款所属年度的有关纳税凭证。"

6. 抵免限额的计算

新《个人所得税法实施条例（征求意见稿）》中有抵免限额的计算公式。但是该公式在最后定稿中被删除，预计将会在后期出台的个人取得境外所得的税收抵免的相关规定中予以明确。该计算公式如下：

（1）来源于一国（地区）综合所得的抵免限额＝中国境内、境外综合所得依照《个人所得税法》及其实施条例的规定计算的综合所得应纳税总额×来源于该国（地区）的综合所得收入额÷中国境内、境外综合所得收入总额；

（2）来源于一国（地区）经营所得抵免限额＝中国境内、境外经营所得依照《个人所得税法》及其实施条例的规定计算的经营所得应纳税总额×来源于该国（地区）的经营所得的应纳税所得额÷中国境内、境外经营所得的应纳税所得额；

（3）来源于一国（地区）的其他所得项目抵免限额，为来源于该国（地区）的其他所得项目依照《个人所得税法》及其实施条例的规定计算的应纳税额。

案例

深圳居民李小二取得来源于中国境内的工资、薪金收入30万元，取得来源于中国境外A国的工资、薪金收入20万元，无其他综合所得，需要合并计算境内境外的综合所得，可以扣除年度费用6万元，可以扣除专项扣除8万元，可以扣除专项附加扣除4万元，可以扣除的其他扣除2万元。假设李小二国内工资、薪金所得部分没有被预扣预缴税款，其在A国境外缴纳的个人所得税是6万元。

请问，李小二在国内全部综合所得的实际应纳税额为多少元？

李小二全部综合所得的应纳税所得额＝（30+20-6-8-4-2）=30（万元）

按照中国税法计算的全部税额＝300000×20%-16920=43080（元）

可以抵免的境外税款的抵免限额＝43080×（境外收入20万元/境外收入与境内收入之和50万元）=43080×0.4=17232（元），实际缴纳境外税款6万元，仅可抵免17232元。

李小二在国内全部综合所得的实际应纳税额＝43080-17232=25848（元）

案例

李小二当年取得来源于中国境外A国的股息红利收入10万元，但依据A国国内法被扣除了10%的预提所得税1万元，李小二净得税后红利9万元。这部分境外红利单独计算境外所得，其单独的抵免限额是 10×20%=2（万元），单就股息红利来说，其在境外缴纳的股息红利个税 1 万元可以全额抵免，实际上在境内需补税 1 万元。

综合分析：将前面的两个案例合并在一起，李小二来源于 A 国的综合所得抵免限额、经营所得抵免限额以及其他所得抵免限额之和，为来源于 A 国所得的抵免限额。

如前计算，其综合所得抵免限额 =43080×（境外收入 20 万元 / 境外收入与境内收入之和 50 万元）=43080×0.4=17232（元）。其利息股息红利所得抵免限额 =100000×20%=20000（元）。

其 A 国抵免限额之和 = 综合所得抵免限额 + 利息股息红利所得抵免限额 =17232+20000=37232（元）

由于其综合所得在境外实缴税款 60000 元，股息红利实缴税款 10000 元，均取得境外完税凭证，其实缴税款合计 70000 元，超过了抵免限额，当年仅可抵免 37232 元。

李小二当年实际在国内应缴纳的税额 =43080+20000-37232=25848（元）

7. 纳税申报

国家税务总局公告 2018 年第 62 号第四条取得境外所得的纳税申报明确：

（1）纳税申报时间：居民个人从中国境外取得所得的，应当在取得所得的次年 3 月 1 日至 6 月 30 日内申报纳税。

（2）纳税申报地点：

①向中国境内任职、受雇单位所在地主管税务机关办理纳税申报；

②在中国境内没有任职、受雇单位的，向户籍所在地或中国境内经常居住地主管税务机关办理纳税申报；

③户籍所在地与中国境内经常居住地不一致的，选择其中一地主管税务机关办理纳税申报；

④在中国境内没有户籍的，向中国境内经常居住地主管税务机关办理纳税申报。

(3）纳税人取得境外所得办理纳税申报的具体规定另行公告。

4.3.2 案例分析

北京某教育科技有限公司自2015年10月至2017年12月，为一名美国人（是该公司法人代表）每月申报工资、薪金所得5000元，扣缴个人所得税6元，存在外籍人员个人所得税小额申报问题。经了解，该外籍人员的经济来源并非仅境内这家公司，其在中国境内同时为一家美国公司工作，美国公司每月还支付给他3000—4000美元的工资。由于该外籍人员每年在中国境内居住超过183天，多数年份居住满一年，其在境内工作期间由美国公司支付的所得，中国具有征税权，其取得的工资收入中境内来源境外支付的部分也应在中国纳税。然而，该外籍人员就美国公司支付的工资、薪金未在中国境内进行申报纳税。

2018年4月26日、5月4日，昌平区地税局国际税务管理部门先后两次就外籍人员个人所得税小额申报问题，对北京某教育科技有限公司有关人士作了税务约谈。通过约谈了解到，该公司的法定代表人是美国人，每周只在公司工作两天，每月领取工资5000元人民币，在境内大部分时间为美国的一家公司工作，从事家庭教育研究，美国公司按月发放工资并扣税，该外籍人员提供了美国公司每月支付的工资数额。该外籍人员护照出入境记录显示，2013年至2017年其在中国境内停留时间均超过183天，其中2014年、2015年和2017年在中国境内居住满一年。

按照国税发〔2004〕97号有关个人计算应纳税额适用公式的规定，2013年、2016年适用公式：应纳税额=［当月境内外工资、薪金应纳税所得额×适用税率－速算扣除数］×［当月境内工作天数/当月天数］；

2014年、2015年和2017年适用公式：应纳税额=［当月境内外工资、薪金应纳税所得额×适用税率－速算扣除数］×［1-当月境外支付工资/当月境内外支付工资总额×当月境外工作天数/当月天数］。

该外籍人员对工资收入中境内来源境外支付的部分应补缴个人所得税。约谈中，税务部门向外籍人员解释了中国税法、文件规定以及应补缴个人所得税的计算过程，该外籍人员表示愿意补缴税款。

2018 年 5 月 14 日，该外籍人员补缴个人所得税 18.14 万元，税务机关加收滞纳金 5.69 万元。

法规依据

（1）旧《个人所得税法》第一条规定："在中国境内有住所，或者无住所而在境内居住满一年的个人，从中国境内和境外取得的所得，依照本法规定缴纳个人所得税。在中国境内无住所又不居住或者无住所而在境内居住不满一年的个人，从中国境内取得的所得，依照本法规定缴纳个人所得税。"

（2）《国家税务总局关于在中国境内无住所的个人执行税收协定和个人所得税法若干问题的通知》（国税发〔2004〕97 号）第三条关于对不同纳税义务的个人计算应纳税额的适用公式问题规定，满 183 天但不满 1 年适用公式：应纳税额＝［当月境内外工资薪金应纳税所得额×适用税率－速算扣除数］×［当月境内工作天数／当月天数］；满 1 年不超过 5 年适用公式：应纳税额＝［当月境内外工资薪金应纳税所得额×适用税率－速算扣除数］×［1－当月境外支付工资／当月境内外支付工资总额×当月境外工作天数／当月天数］。

（3）《个人所得税自行纳税申报办法（试行）》（国税发〔2006〕162 号）第二条规定，凡依据个人所得税法负有纳税义务的纳税人，有下列情形之一的，应当按照本办法的规定办理纳税申报：……（四）取得应税所得，没有扣缴义务人的……第十九条规定，除本办法第十五条至第十八条规定的情形外，纳税人取得其他各项所得须申报纳税的，在取得所得的次月 7 日内向主管税务机关办理纳税申报。

思考：

（1）对于外籍人员个人所得税的管理逐步加强。税务机关强化了外籍人员八项补贴核查、个税零申报（小额申报）核查、常设机构个税核查等。但总体来说，外籍人员所得税仍然存在底数摸不清、政策把不准和管理不系统等问题。

（2）企业及外籍人员对个人所得税政策把握不准确、理解不到位，经常暴露出很多涉税问题。

综上，税务部门应加强对外籍人员个人所得税政策的梳理，加大税收政策宣传、培训力度。同时，公司也应积极组织财务人员进行培训活动，不断提高财务人员的专业知识水平，避免相关税务风险的发生。

4.4 海外家族信托专题

4.4.1 业务概述

1. 家族信托现状

中国的高净值群体正在高速成长，随着财富积累速度加快，缔造财富一代的年龄不断增长，如何实现财富的顺利传承成为亟待解决的问题。目前的中国富豪榜上，近一半的上榜者年龄在50岁以上，他们的长子、长女平均年龄超过35岁，预计接下来的5—7年约有300万中国企业家将会把资产传承至第二代手中，中国家族企业将很快迎来历史上规模最大的一次家族传承。在此背景下，家族信托作为一种新生事物逐步被国内更广泛的财富新贵所关注。

虽然家族信托这几年势头正猛，但与欧美国家长达数百年的家族财富管理历史相比，我国的家族信托业务才刚刚起步，既需要一系列的配套法规和政策加以监管，也需要大量的信托人才，而这两者国内的储备均不足，社会对信托制度的认识也还不够充分，家族信托市场的培育仍然需要时间。因此，我国家族信托业务还未能成为传统财富管理转型的主流。随着全球大多数政府联合掀起打击离岸避税浪潮的兴起，为防止开曼群岛、维尔京群岛等"避税天堂"泄露委托人信息，越来越多的富豪们开始选择将财产转移到诸如新加坡、中国香港等低税率国家和地区的海外家族信托。

2. 家族信托简介

家族信托的雏形可追溯到古罗马帝国时期（公元前510年—公元前476年）。当时《罗马法》将外来人、解放自由人排斥于遗产继承权之外。为避开这样的规定，罗马人将自己的财产委托移交给其信任的第三人，要求为其妻子或子女利益代行对遗产的管理和处分，从而在实际上实现遗产继承权。在美国，家族信托由来已久，是于19世纪末20世纪初，即镀金年代（Gilded Age）来临之初由一些富裕家庭创造的。早期的家族信托受相同的法律法规监管，设立家族信托方式较为单一。在经历了长达25年的经济繁荣时期后（被称为美国的第二个镀金年代），许多州的法律也变得更灵活，设立和运营家族信托也变得更加容易——富人因此更容易实现其财富规划和传承的目标。根据现行的《信托法》，信托是指委托人基于对受托人的信任，与受托人签订信托合同，将其财产所有权委托给受托人，由受托人按照委托人的意愿以自己的名义管理信托财产，并在指定情况下由受益人获得收益。而家族信托是指个人作为委托人，以家庭财富的管理、传承和保护为目的的信托，受益人一般为本家庭成员。

家族信托将资产的所有权与收益权相分离，富人一旦把资产委托给信托公司打理，该资产的所有权就不再归他本人，但相应的收益依然根据他的意愿收取和分配，不论离婚、意外死亡或被人追债，这笔钱都将独立存在，不受影响。因此，家族信托能够更好地帮助高净值人群规划未来财富传承，即便委托人身故，依然可以按照委托人意愿对财产进行分配和处置，实现财富安全传承，同时可以有效规避高昂的遗产税等赋税，发挥规避债务风险、婚姻风险、意外风险、信息泄露风险以及高税收风险等各类风险的综合避险职能。通常认为，家族信托是为总资产超过2亿美元的富裕家庭服务的，但实际上，家族信托的运用已非常广泛，一般富裕家庭也可使用这种工具规划传承财产。

3. 海外家族信托简介

海外家族信托，是指在有健全信托法的国家和地区，根据有关法律法规建立的委托人、受托人及受益人之间的关系。海外家族信托一般都是离岸信托。在欧美地区，家族信托基金非常普遍，其中最为典型的是美国石油大亨洛克菲勒家族。该家族从1934年开始为后人设立一系列遗产信托，由投资机构进行专业管理，财产不受继承人控制，在严格而复杂的家族信托计划下，洛克菲勒家族至今仍在书写财富的传奇。海外家族信托适用于英美法系，具有完善的法律制度规定，同时有大量判例予以细化规范。在英美法系下，海外家族信托资产的所有权与受益权分离，信托的委托人将财产权交给受托人，就属于所有权的转移，财产权非常明确。

(1)运作流程

①受托人

海外信托的受托人可以是私人信托公司或专业信托机构,富裕家庭有时会自己创立私人信托公司,家族成员作为公司股东,管理家族信托的运营。在泽西岛、百慕大、开曼群岛、英属维尔京群岛(BVI)等地均可成立私人信托公司。专业信托机构通常是银行信托部、独立信托公司等,它们通常在很多州都有分支机构,能够为富裕家族设立永久信托;同时也能够在满足谨慎投资人的情况下,最大限度地为富裕家族投资理财,实现资产增值目标。

②设立海外家族信托的基本流程

委托人将其境内资产转移至信托公司控股的海外公司,作为信托资产。通过信托公司(受托人)设立信托机构,指定受益人,签订相关协议。信托关系成立后,受托人按委托人意愿,日常运作及执行信托资产的管理、处置及分配。

③海外家族信托的功能和目的

海外家族信托的功能通常是多面的,包括资产隔离保护、家族财富传承、公司架构税收优化、IPO上市前税收筹划等。资产隔离保护和财富传承是家族信

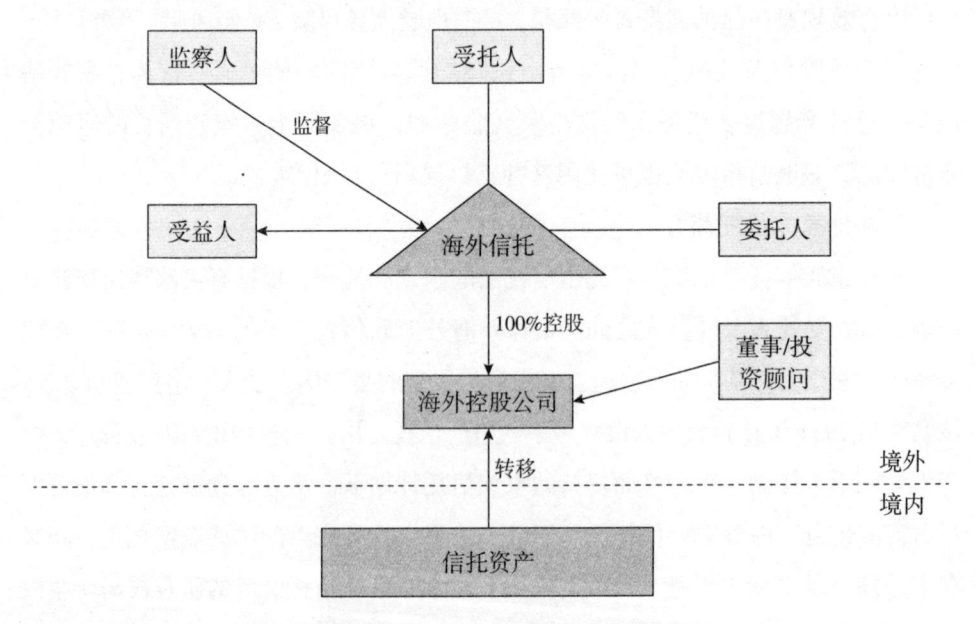

图4-6 设立海外家族信托流程图

托的两大基本功能。通过将家族资产转让给专业第三方受托人机构，可以实现法律所有权的转移，有效保护资产，而不受婚姻变故、债权人追索等情况的影响。但这有赖于信托契约的精心设计，以确保在法律上信托财产所有权已经实现了有效的转移。同时，通过信托契约的设计，可以在一定程度上将信托财产保值增值，以及对未来信托财产按照委托人的设想进行分配，将其分配给家族受益人（包括委托人本人）。

尽管不是家族信托的基本功能和主要目的，但通过合理的设计和筹划，也可以实现公司架构税收优化、IPO 上市前税收筹划的目的。例如，在 IPO 上市前将上市主体及其下层资产装进海外信托，在 IPO 上市后股票增值部分可以截留在信托中；在信托财产分配给受益人之前，在筹划得当的情况下，可以延迟纳税。

（2）税务考量

成功的海外家族信托，需要仔细斟酌考量。在进行合理设计时，须考虑的因素是多方面的，包括信托商业目的、信托财产类别、信托当事人的国籍和税务居民身份、受托人与信托设立地之选择、委托人的权利保留、信托保护人之选择、可撤销信托与不可撤销信托之选择、境外信托收益和外汇管制等。下面主要讨论海外家族信托的税务考量因素及税务处理。

①设立时税务考量

委托人把信托财产转让给受托人，牵涉委托人应否给核定转让所得以及受托人有没有应税接受捐赠所得两个税务问题。中国目前暂时没有专门针对赠与行为征收的"赠与税"。因此，个人委托人把信托财产转让给受托人的行为唯一可能涉及的中国税收是中国个人所得税。信托资产的税务问题涉及信托成立时、信托存续期对信托资产进行管理与投资时、信托资产分配时这三个阶段。

委托人把信托财产无偿转让给受托人具有合理性，也是信托业界的常规安排。同时，信托的基本职能和目的是资产隔离与财富传承，而不是为了避税。因此，在信托架构及文件内容得当的情况下，委托人把信托财产转让给受托人的行为有较好的法律依据，可不被税务机关核定应纳税额。

出于外汇及投资便利或搭建红筹架构的种种考虑，很多税收居民个人，包括大量的中国内地企业家在境外拥有离岸公司，常见的离岸公司注册地包括中国香港、新加坡、维京群岛、开曼群岛等。受该规则的影响，中国内地居民个人直接或间接拥有的用来投资的传统离岸公司基本都将成为"受控外国企业"。这意味着，如果这些公司在当年不做利润分配并缺少合理的理由，那么这些离岸公司将被视同以其利润每年对中国居民个人股东进行了分配，并由后者缴纳20%的个人所得税。

②存续期间受托方税务考量

在中国信托法下设立的信托属于合同关系。中国法律没有普通法下的法律所有权和受益所有权分离的信托概念，也没有就海外信托的法律和税务处理有任何规定。所以，海外信托各方在信托存续期间就信托收益的中国税务情况非常不明确。

在实际操作中，中国相关部门一般把海外信托财产的法律所有权人视为信托财产的所有人，不会进一步考虑信托下的受益所有权。因此，在信托存续期间，信托取得的信托受益是否需要缴纳任何中国税收，很可能是根据受托人管理运营信托的行为进行判断。同时，信托、受托人、开曼公司、BVI控股公司、中国香港控股公司是否需要就其取得的收益缴纳任何中国税收，应该是根据它们的管理运营安排作出判断。

作为外国企业，如果受托人、开曼公司、BVI控股公司、中国香港控股公司是中国税务上的非居民企业以及在中国境内没有中国税务上的机构、场所，它们仅需要就来源于中国境内的所得（如中国公司支付的利息、股息、特许权使用费和租金所得、转让中国公司的股权转让所得等）全额缴纳中国预提所得税，不需要就来源于中国境外的所得缴纳任何中国税收。如果受托人、开曼公司、BVI控股公司、中国香港控股公司是中国税务上的居民企业或在中国境内有中国税务上的机构、场所，相关公司需要就其中国境内及境外所得全额缴纳中国企业所得税。因此，通过合理的税收筹划，受托人、开曼公司、BVI控股公司、中国香港控股公司避免成为居民企业或在中国境内构成机构、场所显得尤为重要。

③存续期间委托、受益方税务考量

新《个人所得税法》引入了反避税条款，包括一般反避税规则和与关联交易或受控外国公司相关的特殊反避税规则。

如果中国税务机关认为该海外信托架构设立不具有合理的商业目并获取不当的税收利益，则可能会使用一般反避税规则将信托财产由委托人转让给受托人的行为视为无效。根据新《个人所得税法实施条例》第二十七条规定，不具有合理商业目的，是指以减少、免除或者推迟缴纳税款为主要目的。如果税务机关认为委托人把信托财产给受托人的行为无效，可能视同委托人实际继续拥有该信托财产进行征税。即使海外信托不进行利润分配，税务机关也可能根据《个人所得税法》中的受控外国公司规则视同信托进行利润分配。因此，通过合理的信托设计，尽量减少税务机关适用一般反避税规则或受控外国公司反避税规则的风险，也显得尤为重要。

④信托财产分配税务考量

中国税收居民个人需要就取得的《个人所得税法》列举的所得项目缴纳中国个人所得税，而不论所得来源于中国境内还是中国境外。《个人所得税法》列举了多项所得，对于取得信托分配的时候为中国税收居民个人的受益人来说，所取得的信托分配收益可能属于偶然所得。《个人所得税法实施条例》规定，偶然所得是指个人得奖、中奖、中彩以及其他偶然性质的所得。

对于个人取得的所得，难以界定应纳税所得项目的，由主管税务机关确定。对于难以界定的所得项目，主管税务机关具有很大的自由裁量权，因此，主管税务机关可能把信托收益确定为"其他偶然性质的所得"。对于偶然所得，需要全额征收20%的个人所得税。这时，取得信托分配的时候为中国税收居民个人的受益人可能需要就其取得的信托分配收益全额缴纳20%的个人所得税。相应地，如果受托人是非居民企业、信托分配的行为在中国境外完成以及分配的财产在中国境外，取得信托分配的时候不是中国税收居民个人的受益人，就不需要就其取得的信托分配收益缴纳中国税收。

（3）《个人所得税法》规定

根据现行《个人所得税法》，如果BVI公司赚取收入但不向股东作任何股息分配，股东不需要缴纳个人所得税；如果BVI公司也未被认定为内地居民企业，对于赚取的收入则不需要缴纳中国税收。

根据《个人所得税法》，此安排属于"居民个人控制的，或者居民个人和居民企业共同控制的，设立在实际税负明显偏低的国家或地区的企业，无合理经营需要，对应当归属于居民个人的利润不作分配或者减少分配"的情形，根据反避税条例，收入可被视为应该分配的股息，而需要缴纳20%的个人所得税。

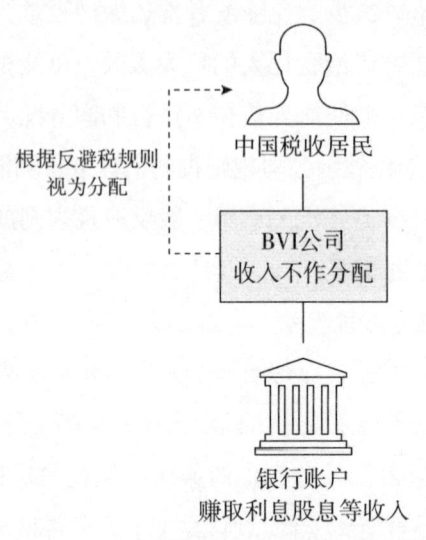

图 4-7　信托资产分配关系示例图

海外家族信托的设立，通常会伴随着设立人以零对价赠与的方式将境外资产（如境外公司股权、不动产、境外投资账户等）装入海外信托。

此外，根据《个人所得税实施条例》第十六条，个人将财产用于捐赠、偿债、赞助、投资等用途的，应当视同转让财产并缴纳个人所得税，但国务院财政、税务主管部门另有规定的除外。另外，新《个人所得税法》引入了一般反避税规则以及关联交易规则。这对部分高净值个人的财富规划，尤其是涉及海外架构的财富规划方案，会产生非常直接的影响。在新《个人所得税法》下搭建境外信托结构时，需要充分意识到《个人所得税法》改革对信托结构的影响，包括信托设立时的潜在涉税风险、信托存续期间的受控外国企业规则的适用等，及时并尽早地找到恰当的解决方案，以避免税务风险。

受托人即信托公司是完全独立于设立人的机构，因此，从理论上看，将资产装入海外信托不属于个人与其关联方之间的业务往来，所以并不属于上述条款的调整范围。另外，即使信托结构被穿透，进而导致将资产装入海外信托的行为被视为设立人向受益人（通常是设立人的近亲属）转让财产，那么根据国家税务总局公告2014年第67号第十三条的规定，低价向近亲属转让股权应被视为具有正当理由的行为，也不属于应当被调整的范围。

值得注意的是，现行《个人所得税法》不只对税收居民的身份进行了重新定义，还首次引入了反避税条款，而这一条款的引入，直接引发了欲避税的高净值人群及富裕家族在境内外进行资产配置及投资架构的不确定性。

综上，在过去，非居民个人间接转让中国境内公司股权时一般不会带来中国税务风险。但是一旦非居民个人间接转让中国境内公司股权被纳入调整范围，而且相关股权架构和安排缺乏合理商业目的，则持股架构会被穿透，进而导致非居民个人需要就该间接转让在中国缴纳20%的个人所得税。如果这样，将无疑会对海外家族信托的设立产生重大影响。

4.4.2 案例分析

节税是家族信托的固有特性，信托制度13世纪在英国的产生就是出于规避土地变动税费等的需要。信托节税的原理在于，当信托财产所有权已从委托人名下转移后，税务机构就不再具备就信托财产向委托人征税的依据，通过家族信托设计可以有效避免财富代际传承中可能发生的遗产税、赠与税等。值得注意的是，此次《个人所得税法》改革涉及境外财富管理机构，包括信托设立以及存续期间的涉税风险、受控外国企业规则的适用都发生了一些变化。

1. 案例背景

庞鼎文是一个成功的香港商人。他在20世纪80年代末，通过一家控股公司经营着香港最大的钢铁公司。庞鼎文八十多岁时，患有癌症多年，他设立了5个单位信托，这些信托的唯一受托人是同月在Manx岛设立的SWL公司，SWL的董事为庞鼎文的夫人和他的7个子女，庞鼎文又设立了若干自由裁量的信托，受益人为庞鼎文的子女。

在庞鼎文去世后，香港遗产署认为庞鼎文的行为属于纯粹为了避税的中间交易行为，要求其子女缴纳遗产税。该案经过三审，终审法院最终判决认为：庞鼎文建立信托的目的并非纯粹出于避税的目的，而是出于规避经营风险和保护财产的考虑，由此最终裁定纳税人胜诉。该案的终审判决引发了很多争议，但也客观上推动了离岸家族信托在香港的发展，很多纷繁复杂的离岸信托架构也应运而生。但也引发了很多法律上的争议，如委托人基于"规避税收"目的的信托是否违反RAMSAY原则的问题、委托人基于"规避债务风险"而设立的信托与债权人利益冲突的问题等。

2. 税收分析

中国现行的法律法规没有对信托的税务处理作出任何规定，而且中国法律也没有普通法区分法律所有权和受益所有权的信托概念，所以海外信托各方的中国税务情况在法律上是非常不明确的。未来中国法律法规有可能会发生变化，相关变化也有可能适用于法律法规发布之前已经发生的交易和已经取得的所得，从而促使这个信托安排在将来产生现在不能预见的中国税收。

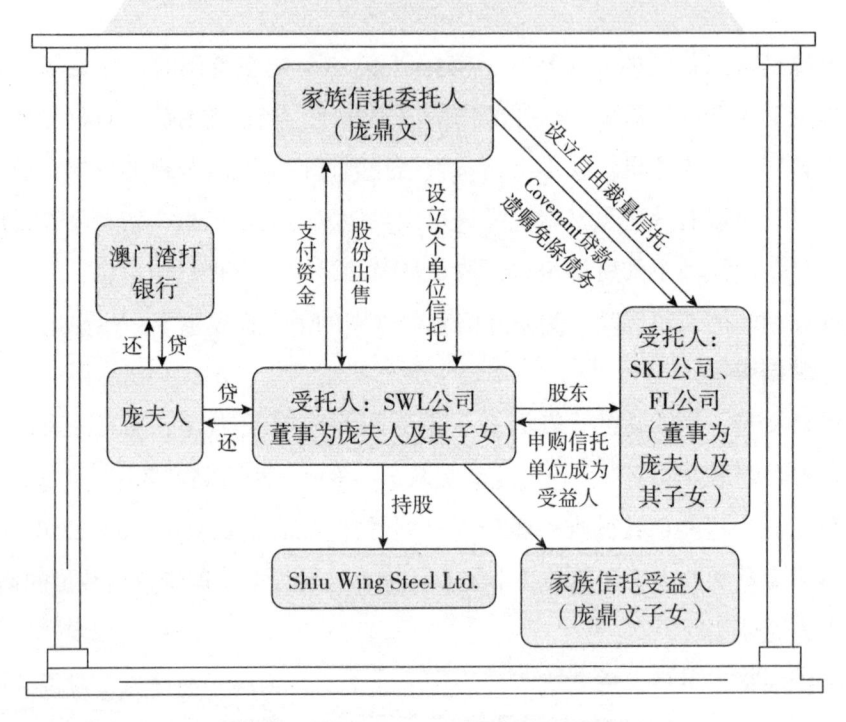

图4-8 庞氏家族海外信托基本构架

（1）反避税条款

2019年1月1日实施的《个人所得税法》引入了反避税条款，包括一般反避税规则和与关联交易或受控外国公司相关的特殊反避税规则。同时，财政部和国家税务总局于2018年10月20日发布了《中华人民共和国个人所得税法实施条例（修订草案征求意见稿）》。另外，截至2018年9月，包括英属维尔京群岛、开曼群岛及中国香港在内的80多个国家和地区已经确认将向中国交换金融账户涉税信息（CRS）。随着《个人所得税法》的生效及CRS的执行，预期中国税务机关将来可能会对中国税收居民设立海外信托的安排加强税务征管。

（2）独立交易原则与合理商业的目的

《个人所得税法》规定，个人与其关联方之间的业务往来不符合独立交易原则而减少本人或者其关联方应纳税额，且无正当理由，以及个人实施其他不具有合理商业目的的安排而获取不当税收利益的，税务机关有权按照合理方法进行纳税调整。上述两项规定可能会对海外家族信托行为造成影响，因此，未来需要考虑的问题是高净值个人将资产赠与信托的行为是否落入上述规定的范围。

第一个新规定，受托人即信托公司是完全独立于设立人的机构，因此将资产装入海外信托，理论上不属于个人与其关联方之间的业务往来，所以并不属于这一条款所调整的范围。即使信托结构被穿透，进而导致将资产装入海外信托的行为被视为设立人向受益人（通常是设立人的近亲属）转让财产，根据国家税务总局公告2014年第67号第十三条的规定，低价向近亲属转让股权应被视为具有正当理由的行为，也不属于应当被调整的范围。

第二个新规定，设立海外家族信托的主要目的是资产保护、财富传承、慈善等，并非为了获取不正当的税收利益。因此，设立海外家族信托，理论上也不应当属于这一条款所调整的范围。

（3）其他影响及建议

如果要避免成为受控外国企业，最直接的方法似乎是信托架构下不设下属公司（即由受托人直接持有信托资产），或者信托设立人放弃对下属公司的控制。但这种做法需要对目前的主流信托架构进行重大的调整，会触发信托设立人对于失去信托资产控制的担忧，也会加大信托公司的职责。

此外，如果这些高净值个人来自高税率国家，如美国，那么在中国内地缴纳的个人所得税一般都可以用来抵免在这些国家的所得税，所以一般不会导致双重征税。但对于来自如新加坡或中国香港这样的低税率国家或地区的个人，新的规定会增加实实在在的税负。

如果信托下属境外公司被认定为受控外国企业，接下来的问题就是利润的视同分配应当分配给谁，即分配给信托设立人还是受益人？如果设立人和受益人是同一人，答案会比较简单。但如果设立人不是受益人或只是受益人之一呢？这时候会产生巨大的不确定性。

（4）总结

中国税收居民设立人将资产以零对价赠与受托人的行为应该不会受到新《个人所得税法》改革的影响。进一步预计，非居民个人间接转让中国境内公司股权会被纳入调整范围。相应地，如果相关股权架构和安排缺乏合理商业目的，则持股架构会被穿透，进而导致非居民个人需要就该间接转让股权行为在中国缴纳20%的个人所得税。如果这样，那么可能会对海外家族信托的设立产生重大影响。另外，受控外国公司规则的出现，意味着如果未来居民个人作为设立人继续对信托下属的公司进行实质性控制的话，那么有可能导致该下属公司成为"受控外国公司"。

第五章
反避税制度与管理

5.1 个人所得税反避税制度

5.1.1 个人所得税反避税制度建立的背景

1. 高收入者对个人所得税增长的边际贡献率较低

在美国，10%的高收入纳税人（年收入11.3万美元以上）缴纳了71.22%的联邦个人所得税，其中1%的最高收入者承担了这些税收的42.12%，形成了标准的"倒金字塔"的税收负担结构。我国高收入者的财产性收入占比较大，但对税收的贡献度不高，2011—2015年分别为20.44%、23.66%、23.69%、22.45%、22.37%。

2. 管理方式存在缺陷

首先，我国对个人所得税一直以来采取以代扣代缴为主的间接管理方式，没有唯一的自然人纳税代码，没有自然人数据库，这样的管理方式不仅不能准确定位纳税人，不同税务机关之间的信息也无法实现共享；其次，财产登记制度缺失，使得税务机关无法掌握纳税人（特别是高收入人群）的财产变动情况，无法及时实施征管；再次，大量现金交易存在，增加了征管漏洞；最后，第三方协税制度不健全，证券、银行、期货、保险、工商、房地产交易机构等没有法定报告义务，税务机关无法获取及时、有效的产权变动信息以支撑税务审核。

3. 个人所得税反避税立法缺失

继1991年《外商投资企业和外国投资企业所得税法》及其实施细则首

次引入转让定价制度和独立交易原则之后，2008年内外资企业两税合并将一般反避税条款（简称GAAR）写入税法，2009年国家税务总局又出台《特别纳税调整实施办法》，对一般反避税条款进行细化补充。2014年年底，国家税务总局颁布了《一般反避税管理办法（试行）》，作为特别反避税规则的兜底。2015年我国加入OECD/G20税基侵蚀和利润转移（BEPs）行动计划，总局随即着手全面修订《特别纳税调整实施办法》，以进一步完善我国的反避税法律体系。然而，这些立法几乎都是针对企业避税行为，个人独资企业和合伙企业的投资者都不在其调整范围内。2014年国家税务总局颁布的《股权转让所得个人所得税管理办法（试行）》就自然人股权转让事项出台了特别反避税规则，但其调整面和调整方法均有限，个人反避税领域仍存在很大的空白。

5.1.2 个人所得税避税的主要形式

1. 改换国籍获取税收优惠

我国《个人所得税法》不仅在费用扣除标准、税收减免等方面给予外籍人员比本国公民更多的税收优惠，而且在双（多）边税收协定方面，对于消极所得（如利息、股息和特许权使用费）也给予外籍人员税收优惠。近年来，随着高收入人群资产配置全球化趋势的不断加强，越来越多的人通过改变国籍获取外籍身份持有国内企业股权，规避国内对于非居民取得的股息、利息、特许权使用费进行征税。根据税收协定，可以在缔约国另一方征税，也可以在支付方居民国征税，但税率不超过支付总额的限定比率，一般为10%，有的协定规定为5%。根据《财政部　国家税务总局关于非居民个人和无住所居民个人有关个人所得税政策的公告财政部》（税务总局公告2019年第35号）规定，无住所个人一个纳税年度在中国境内累计居住满183天的，如果此前六年在中国境内每年累计居住天数都满183天而且没有任何一年单次离境超过30天，该纳税年度来源于中国境内、境外所得应当缴纳个人所得税；如果此前六年的任一年在中国境内累计居住天数不满183天或者单次离境超过30天，该纳税年度来源于中国境外且由境外单位或者个人支付的所得,免予缴纳个人所得税。前款所称此前六年,是指该纳税年度的前一年至前六年的连续六个年度,此前六年的起始年度自 2019 年(含)以后年度开始计算。无住所个人一个纳税年度内在中国境内累计居住天数,按照个人在中国境内累计停留的天数计算。在中国境内停留的当天满 24 小时的,计入中国境内居住天数,在中国境内停留的当天不足 24 小时的,不计入中国境内居住天数。

2. 滥用文件避税

我国对居民采取住所和居住时间双重判定标准。对在我国境内无住所的个人,根据居住时间不同,纳税义务分别为:

表 5-1 外籍人员纳税义务判定表

居住时间	纳税人性质	境内所得 境内支付	境内所得 境外支付	境外所得 境内支付	境外所得 境外支付
183 日以内	非居民	√	免税	高管需缴税	×
183 日至 1 年	非居民	√	√	高管需缴税	×
1—6 年	居民	√	√	√	免税
6 年以上	居民	√	√	√	√

数据来源:根据个人所得税相关文件整理。

在中国境内无住所而在一个纳税年度中在中国境内连续或累计工作不超过 90 日或在税收协定规定的期间在中国境内连续或累计居住不超过 183 日的外籍人员,由中国境外雇主支付并且不由该雇主的中国境内机构负担的境外所得,免予申报缴纳个人所得税。对于境外所得但属于境内支付的个人所得免予申报缴纳个人所得税(高管除外)。

在中国境内无住所而在一个纳税年度中在中国境内连续或累计工作超过 90 日或在税收协定规定的期间在中国境内连续或累计居住超过 183 日但不满一年的外籍人员,其实际在中国境内工作期间取得的由中国境内企业或个人雇主支付和由境外企业或个人雇主支付的个人所得,均应申报缴纳个人所得税；其在中国境外工作期间取得的个人所得，不予征收个人所得税（高管除外）。

在中国境内无住所但在境内居住满1年而不超过6年的外籍人员，其在中国境内工作期间取得的由中国境内企业或个人雇主支付和由中国境外企业或个人雇主支付的个人所得，均应申报缴纳个人所得税。

对于居住时间6年以上的外籍人员，在中国境内无住所的，从第七年起，应当就其来源于中国境外的全部所得缴纳个人所得税。

个人在中国境内居住满七年，是指个人在中国境内连续居住满七年，即在连续流年中的每一纳税年度内均居住满一年。

个人在中国境内居住满6年后，从第7年起的以后各年度中，凡在境内居住满1年的，应当就其来源于境内、境外的所得申报纳税；凡在境内居住不满1年的，则仅就该年内来源于境内的所得申报纳税。如该个人在第7年起以后的某一纳税年度内在境内居住不足90天，可以按《中华人民共和国个人所得税法实施条例》第七条的规定确定纳税义务，并从再次居住满1年的年度起重新计算6年期限。

3. 利用避税地避税

随着国家"一带一路"倡议的提出，越来越多的民营企业、股权投资企业"走出去"，在避税地设立离岸公司。这些企业通过设立离岸基金、导管公司等方式转移个人收入，转移至低税地或避税地，以达到避税目的。

4. 选择所得类型和税阶避税

我国《个人所得税法》实行分类所得税制，分为9项所得，视所得类型适用不同的费用扣除标准、税率和计税方法。其中：工资薪金所得适用7级超额累进税率，最高边际税率为45%。劳务报酬一次收入畸高的，实行加成征收，最高加成100%。个人会视税负在工资、薪金和劳务报酬所得项目间进行选择，自然人股东会在工资、薪金以及股息、红利所得项目间进行选择，或者采用化整为零等方式适用较低税阶。

5.1.3 新个人所得税反避税条款

1. 新个人所得税反避税条款的建立

纳税人滥用法律，获取不正当税收利益，侵蚀了国家税基和财政职能，危及国家运行安全。据测算，2011—2015年，我国个税年流失额约为6000亿元，流失率（个税流失额占个税收入能力的比重）超过40%；富豪移民带来的个税流失额约为3652亿元。

但是，中国个人所得税制度中长期无"反避税条款"。实践中，一些税务机关参照《企业所得税法》中的相关反避税规则，对自然人的某些避税行为实施了反避税调整。税务机关基于"实质课税"原则的个人所得税反避税在很大程度上突破了"税收法定"的制约，极易引发征纳双方的争议。在一些个人所得税反避税案件中，或多或少存在调查程序不规范、期限过长（很多都超过1年）、执法依据不足、纳税人权利保护制度缺失等问题。

2018年6月19日，由财政部、税务总局会同有关部门起草的《中华人民共和国个人所得税法修正案（草案）》（《简称个税草案》）提请十三届全国人大常委会第三次会议进行审议。《个税草案》的亮点之一是增加了个人所得税"反避税条款"，这填补了我国个人所得税法缺乏"反避税"制度的立法缺陷，为税务机关的个人所得税反避税实践提供制度保障和执法依据。新的《个人所得税法》已于2019年1月1日生效实施。

以下为新《个人所得税法》中的反避税条款：

"有下列情形之一的，税务机关有权按照合理的方法进行纳税调整：

（1）个人与其关联方之间的业务往来不符合独立交易原则而减少本人或者其关联方应纳税额，且无正当理由；

（2）居民个人控制的，或者居民个人和居民企业共同控制的设立在实际税负明显偏低的国家（地区）的企业，无合理经营需要，对应当归属于居民个人的利润不作分配或者减少分配；

（3）个人实施其他不具有合理商业目的的安排而获取不当税收利益。

税务机关依照前款规定作出纳税调整，需要补征税款的，应当补征税款，并依法加收利息。"

2. 新个人所得税反避税条款详细解读

第一，新《个人所得税法》对个人规避缴纳税款的制约方式其实来自许多方面，而不仅仅是反避税规则这样的一个单一条款。例如，对改变国籍的纳税规避行为，首先要过的是税收居民认定的一关，也就是，新《个人所得税法》所明确的税收居民条件应当可以有效制约个人采用改变国籍来规避纳税义务的情况；又如，对于通过交易避税的行为，新《个人所得税法》对信息交换的协助义务作出了明确规定，从而最大限度地降低了利用信息不对称避税的可能；然后，新《个人所得税法》对综合纳税制度的改革和普遍扣缴义务的明确也在一定程度上提高了纳税人进行避税安排的成本，使其利用特许权或者一般劳务避税的难度明显上升。

第二，新《个人所得税法》针对个人所得避税的规定在一定程度上借鉴了《企业所得税法》的相关规定，但同时又有自己的特色：

新《个人所得税法》引入了关联交易应按独立企业交易原则进行调整的概念，这一点和《企业所得税法》保持了一致，也和征管法的规定相符。所谓独立企业交易原则，就是要求个人在进行关联交易时必须采用与第三方在相同交易条件下按照可比的价格进行定价，这是国际上对关联交易的税收管理所采用的一般性制度安排。为此，《企业所得税法》建立了一个完整的可比分析方式，然而，在相关分析仅适用于企业所得税的情况下，如何就同一原则发展出适应个人的分析框架值得期待。另一方面，可能是为了承袭此前国家税务总局在相关文件中给予亲属个人之间交易的监管豁免，本次的个人关联交易调整加上了一个"且无正当理由"这样的限制条件。一般而言，独立企业交易原则的调整是没必要有例外的，因为所有的例外都可以用可比条件的调整来适用。然而个人所得税基于中国的文化要求给予的特殊豁免，未来如何能够避免成为税务机关自由裁量权的扩大是需要思考的。

第三，新《个人所得税法》也引入了"受控公司"的概念，在新《个人所得税法》的文字中，似乎可以将受控公司规则和《企业所得税法》的"受控外国公司"相互比较。如果新《个人所得税法》的受控公司仅仅设立在境外，那么这个规则所针对的往往就是利用跨境架构进行税收规避的情况，也就是个人在海外设立公司，通过交易或投资将利润汇集在低税率国家（地区）设立的公司而不分配，从而规避中国纳税义务的行为。未来，新《个人所得税法》显然需要对受控公司作出进一步的界定。这一规定结合 CRS 中有关消极非金融机构的规定自然会构成一个有效的反避税信息和执行体系，这是所有财富人群所需要注意的。另一个值得关注的问题就是，这样的规则能否适用于国内个人借助法人投资来规避税收的情况？如果这么解读，这一条款的威力就从"原子弹"变成了"氢弹"。

第四，新《个人所得税法》也引入了一般反避税的规定，对缺乏商业目的的避税交易赋予了税务机关调整的权力，可以预见的未来，与企业所得税 7 号公告类似的"个人间接转让规则"也很有可能会出台，从而在间接转让方面不再将个人"遗忘"在监管范围之外。当然，未来个人所得税的间接转让穿透如何与企业相协调会是一个很重要的问题。

第五，个人所得税反避税体系的建立还需要考虑的就是合理的调查程序，特别是与协定和国际税收实践的协调，在加强监管反避税规则的同时，未来的实施规则如何从程序上保障纳税人的权利，非常值得思考。

5.1.4　进一步完善一般反避税条款的法律建议

1. 发达国家的反避税经验

（1）澳大利亚税制中的反避税条款及罚则

所得税法（ITAA 1997）中的一般反避税条款（第 177 款）是澳大利亚税制中最主要的反避税法规，其主要目的是处理那些单纯或主要以避税为目的或为获取不正当税收扣除及抵免的各类行为。根据第 177 款，任一避税行为要成立，必须满足以下 4 个条件：其一，必须存在一个"计划"［第 177A（1）款］，即纳税人实行的某一行为、协定、安排、默契或承诺等。其二，纳税人必须从该"计划"中获取"税收收益"（第 177C 款）。所谓税收收益，指的是纳税因某种行为使其应税收入降低。其三，上述行为须发生在 1981 年 5 月 27 日以后，这主要指第 177 款涵盖的时间范围。其四，在考虑各项因素后，即经过"合理推断"

证明纳税人是将获取税收收益作为其从事某一计划时的单纯或主要目的，则可断定该计划已构成了避税事实。根据劳弗改委员会1999年7月的建议，近年来，一般反避税条款又做了一些改进，如扩展了"税收收益"的范围，规范了"合理推断"的程序与标准，税务官员可依据某一因素判定避税行为，以及引入前后一致的罚款机制等。澳大利亚税法所规定的这四个条件除了第三个外，跟外国的基本上一致。我国针对其他避税行为也是从行为方式、避税目的及避税结果三个方面进行判断的。

（2）转让定价调整

美国最早建立转让定价税制。调整转让定价的方法主要有：（1）成本加利润法。对于无可比照的价格，而且购进货物经过加工有了一定的附加值，已不再适用再销售价格法的情况，则采用以制造成本加上合理毛利，按正规的会计核算办法组成价格的办法。（2）再销售价格法。如无可比照的价格，就以关联交易的买方将购进的货物再销售给无关联企业关系的第三方时的销售价格扣除合理利润后的余额为独立企业成交价格。（3）可比非受控价格法。将内部交易价格与在没有任何人为控制因素的情况下卖给无关联买主的价格进行比较，若价格相同或相似，则确定内部交易定价符合正常交易原则。（4）预约定价协议，由税务机关和纳税人就转让定价的计算方法等问题事先达成一种具有约束力的协议，变事后调整为预先约定，以减少转让定价的不确定性，提高效率。

（3）资本弱化避税

经济合作与发展组织提倡采用两种方法：（1）正常交易法。即在确定贷款或募股资金的特征时，要看关联方的贷款条件是否与非关联方的贷款条件相同，如果不同，则关联方的贷款可能被视为隐藏的募股，要按有关税法对利息征税。（2）固定比率法。即规定法定的债务资本比率，凡超过法定比率的贷款或利率不符合正常交易原则的贷款，其利息不允许税前扣除，视同股息进行征税。

（4）避税港对策税制

一要明确避税港。各国对于避税港的判定方法不同，有的直接列举出避税港的黑名单；大多数国家以规定的税率为标准来判定避税港。二要明确本国居民设立在避税港的受控外国公司适用避税港对策税制。这种受控关系一般以本国居民在国外公司的参股比例确定，一般以本国居民直接或间接拥有外国公司有表决权股票50%以上，且每个本国股东直接或间接拥有外国公司有表决权股票至少10%为标准。三是明确课税对象。各国避税港对策税制均规定，适用避税港对策税制的所得，主要是来自受控外国公司的消极投资所得，如股息、利息所得及特许权使用费，而不包括来自生产经营活动的积极投资所得。四是规范制约措施。对作为避税港公司股东的本国居民法人或自然人，其在避税港公司按控股比例应取得的所得，不论是否以股息的形式汇回，一律计入其当年所得向居住国纳税。该部分所得中已经缴纳的外国税收可获抵免。

2. 完善反避税制度

对一般反避税条款的完善应重点关注两个目标：更好的法律适用效果和防止反避税权被滥用。具体来说：

（1）加强税收法制建设

在税收立法上，尽量丰富税收立法层次，在条件允许的情况下可以考虑制定反避税单行法。尽管新《个人所得税法》用一章的篇幅对反避税进行了规定，但仍不足以涵盖反避税工作的全部。我国有必要在借鉴国外反避税法规的基础上，结合我国实际，制定一套系统、完整、可操作性强的反避税单行法规。在税收执法上，"进一步完善反避税工作机制。建议进一步细化纳税人按纳税年度准备、保存并提供关联交易的同期资料等内容，如证明资料应包括公司的股权结构、生产经营情况、关联交易情况、转让定价原则等内容，对要求提供更多证明资料的通知，应在15天内提交。同时，要考虑减少纳税人遵从法律的成本负担，建议免除部分特殊企业的准备、保存和提供同期资料的义务，如企业年度关联交易金额比较少的企业，在预约定价安排有效期内的企业，仅与境内（不含中国香港、澳门和台湾）关联方发生关联交易。即将反避税工作重点放在跨国的关联交易上"。在税收司法上，要进一步加强司法解释的监督功能。一方面应尽快使司法机关的税法解释权归位，当行政机关对纳税人作出的行政解释不为纳税人所接受时，纳税人有权求助于司法程序，通过司法机关对行政解释的不正当性进行修正，以维护纳税人自身权利；另一方面，应确立司法解释的效力高于行政解释的原则，使司法机关可独立地对法律作出第二次解释，加强司法解释的监督功能。

（2）为防止一般反避税条款被滥用，应当制定相应的规章制度

①启动审批制。一般反避税条款的启动，其审批权应当由国家税务总局行使，以提高办案质量。

②正当程序制度。在特别纳税调整中，税务机关对纳税人应纳税额的估算、核定、调整、更正等各个环节的权力应当相对独立，由不同的部门和人员负责，形成各环节、各部门间相互监督、相互制约的机制。

③联合审议制。为防止税务机关滥用实质课税原则，规范税务机关自由裁量权的行使，应当由国家税务总局牵头成立临时联合审议小组，就纳税调整的事实进行讨论认定。

④公示制度。税务机关对特别纳税进行调整的处理结果必须公示，否则纳税人有权依法拒绝履行纳税义务或有权作为请求救济的理由，以增加税务机关对纳税人进行特别纳税调整的透明度，形成社会监督。

5.2 个人所得税反避税措施与典型案例

5.2.1 反避税措施分析

1. 个人所得税反避税条款分析

（1）情形一：通过关联交易减少个税应纳税额

即个人与其关联方之间的业务往来不符合独立交易原则而减少本人或者其关联方应纳税额，且无正当理由。关联交易是一个古老的话题，《特别纳税调整实施办法》中对关联交易作了界定：关联关系，主要是指企业与其他企业、组织或个人具有下列之一关系：

①一方直接或间接持有另一方的股份总和达到25%以上，或者双方直接或间接同为第三方所持有的股份达到25%以上。若一方通过中间方对另一方间接持有股份，只要一方对中间方持股比例达到25%以上，则一方对另一方的持股

比例按照中间方对另一方的持股比例计算。

②一方与另一方（独立金融机构除外）之间借贷资金占一方实收资本50%以上，或者一方借贷资金总额的10%以上由另一方（独立金融机构除外）担保。

③一方半数以上的高级管理人员（包括董事会成员和经理）或至少一名可以控制董事会的董事会高级成员由另一方委派，或者双方半数以上的高级管理人员（包括董事会成员和经理）或至少一名可以控制董事会的董事会高级成员同为第三方委派。

④一方半数以上的高级管理人员（包括董事会成员和经理）同时担任另一方的高级管理人员（包括董事会成员和经理），或者一方至少一名可以控制董事会的董事会高级成员同时担任另一方的董事会高级成员。

⑤一方的生产经营活动必须有另一方提供的工业产权、专有技术等特许权才能正常进行。

⑥一方的购买或销售活动主要由另一方控制。

⑦一方接受或提供劳务主要由另一方控制。

⑧一方对另一方的生产经营、交易具有实质控制，或者双方在利益上具有相关联的其他关系，包括虽未达到上述第1项持股比例，但一方与另一方的主要持股方享受基本相同的经济利益，以及家族、亲属关系等。

以上是站在企业角度谈关联交易，换个角度自然就是个税的关联交易了。当然，关联交易本身并无对错，但通过关联交易安排避税就可能存在问题。根据是否具备合理的商业目的，以及避税安排是否伴随着价格的设计与调整，我们可以将关联交易避税手段分为以下两种：

①利益输送型

大多数的收入源头都来自交易，在关联交易中通过设计价格，将利益输送到对应的企业和个人，可以实现规避个人所得税的目的。

在实际操作中，通常在税负较低区域设立企业，利用当地特殊的企业和个人税收政策将利润最终转化为个人合法收入。服务、管理等领域的企业由于产品和经营的无形更易于采用此种手法。

②无中生有型

这种操作手法比利益输送型更进一步，不是针对已有的关联交易进行调整，而是根据产业链和业务特点重新设计新的关联交易，通过"无中生有"的交易实现利润的转移，在税务较低区域或税负较低公司实现企业税负和个人税负的降低。

两种手段是否合法的核心在于是否具有合理的商业目的。对于这一点的界定，其核心在于业务和交易设计的真实性与合理性。虚假的业务设计和看起来真实但不合理的业务设计同样会产生税收风险。

无论是国内避税地公司还是个人成立的国际避税地公司，只要被界定为不具备合理的商业目的，就将遭受税务机关的反避税调查，最终可能通过纳税调整被要求补税。

（2）情形二：不分利润也可能惹来麻烦

新《个人所得税法》规定，居民个人控制的，或者居民个人和居民企业共同控制的设立在实际税负明显偏低的国家（地区）的企业，无合理经营需要，对应当归属于居民个人的利润不作分配或者减少分配的，税务机关有权按照合理方法进行纳税调整。该规定实质上隐藏着一个非常可怕的逻辑：企业有了利润不给个人分红，可能也会有麻烦。

在传统的个税中，对于分红的界定基本上都以实际发生为标准，企业的利润未进行分配，税务机关无权过问，也不能以此为由要求企业视为分红缴纳个税。但上面这一规定明显有了突破，当然这一突破是有前提的：

第一，必须是居民个人控制的企业（关联程度非常紧密）。

第二，必须是设立在税负明显偏低的国家（地区）。这里的地区主要指境外。

第三，必须被认定为无合理经营需要。

比如，境内个人在英属维京群岛设立企业，没有实质经营活动，仅仅通过关联交易将利润输送给该企业，而该企业不做分红给个人，直接以企业名义持有这些资金或资产的，税务机关将按照上述规定进行强行穿透，视为个人已经拥有这部分收入并应按照中国法律缴纳个税。

反避税条款作为本次个税改革的一个亮点却被很多人忽视。未来，在税务严征管的形势下，个人、企业和税务机关避税与反避税的博弈将日趋频繁。应正确理解个税改革的反避税条款，看到其中蕴藏的法律逻辑，回避低层次个税筹划手段，守住企业和个人的风险底线。

总结：

第一，个税反避税条款是本次改革首次提出的，税务机关从关联交易和利润分配两个重要环节实施监控；

第二，关联交易的核心在于业务设计的真实性与合理性，并非对所有避税的安排一网打尽；

第三，在符合三个条件的情况下，利润分配注定会引发税务机关的关注，特别是对于与境外存在关联交易行为的情形须关注反避税条款。企业财产与个人财产有着本质的区别，税收穿透的原则不能被滥用。

2. 反避税规定需要明确的若干问题

（1）是否追溯？

企业所得税关于特别纳税调整的追溯期限在《企业所得税法实施条例》中有明确规定。《中华人民共和国税收征收管理法实施细则》（简称《税收征管法实施细则》）第五十六条规定："纳税人与其关联企业未按照独立企业之间的业务往来支付价款、费用的，税务机关自该业务往来发生的纳税年度起3年内进行调整；有特殊情况的，可以自该业务往来发生的纳税年度起10年内进行调整。"从法理上讲，税收征管法的追溯调整规定适用于个税，但从该条款的上下文及本条款自身的表述来看，本条款更适用于企业。因此，个税的纳税调整能否追溯、追溯期限多长需要等待《个人所得税法实施条例》的进一步明确。

（2）关联关系的认定标准

《中华人民共和国税收征收管理法》（简称《税收征管法》）只是对关联企业的认定标准作了规定，《国家税务总局关于完善关联申报和同期资料管理有关事项的公告》（国家税务总局公告2016年第42号）及《特别纳税调查调整及相互协商程序管理办法》（国家税务总局公告2017年第6号）也对关联关系作了详细的规定，但都适用于企业所得税。对于个人作为主体的关联关系认定，需要《个人所得税法实施条例》进一步明确。

（3）受控外国企业的"控制"标准

新《个人所得税法》第八条第一款第（二）项"居民个人控制的，或者居民个人和居民企业共同控制的……"是关于受控外国企业的规定，对于什么情况才构成"控制"，《税收征管法》没有相关规定，《企业所得税法实施条例》虽然有此类标准，但个税的标准需要《个人所得税法实施条例》明确才能有法律效力。

（4）实际税负明显偏低的国家（地区）的认定标准

新《个人所得税法》第八条第一款第（二）项"……设立在实际税负明显偏低的国家（地区）的企业……"是关于受控外国企业的规定，对于什么情况才是"税负明显偏低"，《税收征管法》没有相关规定，《企业所得税法实施条例》虽然有此类标准，但个税的标准需要《个人所得税法实施条例》予以明确。

（5）无合理经营需要、不具有合理商业目的的认定标准

新《个人所得税法》第八条第一款第（二）项"……无合理经营需要，对应当归属于居民个人的利润不作分配或者减少分配"、第（三）项"个人实施其他不具有合理商业目的的安排而获取不当税收利益"是关于受控外国企业的规定，对于什么情况才是"无合理经营需要"以及"不具有合理商业目的"，《税收征管法》没有相关规定，《企业所得税法实施条例》虽然有此类标准，但个税如何表述需要《个人所得税法实施条例》进一步加以明确。

（6）不当税收利益的认定标准

新《个人所得税法》第八条第一款第（三）项"个人实施其他不具有合理商业目的的安排而获取不当税收利益"是关于一般反避税（GAAR）的规定，对于什么情况才是"不当税收利益"，目前，税收法律法规均没有明确的规定，只是在国家税务总局《一般反避税管理办法（试行）》（国家税务总局令第32号）中明确不当税收利益是指减少、免除或者推迟缴纳企业所得税应纳税额，但是该规定只适用于企业所得税，个税需要《个人所得税法实施条例》予以明确。

（7）利息的计算

新《个人所得税法》第八条第二款"税务机关依照前款规定作出纳税调整，需要补征税款的，应当补征税款，并依法加收利息"的规定，对于利息计算的

起止时间、采用什么利率、有没有罚息,《税收征管法》没有相关条款,《企业所得税法实施条例》虽然有此类标准,但对于个税怎么规定,还需要《个人所得税法实施条例》明确后才不会产生歧义。

(8)纳税调整的合理方法

新《个人所得税法》第八条规定:"有下列情形之一的,税务机关有权按照合理方法进行纳税调整……"虽然《税收征管法实施细则》有有关调整方法的规定,但主要适用于企业,而且因为《税收征管法》立法时间较早,有关调整方法的规定也比较陈旧,《企业所得税法》、2号文、6号公告有比较详细、完整的调整方法规定,对个税的调整需要《个人所得税法实施条例》给出明晰的方法。

(9)技术层面的支持

企业所得税的特别纳税调查调整,除《个人所得税法》及其实施条例、《税收征管法》及其实施细则外,税务总局还提供了2号文、42号公告、64号公告及6号公告等强大的、广义上的法律支持。新个税的纳税调整,除《个人所得税法》及其实施条例对上述要素作法律上的必要明确和支撑外,操作上也需要技术层面更具体的支持。建议将上述配套政策修改后重新公布。比如,上述公告第一条的法律依据增加"根据《中华人民共和国个人所得税法》及其实施条例……",将上述公告全文中的调查、调整对象由"企业"修改为"纳税人",将全文中的"关联企业"修改为"关联方",将全文中的"可比企业"修改为"可比方"等,并相应增加个税主体的有关条款。

3. 个税反避税体系规则的亮点

(1)引入独立交易原则,堵塞关联交易征管漏洞

我国在企业和企业之间的关联交易税收问题处理上,早已在《税收征管法》中有明文规定,特别是规定了"当纳税人申报的计税依据明显偏低又无正当理由的,税务机关有权进行纳税调整"。但在个人和关联方之间的交易上还存在征管空白,很多已经移居国外的非居民个人,会通过关联交易转移应税所得以逃避中国税款,如在向境内关联方收取货款、租金、利息以及特许权使用费时人为地抬高价格,但在反向付款时人为压低价格,从而转移应税所得,造成税款流失。新《个人所得税法》中引入了独立交易原则,赋予了税务机关对个人在

和关联方之间的交易上进行纳税调整的权力,闭合了关联交易的个人所得税监控链条,但在实际处理的过程中,要谨慎建立规则,防止出现重复征税的问题。

(2)引入一般反避税规则,加大反避税监控力度

一直以来,我国非居民企业在境外间接转让境内股权以避免缴纳我国企业税的安排,已成为我国税务机关反避税监控的重点。我国在《企业所得税法》中引入了一般反避税规则,而在个人所得税方面缺少相关规定,给个人避税带来了可乘之机,为了减少税款流失,新《个人所得税法》针对个人通过实施不具有合理商业目的的生产经营活动以规避个人所得税的行为建立了一般反避税规则,明确规定:个人实施其他不具有合理商业目的的安排而获取不当税收利益的,税务机关可对其进行纳税调整,需要补征税款的,应当补征税款,并依法加征利息。自此,税务机关对非居民个人间接转让境内财产有了明确的征税依据,监控力度势必更加严格。

(3)引入CFC规则,打击个人境外避税行为

伴随着对外开放的持续推进以及"一带一路"倡议的实施,中国已经从资本输入国转变为资本输出国。"走出去"已经成为当下中国企业的重要发展战略。由于很多跨国公司为了追逐最大的经营利润,在避税地建立一个外国公司,利用避税地低税或无税的优势,将经营业务通过避税地公司开展,通过转让定价等手段,将一部分利润转移到避税地,并利用居住国推迟课税的规定,将利润长期留在海外不做利润分配也不汇回,以此逃避税收。针对此现象,2008年我国在企业所得税层面已经建立了相应的反避税规则,即无论基地公司是否进行利润分配,也无论是否将利息、红利汇回国内,居住国都要对这笔利润征税,这种取消推迟课税的立法被称为受控外国公司法规(CFC legislation)。与此同时,很多中国人也想以同样的方法躲避在中国的纳税义务。我国新《个人所得税法》规定,居民个人控制的,或者居民个人和居民企业共同控制的设立在实际税负明显偏低的国家(地区)的企业,无合理经营需要,对应当属于居民个人的利润不作分配或者减少分配的,税务机关有权按照合理方法进行纳税调整。

(4)明确税收居民的判定标准

按照国际惯例,个人所得税的纳税人分为居民纳税人和非居民纳税人。居

民纳税人负有无限纳税义务，对于全世界范围内的所得都对居住国负有纳税义务，非居民纳税人负有有限纳税义务，仅就来源于该国的所得纳税。新《个人所得税法》进一步明确了居民与非居民的判定标准，由原来无住所个人在中国境内居住时间由满1年缩短为满183天，这就加大了外籍人员通过居民身份进行避税的难度。现行规定中，无住所外籍人员一个纳税年度内，一次离境不超过30天，或者多次离境累计不超过90日，不扣减实际在华逗留天数，但是现如今，只要无住所个人在中国境内居住满183天，即成为中国税收居民，那些外籍人员采用集中休假的方式避免成为中国纳税居民的效果将大打折扣。另外，移居国外的个人，如果代表境外公司在境内常驻提供服务，在中国构成常设机构，那么境外公司取得的来源于中国境内的收入将归属于该常设机构的生产经营所得并征收企业所得税，该个人取得的所得也要按照工资、薪金收入在我国缴纳个人所得税。

（5）加强对涉税信息申报的监管力度

由于反避税制度在立法层面不够完善，征管手段也存在局限性，使得中国税务机关对非居民纳税人的税收征管仅仅停留在源泉扣缴层面，造成了大量税款流失，给中国的税收利益造成了严重的损害。新《个人所得税法》加强了各政府部门、金融机构对税收征管的联合力度，以政府部门间的信息共享为依托，大大提升了纳税人涉税信息的透明度。我国对自然人国际税收征管也日渐完善。

4. 反避税相关案例分析

案例：非居民个人间接转让中国境内公司股权被征收个人所得税

2011年6月8日《中国税务报》刊登了《历时半年深圳地税局跨境追缴1368万元税款》的报道（"深圳案例"）。

案例简介：

某香港商人在香港注册一家典型的"壳公司"，注册资本仅有1万港币。2000年，该公司作为投资方在深圳注册一家法人企业，专门从事物流运输，同时置办大量仓储设施。经过近10年的经营，子公司已经形成品牌企业，经营前景不错，而且由于房地产市场一直处于上升趋势，公司存量物业市场溢价很大。

2010年，该港商在境外将香港公司转让给新加坡某公司，深圳公司作为子公司一并转让，转让价格2亿多元。

对于港商个人取得的转让收益是否征税，税企之间存在很大分歧。经过反复调查和多次取证，深圳市地税局认为本案转让标的为香港公司和深圳公司，标的物业为深圳公司的资产，转让价格的基础是深圳公司资产市场估价。鉴于香港公司在香港无实质性经营业务，其转让溢价应大部分归属深圳公司资产增值。这种形式上直接转让香港公司股权，实质上是间接转让深圳公司股权，存在重大避税嫌疑。经请示税务总局，决定对其追征税款。全国首例对非居民个人间接转让中国境内企业股权追征个人所得税1368万元在深圳市地税局入库，从而结束了长达半年的跨境税款追踪，实现了非居民个人在境外直接转让母公司股权，间接转让境内子公司股权征税个案突破。

案例分析：

无论是国税函〔2009〕698号文，还是国家税务总局公告2015年第7号文，都只是适用于非居民企业（而非非居民个人）间接转让中国境内公司股权或应税财产的行为。个人所得税法及相关规定中，也没有类似《企业所得税法》的一般反避税规则的规定。因此，有关深圳案例征税的法律依据问题，一直受到实务界和理论界的诟病。

新《个人所得税法》第八条是有关个人所得税反避税的一般规定。该条规定，有下列情形之一的，税务机关有权按照合理方法进行纳税调整：(1)个人与其关联方之间的业务往来，不符合独立交易原则且无正当理由；(2)居民个人控制的，或者居民个人和居民企业共同控制的设立在实际税负明显偏低的国家（地区）的企业，无合理经营需要，对应当归属于居民个人的利润不作分配或者减少分配；(3)个人实施其他不具有合理商业目的的安排而获取不当税收利益。税务机关依照前款规定作出纳税调整，需要补征税款的，应当补征税款，并依法加收利息。

以上的"反避税条款"无疑将为税务机关未来的个人所得税反避税实践提供更好的制度保障和执法依据。与此同时，个人所得税反避税条款的实施也需要更详细的立案、调查、调整流程等程序性规则和实体性认定标准，在赋予税务机关个人所得税反避税权力的同时，兼顾保护纳税人的权利。

5.2.2 反避税的审计措施

1. 个人所得税审计目标

（1）确认居民身份及其纳税义务。

（2）确认税收协定的适用是否正常合理。

（3）确认所得来源地，个人所得项目的分类是否恰当。

（4）确认应税所得项目申报是否准确。

（5）确认个人收入金额的申报是否准确。

（6）确认费用扣除额的计算是否恰当。

（7）确认税率的适用是否准确。

（8）确认境外已缴税款抵扣的计算是否准确。

（9）确认应扣缴税额的计算是否准确。

2. 个人所得税审计步骤与要点

（1）索取或编制企业工资、薪金、福利费、劳务报酬、特许权使用费等应税项目支付一览表，并与明细账、总账、纳税申报表进行核对。

（2）对工资薪金所得项目的审计步骤：

①索取或编制雇员分类清单。与人事档案/考勤记录等进行核对，审查该清单所列雇员的完整性，并初步审查下列分类的合理性：外籍雇员与中国籍雇员——外籍人员基本情况表；境外工作人员与境内工作人员；高层管理人员/董事会成员与身兼股东的雇员。

②审查外籍雇员在中国境内的住所情况、居住时间和临时离境时间。

③实地了解企业工资、薪金、福利等政策及支付情况。

④导入应付工资、应付福利费、营业费用、管理费用、营业外支出、其他业务支出、生产成本、制造费用、其他应收款、其他应付款、在建工程、预提费用、待摊费用等项目的审计程序。

⑤审查所得的来源地。

⑥初步评价个人所得税应税与免税项目划分的实用性。

⑦采用分析性复核方法，分析工资、薪金所得的变化趋势，对异常变动或

波动的月份进一步查明原因。

⑧审查费用扣除额是否正确。

⑨审查适用税率是否正确。

⑩审查境外已缴税款抵扣的计算是否正确。

⑪审查应扣缴税款的计算是否正确。

⑫建立本项目的审计结论。

（3）对劳务报酬、特许使用费、利息股息等项目的审计步骤：

①根据合同、订单、股利计算书、现金支付或应付款记录，审查客户是否为独立个人身份，从而确认个人所得税纳税义务人。

②审阅合同/订单或原始发票，确认客户取得收入的性质分类。

③导入应付工资、应付福利费、营业费用、管理费用、营业外支出、其他业务支出、生产成本、制造费用、其他应收款、其他应付款、在建工程、预提费用、待摊费用等项目，以及财务费用、物资采购、原材料、委托加工物资、固定资产、无形资产等的审计程序。

④审查费用扣除额是否正确。

⑤审查适用税率是否正确。

⑥建立本项目的审计结论。

（4）对适用税收协定的审计步骤。

（5）综合上述审计步骤的审计结论，建立综合审计结论。

3. 个人所得税审计方面的八类典型问题

（1）企业分配股权红利代扣代缴个人所得税不足。随着企业改制以及股份制企业、民营企业的大力发展，个人直接参股或通过职工持股会参股的情况越来越多。对红利征收个人所得税的规模越来越大，成为个税增长的重要支撑。很多单位红利个税已远远超过工资、薪金个税。国家税务总局国税发〔1994〕89号文件明确规定"股份制企业在分配股息、红利时，以股票形式向股东个人支付应得的股息、红利（即派发红股），应以派发红股的股票票面金额为收入额，按利息、股息、红利项目计征个人所得税"。国税发〔1997〕198号文件规定"股份制企业用盈余公积金派发红股属于股息、红利性质的分配，对个人取得的红股数额，应作为个人所得征税"。国税函发〔1998〕289号文件规定"《国家税务总局关于股份制企业转增股本和派发红股征免个人所得税的通知》（国税发198号）中所表述的'资本公积金'是指股份制企业股票溢价发行收入所形成的资本公积金。将此转增股本由个人取得的数额，不作为应税所得征收个人所得税。而与此不相符合的其他资本公积金分配个人所得部分，应当依法征收个人所得税"。在实际审计工作中，我们经常发现部分单位派发红利或转增股本时代扣代缴个人所得税不足甚至不作扣缴的情形。

（2）支付职工集资利息时代扣代缴个人所得税不足。职工集资的方式在我国企业中是普遍存在的，一些企业因资金紧张，银行贷款手续烦琐等，经常以职工集资方式筹措资金发展生产，以解燃眉之急。企业向职工集资形成企业对职工的负债，是一种融资行为，要向职工支付集资利息，而集资利息对于职工个人来说，属于个人所得，应按"利息、股息、红利"所得（税率20%）缴纳个人所得税。审计中发现不少单位在发放集资利息时未按《个人所得税法》规定扣缴个人所得税，有的不代扣代缴，有的扣缴不足。其中，扣缴不足的主要原因是有的单位认为集资利息类似于银行储蓄存款利息按5%的税率缴纳。中华人民共和国国务院令第502号第四条规定：对储蓄存款利息所得征收个人所得税，减按5%的比例税率执行。减征幅度的调整由国务院决定。可见，5%的比例税率明确适用于储蓄存款，因此对单位支付给个人的集资利息，仍然按照20%的比例税率代扣代缴个人所得税。

（3）当月分次发放的工资、薪金所得未合并计税，造成代扣代缴个人所得税不足。在审计实际工作中，我们发现一个普遍存在的问题，就是对当月分次发放的工资、薪金所得未合并计税。《国家税务总局关于调整个人取得全年一次性奖金等计算征收个人所得税方法问题的通知》（国税发〔2005〕9号）第五条明确规定"雇员取得除全年一次性奖金以外的其他各种名目奖金，如半年奖、季度奖、加班奖、先进奖、考勤奖等，一律与当月工资、薪金收入合并，按税法规定缴纳个人所得税"。由于单次发放的规模相对较小，适用的税率较低或达不到起征点，很多单位通过化整为零，或不将各种形式的收入所得合并，从而造成个人所得税代扣代缴不足。

（4）企业和单位为职工购买的商业保险未扣缴个人所得税。时下，很多企业把为职工购买商业保险作为一种福利支付形式，但很多单位未代扣代缴个人所得税。国税函〔2005〕318号文件规定"对企业为员工支付各项免税之外的保险金，应在企业向保险公司缴付时（即该保险落到被保险人的保险账户）并入员工当期的工资收入，按'工资、薪金所得'项目计征个人所得税，税款由企业负责代扣代缴"。可见，企业为职工购买的商业险仍视为职工个人支付，应分解并合并到每个员工当月的工资、薪金中。

（5）企业和单位向个人发放公务交通、通信等补贴未纳入扣缴个人所得税的范围。向职工发放公务交通、通信等补贴是一种很普遍的做法，实际上已成为很多单位为职工支付福利的一种形式，在实际审计工作中，我们发现不少单位未将其纳入个人所得税的扣缴范围。国税发〔1999〕58号文件明确规定"个人因公务用车和通讯制度改革而取得的公务用车、通信补贴收入，扣除一定标准的公务费用后，按照'工资、薪金所得'项目计征个人所得税。按月发放的，并入当月工资薪金所得计征个人所得税；不按月发放的，分解到所属月份并与该月份工资薪金所得合并后计征个人所得税。公务费用的扣除标准，由省级地方税务局根据纳税人公务交通、通讯费用的实际发生情况调查测算，报经省级人民政府批准后确定，并报国家税务总局备案"。

（6）企业和单位为职工提供的免费旅游未纳入扣缴个人所得税的范围。为职工提供的旅游补贴或直接组织免费旅游、公费旅游是一种司空见惯的做法，实质上也是为个人支付的一种福利或奖励，属于个人所得。在实际审计工作中，我们发现，多数单位未将其纳入个人所得税的扣缴范围。财税〔2004〕11号文件规定：企业和单位对营销业绩突出人员以培训班、研讨会、工作考察等名义组织旅游活动，通过免收差旅费、旅游费对个人实行的营销业绩奖励（包括实物、有价证券等），应根据所发生费用全额计入营销人员应税所得，依法征收个人所得税，并由提供上述费用的企业和单位代扣代缴。其中，对企业雇员享受的此类奖励，应与当期的工资、薪金合并，按照"工资、薪金所得"项目征收个人所得税；对其他人员享受的此类奖励，应作为当期的劳务收入，按照"劳务报酬所得"项目征收个人所得税。

（7）企业和单位通过多提工会经费、职工福利费等办法以达到漏缴个人所得税的目的。在实际审计工作中，我们发现很多单位为了增加个人收入而不缴纳个人所得税，将要发放给个人的收入计提到工会经费之中，但并没有真正用到工会活动中去，一部分以现金的形式发给个人，另一部分以实物的形式发给个人；还有的单位通过多提职工福利费或管理费用等方式向个人发放过节费、职工医疗补助费、员工住房补贴，未按税法规定计入工资、薪金所得项目扣缴个人所得税。

（8）企业和单位以报销发票费用的形式变相发放职工的薪酬来达到避税的目的。在实际审计工作中，我们发现不少单位以办公费、路桥费、住宿费等名义和以各种渠道取得的发票入账，套取现金用于发放补贴而不缴个人所得税；一些实行绩效薪酬考核的单位以报销发票费用的形式让职工套取部分绩效工资，以达到降低个人所得税税率并少缴税的双重目的。

4. 问题解决方法

审计部门建议税务部门重视以上八类现象，积极采取相关对策。

一要研究制定有效的征管措施，进一步堵塞个人所得税征管漏洞，加快建立个人所得税重点纳税人的监控体系，建立针对高收入重点纳税人的档案管理系统，对其实施重点追踪管理，将真正的高收入者纳入税收重点监控的对象中来。

二要提高公民的纳税意识。从正反面宣传着手，一方面加大税法的宣传、辅导和培训力度，另一方面严厉打击偷漏税行为，对偷漏税反面典型进行广泛宣传报道，强化其示范效应，以维护税法的权威性，增强税法的威慑力。

三是强化税务稽查。目前，纳税人主动纳税意识相对薄弱，强有力的税务稽查制度是个人所得税代扣代缴和自行申报制度得以高效运行的关键。强化税务稽查不仅要具备现代化高科技的稽查手段，更重要的是要提高稽查人员业务能力和政治素质，提高稽查质量。在稽查力量有限的情况下，要加强对高收入行业或人群的纳税检查，以突出稽查的重点，提高稽查效率。此外，对于税务稽查的结果，要加大处罚力度，一方面要改变"重查补而轻处罚"的做法，另一面要对过大的税务处罚自由裁量权予以控制，避免"人治"大于"法治"的现象。

四要加强税收征管信息化建设。税收征管要逐步实现专业化和现代化，通过计算机完成税务登记、纳税申报、税款征收、资料保管等工作，逐步实现同财政、银行、企业等有关部门的联网，以计算机网络信息化为依托，对个人所得税征收管理的全过程进行全方位的监控。

五要加强社会综合治税。要改变税务部门单一治税、纳税信息不对称的局面，鼓励政府各部门和社会各界积极参与综合治税，按源头控管、方便征管的原则，以协助监督、信息共享、委托代征等主要方式，建立以"政府领导、税务主管、部门配合、司法保障、社会参与"为主要内容的综合治税体系，形成社会综合协税、护税的网络。

5.2.3 税收征管与反避税

在国家财政收入的构成中，个人所得税是极其重要的一个方面，在矫正收入和调节财富分配差距等方面发挥着不可替代的作用和优势，已经得到了社会大众的高度重视。通过个人所得税制度改革，可以将财富分配的差距调整到最佳状态，将个人所得税调节收入的功能充分体现出来，将税收的征管工作落实到位，确保税务机关征管能力的稳步提升。

现阶段，我国个人所得税制度处于不断发展的过程中，对国民经济的发展和企业运作产生了极其深远的影响。在新个人所得税政策中，个人所得税起征点调整至5000元，这一调整象征着我国个税制度的进一步完善。然而实际中，个人所得税制度改革中的征管制度仍存在一定的问题，个人所得税收入流失非常严重，也对个人所得税调节收入分配作用的发挥产生了阻碍性作用。基于此，在个人所得税制度改革过程中，要及时弥补税收征管中存在的薄弱点和空白点，构建完善的税收信息管理体系，加大对税收的征管力度，从而不断地完善个人所得税制度改革。

1. 个人所得税制度改革中的征管问题

（1）个人所得税征管制度较不完善

主要表现为分类所得税制的课税模式的公平性没有得到相应的体现，在开征个人所得税的国家，大都实施分类所得税制，不同来源的收入采用相应的征收标准和征纳方法。然而也存在着一些薄弱点：首先，很难对纳税人的纳税能力进行衡量，不同纳税人要根据相应的扣除和税率计征，年末不汇算清缴，难以将对高收入者收入的调节功能充分发挥出来。其次，分项税制采用按月或按次计征的方式，年终不汇算清缴，极容易引发偷税漏税行为。

（2）征收管理力度不足

尚未明确税收征管权和收益权。其中，税收征管权主要是指税务机关根据《税收征收管理法》依法进行征收税收、日常管理和监督检查的权利，主要包括征收、管理和稽查三方面。而收益权，主要是指税务机关要遵循各项法律规定，在征收税款以后，中央政府或地方政府要合理支配和使用税收收入。首先，个人所得税的收入调节分配功能比较显著，中央政府要落实其公平分配的职能，征管权和收益权要归地方管理，在一定程度上对收入分配职能造成了不利影响。其次，个人所得税的纳税人和征税对象之间有着较强的流动性，税收来源存在于不同地区之间，如果将其划分给地方，地方征管的难度将会越来越高，而且会引发税源严重流失的现象，不利于地区之间征管权的划分，税负的公平性也没有得到相应的体现。

在个人所得税的征管工作中，征管手段比较单一，各级地方税务机关是负责人。然而其中存在着的一些问题也不容忽视：税务机关尚未构建完善的内部机关的管理方式；征管机构的权责较为混淆，职能也没有明确，其征管环节更是比较复杂、烦琐，激励机制的作用也没有充分发挥出来；税务人员的计算机专业水平和综合素养有待提升。

（3）代扣代缴机制尚未落实到位

第一，工资外的各种津贴没有根据规定及时纳入工资、薪金收入缴纳个人所得税，纳税人适用的缴税档次比较低，纳税金额也有所减少，无法充分发挥出个人所得税的功能。第二，一些单位借助走假账等不法手段来减少计税项目，使用较低的税率计算个人所得税，造成代扣代缴机制尚未落实到位。第三，我国征管水平比较低，在实际征管工作中，过于注重监管重点行业和重点企业，对于本地区次要行业，并没有进行严格的监督与管理，造成一些企业没有在代扣代缴中履行好自己的职责。

2. 个人所得税制度改革中征管的具体建议

（1）采用正确的个人所得税征管方式

①在《税收征管法》中加大执法刚性力度，详细阐述税收征管中可能出现的违法违规行为，严厉惩处已出现的偷税漏税行为，引导纳税人树立高度的自觉守法观念，避免偷税漏税行为的出现。其中，对于已出现的偷税、逃税行为，要遵循《税收征管法》中的相关规定和要求，做到有法可依、有法必依、执法必严、违法必究，违法者要自觉承担相应的法律责任。

②创新征管手段，加强税务机关内部管理建设。税务机关要从自身实际情况出发，加强机关内部建设，明确内部征管机构的职能，充分了解征管的方方面面。同时，在明确征管各个岗位职责以后，要构建岗位职责体系和考评奖惩体系，配备相应的激励与约束措施，保证人员较高的工作热情与潜能。此外，还要加强计算机网络技术的应用，通过计算机做好税务登记、纳税申报以及资料保管等工作，以便全面监督和控制个人所得税征收管理的整个过程，更好地分析个人所得税税源的变化情况。要积极构建税务代码机制，使纳税人具备相应的税务号码。通过税务代码，可以更好地办理银行开户、纳税申报以及"五险一金"缴纳等活动，税务机关也可以及时了解纳税人的纳税信息，充分掌握纳税人的财产情况、收入途径等。

（2）改革个人所得税源泉扣缴奖励方式

现阶段，我国扣缴义务人没有树立良好的扣缴义务观念，所以要给予扣缴义务人员一定的手续费，促进代扣代缴顺利开展。然而在实际工作中，对于支付手续费的激励方式来说，其作用并没有充分发挥出来，要想将扣缴义务人的代扣代缴税款义务落实到位，要积极构建扣缴义务人信用评级机制，在制定信用评估等级中，充分考虑扣缴义务人在扣缴义务中的履行情况，对于不同等级的扣缴义务人应采取适宜的征管方法。首先，扣缴义务人履行义务过程中，要对信用损失给单位造成的不良影响进行深入分析。对于重点稽查的单位，税务机关应对其扣缴行为进行严格的规范。其次，要严厉惩处信用等级不高的单位，引导其将扣缴义务予以落实。总而言之，源泉扣缴的激励机制属于长效机制之一,税务机关既要对扣缴义务人的扣缴义务履行情况进行准确评估,还要充分考虑扣缴义务人在税务检查中的配合情况,其结果也要向外界公开,这对于源泉扣缴税收的发展具有极大的推动作用。

3.西方发达国家个人所得税征管的主要做法和发展趋势

（1）不断强化税源监控体系

对税源较强的监控能力是一国个人所得税征管的基础,只有清楚了哪些人该纳税,该纳多少税,才能在最大程度上防止税源的流失。近年来,西方发达国家在强化税源监控体系上,采取了多类举措。

强化代扣代缴制度。代扣代缴是个人所得税的主要征收方式。对于工薪所得,除法国和瑞士以外的经济合作与发展组织（OECD）成员国主要采取这种征收方式,以保证税款及时、准确入库。对于居民纳税人取得的股息所得和利息所得,各国也普遍采用代扣代缴方式。

美国的个人所得税实行预扣缴制度,这也是一种从源泉扣缴的方式,每年预扣缴收入占全部税款收入的70%。由于税法明确规定预扣缴是收入支付者的义务,必须依法履行,因此美国政府并不需要向预扣者支付报酬。这种代扣代缴制度,在提高个人所得税征管效率的同时,也大幅压缩了税务机关进行征管的成本费用。

（2）强化对高收入人群的管控

近年来,为防止高收入者滥用税收优惠政策减轻税负或者逃避税收,西方发达国家各显神通,拿出了诸多具有针对性的措施。部分国家出台政策,规定随着所得提高,个人基本扣除额或者税收抵免额会逐步减少直至取消。例如,备受世界关注的美国税改就对州税和地方税扣除、贷款利息扣除等作出了限制。

在针对性管理措施方面,美国的海外账户法案（FATCA）、OECD的金融账户涉税信息自动交换标准（CRS）就是典型代表。目前,已有100多个国家（地区）承诺实施CRS。上述举措,豁然撒下全球反避税大网,大大加强了对高净值人群的全球税收监管力度。

德国则着手对高收入个人实行重点跟踪监控,一旦发现高收入者有虚假申报的嫌疑,便会对其真实收入和银行账户进行审核。若查有实证,轻则罚款,重则坐牢,且追诉期极长,还会在媒体上予以曝光,惩罚不可谓不严厉,因此,德国的个人所得税征管极具威慑力。同时，德国税务机关还会以评定纳税信用等级的形式对依法纳税者予以奖励，帮助其提高消费信誉、增加工作机会。韩国税务机关则与其他有关部门协作，让纳税信用等级高的个人在申请银行贷款、使用机场贵宾通道等方面享有一定的优待。这种奖惩分明的征管模式，有力地保障了个人所得税征管的高效顺畅。

（3）不断推广新型纳税申报制度

纳税申报作为一项税收征管制度，不仅是强化纳税申报义务法律责任的需要，也是个人所得税迈向综合税制的征管基础。OECD报告指出，在全球税务机关确定的纳税服务重点发展领域中，排名第一的就是"强化主要税种的在线申报服务"。显而易见，各国都十分重视并致力于创新、完善个人所得税申报制度。

①推广电子申报制度。早在20世纪60年代，美国便使用计算机对税收实施信息化管理。通过网络、电话和金融机构等渠道，美国的个人所得税已基本实现了电子化支付。德国则通过为纳税人提供免费、统一的申报软件，加快了申报速度，提高了申报质量，纳税人还可以通过电子邮件或委托税务代理机构的方式进行申报，多样化的申报方式使德国税收电子申报率超过90%。

目前，所有OECD国家都提供了个人所得税的电子申报服务，电子申报率从2004年的31%提高至2013年的72%，其中有14个国家的电子申报率在90%以上。例如，丹麦1994年引入电子申报，2013年电子申报率便高达98%；意大利和斯洛文尼亚的电子申报率甚至达到100%。在非OECD成员国家中，巴西、阿根廷、印度、立陶宛、马来西亚、新加坡、南非等国家的电子申报率皆超过80%。电子申报的大力推行，提高了个人所得税征管的效率，降低了征纳成本。

②推行预填报制度。20世纪90年代，一些北欧国家首创个人所得税预填报制度，即税务机关利用掌握的信息，生成纳税人的个人所得税纳税申报表，再提供给纳税人核实。纳税人核对表中信息，及时将个人认为需要修改的信息向税务机关报告，经确认，税务机关会定期将其多缴税款退还。预填报制度为纳税人免去烦琐的报税程序，也切实降低了纳税成本，因此广受欢迎。

在信息技术不断进步和纳税信用不断完善的前提下，预填报制度在西方发达国家逐步推行开来。OECD成员国中有18个国家施行了这一制度，其中做得最好的是丹麦和瑞典，已然实现全自动的申报表填写和评估；有8个国家的税务机关使用的预填报功能可为大部分个人所得税纳税人生成完整的纳税申报表。非OECD国家（地区）中，巴西、中国香港、印度、印度尼西亚、马来西亚、立陶宛、新加坡、南非等也实行了个人所得税预填报制度。

在过去10—15年里，个人所得税预填报制度的出现，成为税务机关在纳税申报流程设计和信息技术利用领域所取得的重大进步之一。可以预见，随着互联网和大数据等信息技术对税收征管的影响加深，第三方提供信息的法律制度日趋完善，以中央数据库为基础的个人所得税征管信息的日益丰满，个人所得税预填报制度极有可能会成为税务机关电子化服务战略的转型要素和个人所得税征管改革的方向和目标。

（4）推行等级申报制度。税收等级申报制度在国外非常盛行，比较典型的当属日本的"蓝色申报"制度。日本现行的纳税申报制度分为"蓝色申报"和"白色申报"两种，前者是指纳税义务人在得到税务机关的资格认证后，采用蓝色申报表向税务机关缴纳税款的一项制度。采用"蓝色申报"表的纳税义务人可以享受比普通纳税人更多的税收优惠。税务机关会减少对个人所得税"蓝色申报"者的检查次数。显而易见，"蓝色申报"比"白色申报"（普通申报）更具有吸引力。但是，一旦"蓝色申报"纳税人存在申报不实或者偷逃税行为，税务机关将立即取消其"蓝色申报"资格。这种申报等级制度提高了纳税人守法的自觉性和积极性。

4. 不断完善纳税遵从体系

近年来，西方发达国家坚持把促进纳税遵从作为税务机关的基本职责，税务部门战略发展规划纷纷量化了促进纳税遵从的指标，各国在优化纳税服务、发挥中介组织作用、信息共享和共治等方面都下了大功夫。

（1）优化升级纳税服务。随着经济的迅速发展，传统的纳税服务已不能满足纳税人的需求，因此新形势下纳税人对服务提出了新要求、怀揣着高期待。以美国为例，纳税服务分为两类：税务机关为纳税人提供的服务和服务监督机构为纳税人提供的服务。前者指的是税务机关必须在从税务登记到纳税申报、税款缴纳再到行政复议的全流程上,为纳税人提供高效、便捷的服务;而后者,即服务监督机构的服务,主要是对纳税人的权益进行保护监督。美国联邦税务局网站设有纳税人援助管理栏目,任何人都可以提交问题、意见和建议;同时设有纳税人申述信息栏目,提供申述表格下载及提交等服务,帮助纳税人进行税收检查申述和征管申述等,实现其申述权利。而包括法国在内的诸多税务机关都提供多样化征纳互动渠道,如免费热线咨询、电子邮件咨询、面对面服务等,甚至开通了纳税人申报提醒渠道,以加快税务机关与纳税人交流的速度,有效帮助纳税人进行申报。这些纳税服务的实施,有效提升了税务机关在公众心中的形象,为个人所得税的征收创造了良好的环境。

(2)合作支持税务中介。在许多国家,税务中介负责处理相当一部分纳税人的涉税事务,被视为特殊的"纳税"群体。税务机关也可以充分发挥中介机构的作用,提高纳税人对税法的遵从度。正是意识到了这一点,一些国家已经着手设计规范和支持税务中介的总体策略。

一是制定或修改法律法规来规范税务中介税收相关职责,如澳大利亚的《税务中介服务法》、德国的《税务咨询法》及日本的《注册税务会计师法》等。目前,日本有5万多名税理士,同行业雇员22万人,大大提高了日本税收的征管效率。澳大利亚已有2万多家税务代理机构,80%的个人都通过税务代理完成纳税申报和退税。

二是建立互利合作关系。以英国为例,英国税务与海关总署在2010年就着手调查税务机关与营利性税务中介自荐的工作方式,挖掘双方的合作方法,据此制定了税务中介管理新战略。在新战略的指导下,双方共同编制了《税务中介及其客户统计》;对税务机关和税务中介的工作流程尽可能地进行统筹,让税务代理人可以开展更多的业务,同时尽可能减少税务机关的介入;为税务中介改进服务提供支持,减少重复劳动和返工的情况,降低纳税成本。

三是为税务中介提供特别的服务。诸如:税务机关定期举办交流大会,与税务中介代表探讨重大、热点的业务和管理问题;为税务中介大开绿灯,提供更灵活的申报政策、电话专线服务、专用网站以及业务专家咨询服务。

(3)用好第三方信息报告制度。西方国家普遍实行税收协同管理,充分利用第三方信息。美国、英国、德国等国家的税法都明确规定了哪些单位和个人负有向税务机关报告信息的义务、报告何种信息以及对不提供信息者给予何种处罚。

过去，第三方报告的信息主要用于验证纳税人申报表中填报的信息，但近年的发展趋势转变为使用这些报告信息来预填纳税申报表，提供预填报服务。

OECD 报告指出，第三方信息报告中，最常见的就是强制要求第三方就支付的薪金、分红、利息等款项进行报告，这些国家中多数要代扣代缴个人所得税。除该项外，各国在使用强制性的第三方信息报告方面存在巨大差异。这种第三方信息报告制度为税务机关提供了更多的信息来源，解决了传统审计成本高且覆盖范围小的问题，从而帮助税务机关实现大范围审核和管理，减少了信息不对称所带来的税收流失。可以说，凡是个人所得税征管工作做得比较好的国家，基本上都实现了税务机关与其他部门的联网。

（4）不断发展数字技术创新。数字经济目前已经成为发展最快、创新最活跃、辐射范围最广的经济活动，也是引领新一轮产业变革的核心力量。在数字经济飞速发展的浪潮中，许多税务机关审时度势，积极利用数字化工具和科技手段创新税收征管，取得了显著成效。

数字技术在税收征管中应用得最广泛、最见成效的部分都体现在纳税服务领域，各国税务机关都致力于运用数字化手段，为纳税人提供更高效、更优质和更具个性化的服务。例如，许多国家将语音识别技术运用到税务领域中，纳税人通过匹配自己的声音与库存声纹，就能在移动设备上认证登录。这种新型的访问方式，减少了登录的时间，更提高了在线服务的安全性。

除了应用数字技术改进纳税服务之外，多数国家的税务机关正逐步运用数字化技术进行数据分析，并使用数据分析结果来构建早期风险预警系统和极限建模稽查选案模型，在实施稽查和追缴欠税方面取得新的突破。例如，运用数字技术构建稽查选案模型，可以有效打击偷税、漏税，防止税款流失。目前，在全球大多数国家，每年只有不到 5% 的纳税人被稽查，其中无效稽查案例占比将近 50%。有的 OECD 成员国税务机关创新运用两种独立的数学模型，整合十多个数据库，设计出新的算法体系，对超过 1500 个变量展开自动化动态扫描，找出最佳预测因子。与静态特征相比，该模型避免了超过 50% 的无效稽查对象，且选出的稽查对象所贡献的税收比一般对象高两倍。

在机器人流程自动化、机器学习与认知计算等新一轮技术升级的背景下，一些国家强化税收流程的自动化应用，大大降低了税收征管成本。例如，将涉税咨询邮件和网页留言甚至纳税服务接线员的接线笔记等转化为分析数据，并按问题标记归类，以便税务机关更好地与纳税人进行沟通和反馈，提高线上服务质量，使税务机关的改进措施更具准确性和一致性。再如，应用流程自动化机器人，从海量基础数据中提取、整理和构建文本数据，构建起全新的税务机关与纳税人之间的交流模型，既提高了纳税人满意度，又降低了税务人员的工作强度。尤其在税收法规变更后，自动化机器人有助于税务机关准确识别纳税人的常见问题，从而提供更准确的政策指导。

知识链接

完善自然人国际税收管理体系

针对目前国际税收管理职能中自然人征管层面仍有缺失、非居民个人所得税以及中国居民个人境外所得的税收还没有纳入国际税收管理范畴的现状，应探索构建涵盖非居民个人的中国境内所得、居民个人的境外所得两方面的个人所得税国际税收管理体系。

自然人跨境所得包括两个层面：一是外籍人员以及中国港澳台同胞从中国境内取得的所得；二是在中国境内有住所或拥有中国国籍的中国税收居民从境外取得的所得，通俗地讲就是"走出去"个人从境外取得的所得。国际税收管理实践中存在一些风险点，应完善自然人国际税收管理体系，全面提升自然人国际税收管理水平。

1. 自然人跨境所得征管存在的风险点

一是非居民个人股权间接转让的税收风险点。按照中国国内法规规定，非居民个人直接转让我国境内企业的股权，我国作为所得来源国有征税权。为了规避中国税收，非居民个人往往利用在中国境外搭建不具有实质经营的中间层，达到间接转让中国境内股权的效果,从而从形式上规避了我国的税收。

二是外来演出团体演艺人员的税收风险点。若境外艺术团体来中国演出,无论是演出团体还是演出个人从中国境内取得的所得均应在中国纳税。由于境外艺术团体来中国演出不仅涉及多地税收征管,还涉及与文化监管部门的信息共享问题,加上现行征管体系中缺乏有效的信息共享机制,导致税收征管风险较大。

三是常设机构人员的税收风险点。外国企业向中国境内派遣人员为中国企业提供咨询、技术等劳务,如果满足一定条件就会构成税收协定意义上的常设机构。对于在常设机构工作的外派人员,其在常设机构工作期间从境内、境外的所得均应在中国纳税。常设机构人员的税收风险点体现在税务部门获取信息滞后,外派人员离境后追缴税款难度较大。

四是外籍人员申报收入偏低的税收风险点。从中国境内取得所得的外籍人员由于纳税遵从度较低、对中国税收政策不了解等原因,会产生申报收入偏低的风险。由于现行征管制度缺乏个人薪酬数据库和科学的评估方法,税务部门在与纳税人的约谈中往往处于不利地位。针对外籍人员申报收入偏低的风险,目前征管制度缺乏有效的解决方案。

五是外籍人员享受超国民优惠待遇的税收风险点。中国现行税收政策为外籍人员提供了个人所得税优惠待遇。随着中国综合国力的增强和在全球经济地位的提升,应更加注重引进外资的质量,依靠蓬勃的经济发展态势和良好的营商环境吸引外资,而不应单纯地给予税收优惠。并且,现行税收政策对住房补贴、伙食补贴、搬迁费、洗衣费、语言训练费和子女教育费等给予的税收优惠缺乏明确的标准,不利于税务部门进行征管,存在较大的征管漏洞。

六是境外所得不申报的税收风险点。随着中国经济进一步对外开放及企业和个人"走出去"投资进程的加快,一些中国企业家、富豪通过在海外建立特殊目的公司的方式将中国境内资产转移到低税地或避税地,借以规避中国的税收。这些"走出去"个人成为海外公司的原始股东,从境外取得的投资所得以隐匿收入或建立受控外国企业的方式规避或延迟中国税收。国内法对此缺乏相应规制,严重侵蚀了我国的居民税基。

2.加强自然人跨境税源税收管理的建议

在双向开放战略布局之下,中国"引进来"和"走出去"跨境投资快速增长,一些纳税人为了获得全球最大化的利润,通过恶意税收筹划逃避中国税收,现行的征管体制面临着严峻挑战。税务部门应以征管体制改革为契机,以跨境税源风险管理为导向,全面提升自然人跨境所得税收管理水平。

一是构建科学的跨境所得个人所得税征管体系。针对目前国际税收管理职能中自然人征管层面仍有缺失、非居民个人所得税以及中国居民个人境外所得税还没有纳入国际税收管理范畴的现状,应探索构建涵盖非居民个人的中国境内所得、居民个人的境外所得两方面内容的个人所得税国际税收管理体系。应以"维护国家税收权益"为核心职责,坚持外国对华投资和中国对外投资税收管理并重、反避税管理和税收协定待遇减免并重、税收收入的数量规模和质量效益并重,加强非居民个人所得税税收管理、居民纳税人境外税收管理、反避税管理和协定待遇减免税管理,以风险管理为导向,构建科学的跨境所得个人所得税征管体系。

二是完善国内税收制度。相较于中国对外开放战略和国际经济形势,《个人所得税法》中的国际税收相关规定严重滞后并且与《企业所得税法》脱节,在一定程度上为纳税人的国际逃避税提供了可乘之机。应结合新的国际税收法理、原则与技术,立足于中国国情,进一步完善中国国际税收法律与制度体系,为跨境税源管理提供更为健全的法律保障。首先,在现行的《个人所得税法》《税收征管法》及其实施细则中的反避税条款,为打击国际逃避税提供法律依据。其次,取消或进一步规范外籍人员的税收优惠政策,统一居民个人和非居民个人的税收优惠政策。最后,借鉴 BEPS(《实施税收协定相关措施以防止税基侵蚀和利润转移的多边公约》)成果,完善个人所得税国际税收征管配套制度,如完善跨境所得征收制度、自然人间接股权转让管理制度、离境清税制度等,减少税收征管漏洞。

三是建立完善的自然人跨境税源管理数据库。针对当前个人跨境所得信息不全的问题,应整合内部、外部数据,建立、完善自然人跨境税源管理数据库,重点拓展跨境所得信息渠道和提高税务部门信息管理能力。包括:从金税三期系统软件采集税收征管数据;采用网络挖掘等技术手段,在网上搜集商业数据;加强与中国人民银行、商务部、人力资源和社会保障部和出入境管理相关部门的协作，取得个人跨境所得的相关信息；开展国际征管协作，做好 CRS（金融账户的自动情报交换）数据的利用工作等。

四是加强个人跨境所得风险管理。以合作遵从为导向，完善风险分类分级管理，有针对性地开展风险应对。根据跨境个人所得的税收风险点，结合采集的涉税信息，建立健全税收风险指标和风险模型，对扫描出来的税收疑点进行科学分析，精准锁定税收风险点并进行有效应对。

5.2.4 国际领域的反避税

1. 国际反避税的具体措施

（1）对自然人进行国际避税的约束

①限制自然人避税性移居

根据国际公法的一般原则，一国政府不应禁止其公民或居民移居出境。联合国于1966年制定了关于民事和政治权利的盟约，其中包括个人自由流动在内。许多国家参加了这一盟约，但它并没有被所有签字国纳入各自的法律体系中，这主要是出于保护国家安全、维护公共秩序等因素的考虑，对个人自由流动有所限制。例如，对于有违法偷税、漏税、欠税行为的移居者，有关国家禁止其离境，但是，对于并没有违法行为但有避税意图的移居者，则不能用禁止离境的简单方法加以阻止，而只能采取其他手段加以制约。

对于以避税为动机的自然人的国际迁移，有些国家采取了使移居出境者在移居后的很长一段时间内，在其原居住国（国籍国）仍负有纳税义务的措施。如美国有保留追索征税权的规定。根据美国《国内收入法典》，如果一个美国人以逃避美国联邦所得税为主要目的，而放弃美国国籍移居他国，美国在该人移居后的10年内保留征税权。对其全部美国来源所得和外国的有效联系所得，按累进税率征税；出售位于美国的财产以及出售由美国人发行的股票或债券所实现的收益，被视为美国来源所得。美国税务当局通过对该人滞留在美国境内的银行存款、房地产等财产的留置权，实现有效的征管，从其在美国的财产中扣除应纳税款。

②限制自然人假移居和临时离境。对自然人以避税为目的的假移居和临时离境的行为，居住国往往采用不予承认的方法加以约束。例如，英国曾有一个对移居出境的自然人仍保持3年居民身份的非正式规定。该规定要求一个自然人要放弃在英国的居民身份，必须提供证据，如卖掉在英国的房子，并在国外建立一个永久住宅，才能于其离境之日，暂时批准其要求。然后等该人在国外居留至少一个完整的纳税年度，且在这段时间内对英国的任何访问天数全年累计不超过3个月，才正式认定其移居。否则，对其放弃英国居民身份要求的批准决定要延期3年。在这3年内，其仍被视为英国居民征税。待3年届满，再参考在这一段时间内实际发生的情况作出决定。

对于采用临时离境方式来避免达到法定居住天数的避税方法，有的国家采用对短期离境不予扣除计算的对策；有的国家则采用将前一两年实际居住天数按一定比例加以平均，来确定某个人在本年是否达到居住天数标准。

③限制自然人利用避税地公司积累所得。为了防止纳税人利用在国外低税或无税条件下积累所得和财产进行避税，若干发达国家制定了一些有关反避税的法律条文。

一是，英国的享有权规定。英国税法中规定，凡是对英国境外"人"的所得有"享有权"的英国居民，应在英国就享有的国外所得纳税。"享有权"适用于下列情况：第一，不论是否以所得的形式表现出来，事实上是由某人支配的所得；第二，收到或应计的所得起到了增加个人持有资产的作用；第三，个人收到或有权收到的各种所得或货币收益；第四，个人通过行使一种或多种权力就可得到的收益；第五，个人能以各种方式直接或间接控制所得的运用。这种"享有权"的规定非常广泛，使得一个英国居民在许多情况下，要就其在另一税收管辖权下拥有的所得纳税，而不论他的这笔所得是否汇回英国。

二是法国对利用避税地公司避税的规定。《法国税收总法典》规定，一个在法国定居或开业（包括只在法国开业而不在法国定居）的人提供服务的报酬，而由一个在国外定居或开业的人获取的，如果符合下列条件之一，应由前者在法国纳税：第一，获取服务报酬的人由法国纳税人直接或间接控制；第二，不能证明获取服务报酬的人主要从事工商活动，而非提供服务；第三，获取服务报酬的人在低税负国家或地区定居或开业。

三是美国对个人控股公司未分配所得余额征收惩罚税。个人控股公司是指在纳税年度的后半年中任何时间内，其股票价值50%以上直接或间接为5个或更少的人（包括非美国人）所拥有，其消极所得在调整所得中达到一定比例的公司。对这种公司，除征收正常的公司税外，再对其应分配而未分配的"累积盈余"比照个人所得税最高税率征收一道惩罚性所得税。这种个人控股公司税主要针对个人的以下三种避税方法：

第一，为了躲避个人所得税比公司所得税税率高的那部分差额负担，便组建一个公司来持有个人的投资证券，使个人的利息和股息所得转变为公司的应税所得，从而可以按较低的公司税税率纳税。

第二，将个人的劳务所得转给一家公司。比如，某个人组建一家公司，使自己成为该公司的雇员。由公司出面与服务需要方签订合同，个人只负责提供服务，而由公司收取服务收入，公司支付给个人的薪金少于赚取的服务收入，通过这种方法，个人可以成功地将某些收入转给公司，使其按较低的公司税税率纳税。

第三，利用公司营业活动获得少缴个人所得税的好处。如个人将其游艇、赛车或度假别墅等财产，连同其投资一并转给公司，使与个人财产有关的费用，如上述财产的维修保养费等，由非扣除性费用转化为可扣除性营业费用，用以冲减营业所得，进而获得少缴个人所得税的好处。

（2）对法人进行国际避税的约束。

①限制迁移出境。英国在税法中规定，在没有得到财政部允许的情况下，英国公司不能向避税地迁移和转移部分营业，或建立一个避税地子公司。违反者将受到严厉处罚，包括对当事人的2年监禁、总额为应纳税额3倍的罚款。

②限制转移营业和资产。英国在税法中，除约束法人的直接迁移外，还规定居民公司将贸易或经营转让给非居民，居民母公司允许非居民子公司发行股票或出售债券以及售出子公司等行为，也必须事先得到财政部的批准，否则将受到处罚。

③限制利用公司组建、改组、兼并或清理避税。在法国，当改组涉及法国公司被外国公司合并，或者法国公司以其资产缴付换取外国公司的股份时，应按适用于合并的一系列税务规定执行，并须经法国财政部批准。本期应纳税利润仍由被合并公司承担纳税义务，对合并前的亏损也准予核销。但是，所转让的资产必须保留在法国境内，并必须列入外国公司在法国的分支机构的资产负债表中。

④限制改变经营形式。美国税法规定，对本国公司在国外以分公司形式从事经营的初期损失，允许从美国公司的盈利中予以扣除；但国外分公司如有盈利而改变为子公司，仍须责令美国公司退还以前的扣除额，以防止通过改革经营形式，从损失扣除和延期纳税两方面获利。

为了防止将股东投资改变为举债，以增加利息费用扣除，减轻税负，一些国家在税法中明确规定了债务与产权的比率不得超过 3：1 或 5：1 等，超过这一比率的债务所支付的利息不予扣除。

⑤在税收征管与税务司法中运用"实质重于形式"的原则。"实质重于形式"是指法律上不承认形式合法而实质上违背立法意图的行为和安排。这一原则运用在对避税问题的处理上，意味着对那些符合法律要求，但没有充分商业理由的公司和交易，将不被承认。在形式上以公司名义进行的交易，依事实可能被认定为个人行为。税务当局查出有造假避税交易的，有关合同或交易将被宣布为无效。

（3）对滥用税收协定的约束

各国限制滥用税收协定的措施，大致有以下几种方法。

①节制法。即节制同那些实行低税制的国家或易于建立导管公司的避税地国家（如列支敦士登、摩纳哥、巴拿马等）签订税收协定，因为税收协定滥用往往是借助于在这类国家建立的导管公司来实现的。

②排除法。即将缔约国另一方被课以低税的居民公司（如控股公司）排除在享受协定优惠待遇的范围之外。

③透视法。即将享受税收协定优惠的资格不限于公司的居住国，而是要透过法律实体看其股东的居住国。它不考虑名义股东而考虑受益人，即最终接收

股息人的居住国。

④承受税收法。该方法要求给予协定优惠，应以获自一国的所得，在另一国必须承受基本的税负为基础。其目的是避免同一笔所得，在缔约国双方均不纳税。

⑤渠道法。该方法要求一个公司一定比例的毛所得，不得用来支付不居住在缔约国任何一方的个人或公司收取的费用，否则，对于该公司付出的股息、利息、特许权使用费不给予协定优惠。这是一种针对踏脚石导管公司的对策。

⑥真实法。该方法通过规定特许条款来保证真实交易不被排除在税收协定优惠之外。这些条款包括建立公司的动机、公司在其居住国的经营交易额、公司在其居住国的纳税额等。除非建立一个公司的动机具有充分的商业理由、公司在居住国有大量的经营业务、公司在居住国缴纳的税款超过要求的扣除额等，否则，不给予该公司协定优惠。

2. 西方国家反避税措施

（1）美国反避税措施

美国作为世界经济强国，其资本输出名列世界前茅，跨国公司遍及全球。巨大的海外经济利益使美国格外关心国际偷税和国际避税的问题。美国的反避税措施主要表现在立法和国际税务合作方面。

①加强反避税立法规定，控制避税行为。美国反避税，加强立法控制避税的一般规定：一是美国"偷税"行为是指为逃避缴税而恶意地违反法律。纳税人一旦被确认有恶意偷税的企图，就会受到民法和刑法的处罚，其中包括监禁。比较而言，"避税"则被广泛地解释为，除逃税以外的种种使税收最少的技术。二是美国税法明确规定了"报告公司"制度，即凡美国直接或间接控股25％以上的公司，或与美国公司有其他特殊关系的公司均为报告公司。报告公司有义务向美国税务机关报告经营情况、与其关联公司的往来情况及税务机关指定的其他材料。三是美国要求纳税人在从事涉外活动时履行申报手续。为了有效地实施法律，美国税法也大量含有关于纳税申报的规定，这包括要求提供有关劳务和投资所得的纳税申报表。四是美国税法又另行规定，有关纳税人所发生的业务能否享受税收优惠，须经税务当局裁定，目的是防止纳税人利用本国税法

中提供的减免税进行避税。

美国反避税立法，加强立法控制避税的特殊规定：一是美国的税收征收制度主要采用自我估税制。在涉及金融票据、外汇交易和外国资金在国家间的流动等领域确立申报制度，同时采取包括分析账户的存入和取款情况、检查费用支出项目和证件凭证等多种方法核实收入申报情况。二是为了制止通过国外实体转移所得避税，《国内收入法典》规定接受财产转移的公司，应将被转移财产积极地用于公司的贸易或经营，在某些情况下，转移能带来收入的财产需缴纳通行税。三是为防止避税，美国采取了多项所得额调整的规定来正确反映纳税人所得。对于所得调整可能会导致国际双重征税，增加纳税人的应税所得的，可为纳税人再作调整，从而使其利益与调整相一致。

②加强国际反避税合作，提高税收征管效率。美国与大多数缔约国均有关于情报交换的协定。一是涉及纳税人的情报交换，包括纳税人的姓名、住址、身份证号；在可能的条件下，还包括付款人的姓名、地址以及所付款项的数目与类别。二是关于跨国纳税人收入和费用细节的情报交换以及防止利用转移定价避税的情报交换。三是在低税或无税的第三国进行交易，由第三国支付给双方国家中占有纳税义务的纳税人所得和利润等，以及位于第三国并属于上述纳税人及连属公司的财产等。美国所获得的情报是多变的，它取决于缔约国的一方。相应地，根据各税收协定的规定，美国也应满足缔约国另一方的情报要求。

表 5-2　美国反避税措施情况表

类别	具体措施	主要内容
法律法规	加强反避税立法规定，控制避税行为	1. 加强立法控制避税的一般规定； 2. 加强立法控制避税的特殊规定
税收征管	加强国际反避税合作，提高税收征管效率	协定涉及纳税人、跨国纳税人、低税或无税的第三国交易所得的情报交换

（2）日本反避税措施

日本是第二次世界大战以后经济发展最快的资本主义国家。随着日本经济快速发展，日本增加了直接的海外投资。同时，日本国内税收也因偷税和避税造成不公平。偷税和避税问题是一般公众广泛注意的问题，也受日本政府的高度重视,并把反避税作为政府改进税收政策的重要目标。

①日本制止避税一般措施:明确税收立法一般规定。

一是日本国内税法中规定税收"按照实质重于形式"的课税原则。按照日本的税法,纳税义务以公司的正式组建地而非实际管理机构所在地确定。在日本设有总机构或主要办事处,负有无限纳税义务的公司要就国内、国外来源的所得纳税,其他公司则只就来源于日本的所得纳税。按照日本的"实质重于形式"的原则,应税所得将归属于经济收益的实际收受人而非中间人(如代理人)。很明显,这样可以防止一部分跨国纳税人的逃避税收的行为。二是关于计算所得范围的规定。日本公司法规定,所得的范围是根据计算各会计期间的所得总额这一基本原则定义的。计算所得总额是基于记录账册进行的,商法要求各公司都保存这种账册,各会计期间的所得等于全部收入减去全部支出之差。

②日本制止避税的特殊措施:针对预提税、避税港、滥用税收协定。

制定预提税,防止避税。预提税制是防止避税和偷税的有力措施。日本法律规定实行预提税制的范围是:非居民个人必须就其来自个人劳务的所得缴纳20%的预提税;对由艺术家、运动员或咨询者等为其个人劳务活动而组建的个人公司,就其劳务报酬在支付给公司时源泉扣缴;对非居民或公司就其利息、股息、特许权使用费等所得,源泉扣缴20%的预提税。

界定避税港,防止避税。日本将"避税港"一词定义为"公司的全部所得或特定类型所得的税收负担大大低于日本国内公司所得的税收负担的国家和地区"。在反避税措施中,日本定义了"特别外国子公司"一词。特别外国子公司是指被日本国内公司和居民直接或间接拥有50%以上发行股票的位于低税国的公司。特别外国子公司并不一定是第一层子公司,也可能是被多层控制的外国公司。

反滥用税收协定避税。日本采用的反滥用税收协定措施有:一是采用预提税退款制度。即当地税务局要求预提代理人对支付给非居民的所有日本来源所得按法定20%的税率预提税收,而不管是否可能适用协定条款。有关要求协定利益的非居民所得接受退款则必须填写退款申报表,与该申报表配套的是要求协定利益的国家的主管当局开出居住证明书。显然,这种退款制度将有助于避免滥用税收协定的行为。二是加强国际合作,互换情报。通过与协定国签订有关协定，日本税务当局将收集的情报根据互惠的原则提供给协定对方国，同时要求协定对方国将有关纳税人情报提供给日本税务当局，从而有利于双方有效地控制滥用税收协定行为的发生，防止避税行为的发生。

表 5-3　日本反避税措施情况表

类别	具体措施	主要内容
法律法规	明确税收立法一般规定	税收按照"实质重于形式课税"原则、规定计算所得范围
	针对预提税、避税港、滥用税收协定	1. 制定预提税，防止避税； 2. 界定避税港，防止避税； 3. 反滥用税收协定避税。

（3）英国反避税措施

①针对个人避税活动、公司避税活动的制约：制定法律。

首先，对个人避税活动的制约。因为英国的税收是根据居住地确定的，为了防止通过收入的转移避税，英国在 1970 年法令中规定：凡是对英国境外人或实体（包括公司或信托）的所得拥有"享有权"（power to enjoy）的英国居民，应在英国就享有的国外所得纳税。在计算所得税和附加税时，这类所得被作为英国居民的所得来对待。

其次，对公司避税活动的制约：一是移居出境。根据英国的法律，公司住所是由公司实施控制和管理的地点决定的。所以，一个在英国注册的公司在税收上可能是个非居民；而一个在外国注册的公司则可能成为英国的居民，以防止企业特别是在国外从事贸易的英国公司利用居所来转移避税。二是营业的转让。禁止将贸易或经营、部分贸易或经营，由具有居民身份的法人团体转让给非居民。这就防止了一个拥有外国分支机构的英国公司将其外国分支机构组建成独立的当地居民子公司进行避税。三是股份的产生。由一个英国居民公司引起或允许一个受其控制的非居民子公司发行股票或债券。其目的是防止纳税人组建避税地公司，但发行的股票不是可赎优先股，也不是为了非居民子公司的利益。四是股份的出售。英国居民公司向任何人转让公司拥有的股票和债券，以及转让它在受其控制的非居民公司中拥有的或有利益所在的股票和债券时，须经财政部同意。这能防止意在将子公司转移到公司控制范围之外进行避税的各种人为交易。

②对税收优惠政策的限制。英国就国外经营的税收优惠，采用两种方式进行限制：一是对实际建立的避税地关联公司给予限制。对此，1988年的财政法案作了新规定，即在公司停止作为英国居民的情况下，对其在英国的资产视同处理和重新购置，交纳资本利得税和财产税；二是英国居民必须就其在外国的未分配所得和收益，以及应计入外国信托公司的所得和收益，在英国缴纳所得税。

③利用税收协定反避税。英国已与80多个国家签订了税收协定。税务机关可以要求公司提供与转让定价调整有关的信息。英国与协定国家经常交换资料，也参加其他国际性的合作。

表 5-4　英国反避税措施情况表

类别	具体措施	主要内容
法律法规	对个人避税活动、公司避税活动的制约：制定税收法律	1. 对个人避税活动：制约缴纳税收； 2. 对公司避税活动：制约移居出境、营业的转让、股份的产生、股份的出售
税收体制	对税收优惠政策的限制	对实际建立的避税地关联公司给予限制，对英国居民外国所得缴税进行限制
税收征管	利用税收协定反避税	与多国签订税收协定

（4）德国反避税措施

德国的税收制度与美国、英国的税收制度差异较大，与法国的税收制度相近，是直接税和间接税并重的税制模式，是大陆型税制的代表。在反避税措施上，德国也有其独特的一面。

①制定关于联营企业之间价格调整的规定。该法规定，如果发现有低于适当的正常交易价格进行交易而造成纳税人所得减少的现象，税务当局就可以对纳税人所得向上作调整，直到其所得反映出按正常交易应达到的水平为止。根

据该部分的规定，税务当局有权对联属企业间制定的价格和支付的特许权使用费不予考虑，而直接用税务当局确定的正常交易价格作为调整的参照依据。若受控人并未造成纳税人所得减少而是使其增加的，上述规定不适用。

②利用举证责任变被动为主动。德国在1977年税收法典中规定，准许税务当局在调查过程中将举证责任加在纳税人身上，如果发现纳税人没有按照税务局的要求提供有关事实，法院可以根据自己的判断作出判决，而无须提供进一步的证据。

③利用税收协定反避税。为了更好地打击国际反避税活动，近些年来，德国加强了与其他国家的国际合作。目前，德国对外签订的税收协定已达56个，通过与瑞士签订的税收协定有效防止了德国的纳税人通过瑞士这个避税地进行避税活动；通过与欧共体内部国家合作，互相交换情报、协调行为，有效打击了国际避税活动的发生。另外，德国还与美国、英国、法国共同组成了"四国集团"，进行非区域性多边合作。所有这些，有力地支持了德国的反避税斗争。

表5-5　德国反避税措施情况表

类别	具体措施	主要内容
法律法规	制定关于联营企业之间价格调整的规定	税务当局制定的正常交易价格作为调整的参照依据
	利用举证责任变被动为主动	将举证责任加在纳税人身上
税收征管	利用税收协定反避税	加强与其他国家的国际合作

3. 西方经济国家反避税措施经验借鉴

（1）立法方面：针对避税手段，建立反避税机制

①制定反避税地避税的机制。避税港通常是指实行低税或无税的国家或地区。许多西方国家的居民公司往往利用居住国的延期纳税规定，在避税港设立受控外国子公司，将其实现的利润既不汇回也不分配，并累积利润，达到摆脱母公司所在居住国税法控制的目的。有鉴于此，1962年美国率先制定、颁布了避税港对策税制——《国内收入法典》F分部立法，规定凡是受控外国公司利润，

不论是否以股息分配形式汇回美国母公司，都应计入美国母公司的应纳税所得中征税，不准延期纳税。各西方国家相继建立了避税港对策税制，来进行反避税。

②调整转让定价，规范税收。对关联企业之间销售货物或财产的定价问题，一直是防止国际避税的一个焦点。其中关键环节是确定一个公平的价格，以此作为衡量纳税人是否通过转让定价方式，压低或抬高价格，规避税收。美国在《国内收入法典》中规定，关联企业或公司彼此出售货物或财产时，财政法规规定的公平价格，就是比照彼此无关联各方，在同等情况下，出售同类货物或财产付出的价格。调整转让定价的方法主要有可比非受控价格法、再售价格法、成本加利法、可比利润法，并据以对价格作出调整。

③建立资本弱化税制，实施反避税。除避税港对策和转让定价调整外，建立资本弱化税制是西方国家系列化反避税的又一重要组成部分。资本弱化税制把企业从股东特别是国外股东处借入的资本中超过权益资本一定限额的部分，从税收角度视同权益（资本），并规定这部分资本的借款利息不得列入成本，这是西方国家针对跨国公司国际避税采取的又一重要举措。

（2）税收体制方面：清理和调整税收优惠政策，统一税收优惠政策

通过清理和调整税收优惠政策，立即关上税收优惠闸门，任何理由都不应再作为出台新的税收优惠措施的依据；税收优惠的决策权必须收归中央，防止越法减免，越权减免，越级减免。各级政府有关部门均无权确立税收优惠政策，一旦发生，当视为违法行为；统一税收优惠政策，改按企业、个人身份优惠为统一按地区、行业、产品给予优惠，公平税负，统一规范。

（3）税收征管方面：加强税收征管、情报交流，签订税收协定

①制定严密的税收管理制度，加强征收。一是纳税申报制度。严格要求一切从事跨国经济活动的纳税人及时、准确、真实地向国家税务机关申报自己的所有经营收入、利润、成本或费用列支等情况。二是会计审计制度。与纳税申报制度密切相关的是如何对跨国纳税人的会计核算过程及结果进行必要的审核，以检查其业务或账目有无不实、不妥以及多摊成本费用和虚列支出等问题。三是所得核定制度。征税可以基于一种假设或估计之上，这不是对税法的背弃，而是在一些特殊的情况下采取的有效办法。如在纳税人不能提供准确的成本或

费用凭证，不能正确计算应税所得额时，可以由税务机关参照一定标准，估计或核定一个相应的所得额，然后据以征税。

②积极进行反避税合作，加强税收情报交流。从西方国家反避税的实际运行来看，一个国家很难掌握其他国家避税的实际情况，需要依靠国际上国与国之间进行双边的和多边的合作，互通情报，以更好地取得反避税的效果。在反避税工作中，审计、税收、海关、统计等部门应互相协作，交换税收情报，及时掌握纳税人的纳税和避税情况。

表 5-6　西方经济国家反避税措施经验借鉴情况表

类别	经验借鉴
法律法规	1. 制定反避税地避税的机制； 2. 制定转让定价调整，规范税收； 3. 建立资本弱化税制，实施反避税
税收体制	清理和调整税收优惠政策，统一税收优惠政策
税收征管	1. 制定严密税收管理制度，加强征收； 2. 积极进行反避税合作，加强税收情报交流

第六章
个人所得税纳税申报与管理

6.1 个人所得税征管模式与流程

6.1.1 个人所得税征管模式

新《个人所得税法》将四项劳动性所得纳入综合征税范围，适用统一的超额累进税率，居民个人按年合并计算个人所得税，实现了由分类课征制度转变为分类与综合相结合的课征制度。在这种制度下，个人所得税的征收管理模式将发生重大的改变。

新《个人所得税法》实施后，我国个人所得税继续采取代扣代缴和自行申报相结合的征管模式，其中分类所得项目，除个体工商户、个人独资和合伙企业的经营所得继续实行按季度或者按月份预缴，年度终了后汇算清缴外，其他分类所得项目继续实行按月、按次扣缴税款的办法，与改革前变化不大。而对居民个人取得综合所得采取新的征管模式，由原来按月、按次征税改为按年计税，实行"代扣代缴、自行申报，汇算清缴、多退少补，优化服务、事后抽查"的征管模式。

新《个人所得税法》改变了原来扣缴义务单位全员全额代扣代缴（除经营所得外）的征缴服务模式，转变为"全员全额代扣代缴＋自行申报＋汇算清缴"模式。由此，将自然人如何报税提升到了日常生活的需求。

1. 按年计税

按年计税主要针对的是综合所得，以纳税人一个纳税年度内取得的工资、薪金、劳务报酬、稿酬和特许权使用费的收入总额，减除基本减除费用、专项扣除、专项附加扣除后的余额，为应纳税所得额，适用综合所得税率表计算个人年度应纳税款；而其他分类所得将延续之前的政策，实行按月或者按次扣缴税款。

2. 代扣代缴、自行申报

实行"代扣代缴+自行申报"相结合的申报方式。对于综合所得，日常由扣缴义务人预扣预缴，年度终了后个人办理自行申报；其他所得主要实行代扣代缴的方式，不需要自行申报；而经营所得主要实行自行预缴和自行申报相结合的方式。

3. 汇算清缴、多退少补

综合所得按年汇缴清算，税款多退少补。将纳税人按年计税后的年度应纳税款，与日常已缴税款进行清算，由纳税人依法补缴或申请退还多缴的税款；经营所得也同样需要汇算清缴，税款实行多退少补；其他所得则不需要进行汇算清缴。

4. 优化服务、事后抽查

不断优化纳税服务，减少事前个人税收资料报送次数，提升纳税人办税体验。许多需要审批许可的事项变为备案待查。在年度自行申报期结束后，税务机关将结合第三方信息，按照相关风险指标，筛选一定比例纳税人的自行申报情况进行检查。

6.1.2　个人所得税征管流程

在新《个人所得税法》下，个人所得税的征收管理流程大致分为五个部分，如图 6-1 所示，首先是实名认证，赋予自然人个人以纳税人识别号，实名认证后将进行日常的代扣代缴以及年终的申报纳税和汇算清缴。这个全过程由纳税人自行进行，而税务机关主要进行后续的管理以及信用管理，对全过程实行风险管理，并进行事后抽查等工作。对纳税人的税款缴纳情况进行纳税评级，对不同级别的纳税人实行不同的奖惩措施。

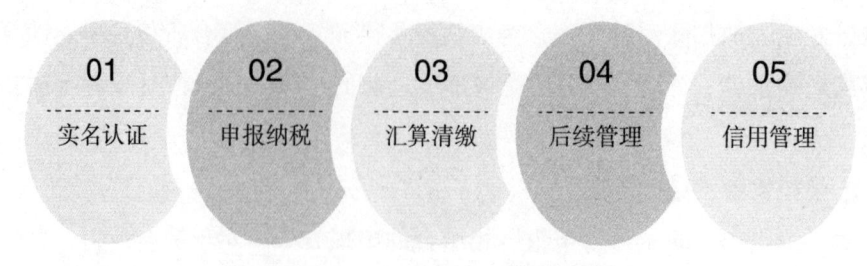

```
    01          02          03          04          05
  实名认证    申报纳税    汇算清缴    后续管理    信用管理
```

图6-1 个人所得税征管流程

1. 实名认证

目前，国家税务总局已经推出了自然人税收管理系统（个人所得税 APP），需要纳税人及时下载登录，进行实名认证，并填写相关信息，在信息发生变化时及时进行修改。

自然人纳税人可以选择由扣缴义务人报送相关专项附加扣除信息办理专项附加扣除，如果当月来不及采集相关信息，可以在年度内以后月份补采信息后补充扣除；也可以选择在次年3月1日至6月30日年度汇算清缴时，自行向税务机关申报扣除、办理退税。

纳税人识别号是纳税人办理各项涉税事宜的唯一代码，因此税务机关根据纳税人的不同情况赋予纳税人纳税人识别号，纳税人凭借此识别号开展各项涉税业务。

2. 申报纳税

纳税申报分为扣缴申报和自行申报两种方式。综合所得主要实行代扣代缴与自行申报相结合的方式，而其他分类所得实行代扣代缴的申报方式，经营所得实行自行申报的申报方式。

自行申报，是指纳税人报送专项附加扣除相关信息，依法进行自主申报；扣缴申报，是指扣缴义务人按照累计预扣法扣缴申报，代缴税款。在申报纳税过程中，自然人纳税人可以向税务机关进行咨询，税务机关有义务进行辅导，提供相关服务。

3. 汇算清缴

在汇算清缴时，实行"一人式"归集，针对自然人纳税人预设主管机关，推送清册。在汇算清缴时，税务机关提供预填服务，由纳税人自行或委托扣缴义务人进行年度申报。若汇算清缴时出现补税情况，税务机关提供三方协议、银联、第三方支付等多种方式供纳税人补缴税款；若汇算清缴时出现退税情况，由纳税人进行申请，税务机关进行系统审核、人工审核，实行电子退税。

4. 后续管理

税务机关完善监控指标体系，对个人所得税征收管理全流程实行监控，并自动提示相关信息；在预扣预缴环节，税务机关对申报的专项附加扣除信息进行事后抽查；在汇算清缴以后，税务机关实行全面风险管理，两级分析，三级应对；在反避税管理方面，对有跨境交易的自然人实施反避税管理。

5. 信用管理

针对自然人纳税人的个人所得税申报纳税情况，税务机关将建立全国自然人纳税信用库，完善纳税信用评价体系。针对纳税人的纳税情况确定和发布纳税信用评价结果，并对不同结果采取不同的奖惩措施，更重要的是，对纳税信用评价结果进行应用。

6.1.3　社会配套措施

新《个人所得税法》的施行，对税收征管有较高的要求，不仅需要税务机关自身的建设与努力，还需要社会外部的配套措施加以辅助，在法律、信息、信用以及技术等方面配合个人所得税综合与分类相结合的制度。

1. 法律支撑

通过立法形式明确自然人的纳税人识别号，以便未来进行全方位的税收信息监管，各相关政府机关均有义务配合税务机关提供纳税人信息和账户信息。目前，国家税务总局出台的 2018 年第 59 号公告《国家税务总局关于自然人纳税人识别号有关事项的公告》就自然人纳税识别号的相关事宜进行了详细的规定。通过修订《税收征管法》，及时与新《个人所得税法》的征管管理相配套；通过 CRS（金融账户涉税信息自动交换标准）全面打击高净值人群的避税行为。

2. 信息支撑

由于新《个人所得税法》涉及专项附加扣除的各种信息，单凭纳税人以及扣缴义务人的自行申报不足以形成有效的监管，需要各个部门进行信息共享与共同治理。

公安、人民银行、金融监督管理等相关部门应当协助税务机关确认纳税人的身份、金融账户信息。教育、卫生、民政、人力资源和社会保障、住房城乡建设、公安、人民银行、金融监督管理等相关部门应当向税务机关提供纳税人子女教育、继续教育、大病医疗、住房贷款利息、住房租金、赡养老人等专项附加扣除信息。

个人转让不动产的，税务机关应当根据不动产登记等相关信息核验应缴的个人所得税，登记机构办理转移登记时，应当查验与该不动产转让相关的个人所得税的完税凭证。个人转让股权办理变更登记的，市场主体登记机关应当查验与该股权交易相关的个人所得税的完税凭证。

3. 信用支撑

一方面，税务机关将打造自身的纳税信用体系，对自然人纳税人进行信用评价；另一方面，要将纳税信用与社会信用相结合，联合进行信用管理，对失信的纳税人，联合公安、海关等部门实施联合惩戒，如限制偷漏税纳税人出境等。

4. 技术支撑

新《个人所得税法》实施后，很多自然人纳税人需要进行年度申报与汇算清缴，并且需要进行申报专项附加扣除信息，因此对税务机关征收管理系统的要求较高。税务机关着力打造自然人税收管理系统（ITS 系统），依托现代互联网云计算技术，由国家税务总局统一部署、全天候运行、支撑个税改革的信息系统。

一是实现与电子税务局集成。集成后的自然人账户体系将由电子税务局统一管理，用户通过电子税务局系统登录后，可以进入改造后的电子税务局（自然人）首页。自然人注册方式新增两种，分别是支付宝注册方式和微信人脸识别认证注册方式。

二是创新自然人实名认证方式。在移动互联网端先后开通自然人支付宝实名认证和腾讯慧眼实名认证功能，实现双移动端实名认证办税方式，逐步引入支付宝最新研发的"眼纹"认证技术，实现更精准、更迅捷的实名认证办税。

三是实现自然人移动端和第三方服务平台全面办税体验。陆续开通移动端手机 APP 和支付宝城市服务、微信城市服务、微信公众号、云闪付城市服务等第三方平台办税功能，极大地拓宽了自然人办税渠道。

6.2 实名认证与信用管理

6.2.1 纳税人识别号

纳税人识别号，是税务机关根据税法规定的编码规则，编制并且赋予纳税人用来确认其身份的数字代码标识。由于自然人纳税人不办理税务登记，对其赋予全国唯一的纳税人识别号，相当于赋予了"税务登记证号"，不仅是自然人税收管理的基础，也是保障纳税人权益的前提。纳税人识别号与公民身份号码有机结合，为实现税收治理奠定了重要基础。实施新《个人所得税法》后，自然人纳税人办理年度汇算清缴，必须按照全国统一的自然人纳税人识别号归集纳税人来自全国各地的收入、扣除等涉税信息，以便实现全国范围内的"一人式"信息归集管理。这有利于纳税人在办理汇算清缴补退税时，准确抵扣其已预扣预缴的税款，落实专项附加扣除等政策，保障纳税人自身权益。从国际经验来看，英国、美国、法国、德国等税制成熟的国家，均以纳税人识别号为征管基础，管理效果较好。

目前，我国企事业单位和社会组织都拥有税务登记代码，主要由区域码和组织机构代码组成；个体工商户税务登记代码为其居民身份证号码。而对于自然人，税务代码制度一直没有实现全覆盖。随着新《个人所得税法》的实施，自然人纳税人也将拥有唯一且终身不变的纳税人识别号。

1. 纳税人识别号的作用

自然人纳税人识别号，是自然人纳税人办理各类涉税事项的唯一代码标识，如图 6-2 所示。

扣缴义务人扣缴税款时，纳税人应当向扣缴义务人提供纳税人识别号。

自然人纳税人办理纳税申报、税款缴纳、申请退税、开具完税凭证、纳税查询等涉税事项时应当向税务机关或扣缴义务人提供纳税人识别号。

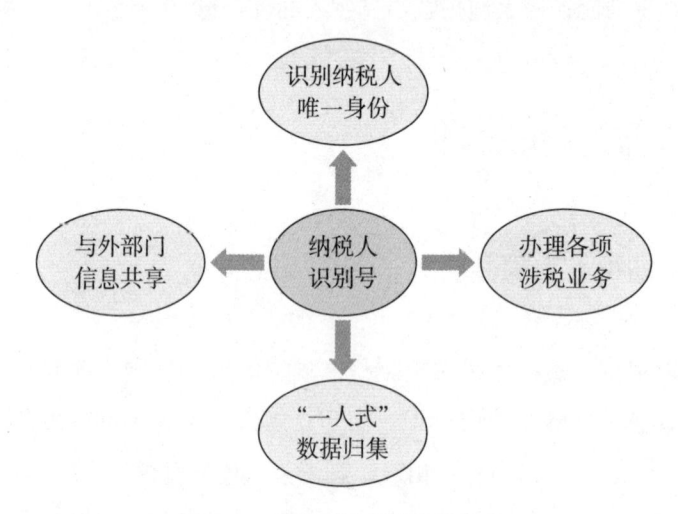

图 6-2 纳税人识别号的作用

2. 纳税人识别号的赋予

有中国公民身份号码的，以其中国公民身份号码作为纳税人识别号。

没有中国公民身份号码的，由税务机关赋予其纳税人识别号。税务机关应当在赋予自然人纳税人识别号后告知或者通过扣缴义务人告知纳税人其纳税人识别号，并为自然人纳税人查询本人纳税人识别号提供便利。

纳税人首次办理涉税事项时，应当向税务机关或者扣缴义务人出示有效身份证件，并报送相关基础信息：

①纳税人为中国公民且持有有效《中华人民共和国居民身份证》（以下简称居民身份证）的，为居民身份证。

②纳税人为华侨且没有居民身份证的，为有效的《中华人民共和国护照》和华侨身份证明。

③纳税人为港澳居民的，为有效的《港澳居民来往内地通行证》或《中华人民共和国港澳居民居住证》。

④纳税人为台湾居民的，为有效的《台湾居民来往大陆通行证》或《中华人民共和国台湾居民居住证》。

⑤纳税人为持有有效《中华人民共和国外国人永久居留身份证》（以下简称永久居留证）的外籍人员的，为永久居留证和外国护照；未持有永久居留证但持有有效《中华人民共和国外国人工作许可证》（以下简称工作许可证）的，为工作许可证和外国护照；其他外籍人员，为有效的外国护照。

6.2.2 纳税信用评价

税务机关将与其他机关联合，将自然人纳税人的个人所得税纳税情况纳入信用评价体系中，实行联合惩戒。2018年，国家税务总局发布了《重大税收违法失信案件信息公布办法》的公告，依照相关规定，向社会公布重大税收违法失信案件信息，并将信息通报相关部门，共同实施严格监管和联合惩戒。

1. 重大税收违法失信案件界定

重大税收违法失信案件主要包括以下九种情况：

①纳税人伪造、变造、隐匿、擅自销毁账簿、记账凭证，或者在账簿上多列支出或者不列、少列收入，或者经税务机关通知申报而拒不申报或者进行虚假的纳税申报，不缴或者少缴应纳税款100万元以上，且任一年度不缴或者少缴应纳税款占当年各税种应纳税总额10%以上的；

②纳税人欠缴应纳税款，采取转移或者隐匿财产的手段，妨碍税务机关追缴欠缴的税款，欠缴税款金额10万元以上的；

③骗取国家出口退税款的；

④以暴力、威胁方法拒不缴纳税款的；

⑤虚开增值税专用发票或者虚开用于骗取出口退税、抵扣税款的其他发票的；

⑥虚开普通发票100份或者金额40万元以上的；

⑦私自印制、伪造、变造发票，非法制造发票防伪专用品，伪造发票监制章的；

⑧具有偷税、逃避追缴欠税、骗取出口退税、抗税、虚开发票等行为，经税务机关检查确认走逃（失联）的；

⑨其他违法情节严重、有较大社会影响的。

2. 重大税收违法失信案件信息公布

①对法人或者其他组织，公布其名称，统一社会信用代码或者纳税人识别号，注册地址，法定代表人、负责人或者经法院裁判确定的实际责任人的姓名、性别及身份证号码（隐去出生年、月、日号码段），经法院裁判确定的负有直接责任的财务人员、团伙成员的姓名、性别及身份证号码；对自然人，公布其姓名、性别、身份证号码。

②主要违法事实。

③走逃（失联）情况。

④适用的相关法律依据。

⑤税务处理、税务行政处罚等情况。

⑥实施检查的单位。

⑦对公布的重大税收违法失信案件负有直接责任的涉税专业服务机构及从业人员，税务机关可以依法一并公布其名称、统一社会信用代码或者纳税人识别号、注册地址，以及直接责任人的姓名、性别、身份证号码、职业资格证书编号等。

此外，省以下税务机关应及时将符合公布标准的案件信息录入相关税务信息管理系统，通过省税务机关门户网站向社会公布，同时可以根据本地区实际情况，通过本级税务机关公告栏、报纸、广播、电视、网络媒体等途径以及新闻发布会等形式向社会公布。国家税务总局门户网站设立专栏链接省税务机关门户网站的公布内容。

3. 重大税收违法失信案件惩戒措施

将纳税信用级别直接判为 D 级，适用相应的 D 级纳税人管理措施；对欠缴查补税款的纳税人或者其法定代表人在出境前未按照规定结清应纳税款、滞纳金或者提供纳税担保的，税务机关可以依据《中华人民共和国税收征收管理法》的相关规定，通知出入境管理机关阻止其出境；税务机关将当事人信息提供给参与实施联合惩戒的相关部门，由相关部门依法对当事人采取联合惩戒和管理措施。

4. 自然人纳税信用管理系统

目前，全国没有出台统一的自然人纳税信用管理办法，但是各地都在积极探索与建设自然人纳税信用管理体系。例如，2016 年江苏省根据国务院《关于加强个人诚信体系建设的指导意见》的有关精神，结合总局相关文件规定，出台了《自然人纳税信用管理办法（试行）》和《自然人纳税信用评价指标（部分）》。其他省份也在积极制定并出台相关的管理规定。

> **知识链接**
>
> 国家税务总局江门市税务局与 8 家银行联合举办江门"银税互动"自然人金融服务项目落地仪式，推出 5 项金融产品，为江门自然人纳税人提供优质便捷的个人贷款服务，只要在广东省内连续 2 年缴纳自然所得税即可申请"银税互动"自然人贷款。此次推出的 5 项自然人"银税互动"金融产品，是推出相关业务的银行通过与税务部门的数据对接，经申请人授权在线向税务部门综合大数据平台获取其纳税数据，在对客户进行综合信用评价基础上，向符合条件的申请人在线发放个人信用贷款的大数据普惠金融项目。

6.3 申报纳税与汇算清缴

根据 2018 年 8 月 31 日第十三届全国人民代表大会常务委员会第五次会议《关于修改〈中华人民共和国个人所得税法〉的决定》（第七次修正），下列各项个人所得，应当缴纳个人所得税：（1）工资、薪金所得；（2）劳务报酬所得；（3）稿酬所得；（4）特许权使用费所得；（5）经营所得；（6）利息、股息、红利所得；（7）财产租赁所得；（8）财产转让所得；（9）偶然所得。居民个人取得上述第1项至第4项所得，按纳税年度合并计算个人所得税；非居民个人取得上述第1项至第4项所得，按月或者按次分项计算个人所得税。纳税人取得上述第5项至第9项所得，依照规定分别计算个人所得税。

6.3.1 居民个人纳税申报

为贯彻落实新修改的《个人所得税法》，居民个人的所得将按照新方式进行纳税申报，居民个人工资、薪金所得，劳务报酬所得，稿酬所得，特许权使用费所得将按照由扣缴义务人预扣预缴个人所得税的方法进行扣缴，符合条件的纳税人还需要进行年终汇算清缴；生产经营所得将按照自行预缴、年终清缴的方式缴纳税款；其他所得将仍然按照代扣代缴的方式计算。

1. 综合所得

（1）居民个人取得工资、薪金所得，劳务报酬所得，稿酬所得，特许权使用费所得四项综合所得时，由扣缴义务人按月或者按次预扣预缴税款，具体方法规定如下：

扣缴义务人向居民个人支付工资、薪金所得时，应当按照累计预扣法计算预扣税款，并按月办理全员全额扣缴申报。具体计算公式如下：

本期应预扣预缴税额 =（累计预扣预缴应纳税所得额 × 预扣率 – 速算扣除数）– 累计减免税额 – 累计已预扣预缴税额

累计预扣预缴应纳税所得额 = 累计收入 – 累计免税收入 – 累计减除费用 – 累计专项扣除 – 累计专项附加扣除 – 累计依法确定的其他扣除

其中：累计减除费用，按照5000元/月乘以纳税人当年截至本月在本单位的任职受雇月份数计算。

> 知识链接

为什么采用累计预扣法

累计预扣法主要是通过各月累计收入减去对应扣除，对照综合所得税率表计算累计应缴税额，再减去已缴税额，确定本期应缴税额的一种方法。

这种方法，对于大部分只有一处工资、薪金所得的纳税人来说，纳税年度终了时预扣预缴的税款基本上等于年度应纳税款，因此，无须再办理自行纳税申报、汇算清缴；对需要补退税的纳税人来说，预扣预缴的税款与年度应纳税款差额相对较小，不会占用纳税人过多资金。

（2）扣缴义务人向居民个人支付劳务报酬所得、稿酬所得、特许权使用费所得时（以下简称三项综合所得），按以下方法按月或者按次预扣预缴个人所得税：

①计算预扣预缴应纳税所得额。三项综合所得以每次收入减除费用后的余额为收入额，其中稿酬所得的收入额减按 70% 计算。三项综合所得每次收入不超过 4000 元的，减除费用按 800 元计算；每次收入在 4000 元以上的，减除费用按 20% 计算。三项综合所得以每次收入额为预扣预缴应纳税所得额。

②计算预扣预缴应纳税额。根据预扣预缴应纳税所得额乘以适用预扣率计算应预扣预缴税额。其中，劳务报酬所得适用个人所得税预扣率表（参见本书第二章表 2-2），稿酬所得、特许权使用费所得适用 20% 的比例预扣率。

居民个人取得综合所得，按年计算个人所得税；有扣缴义务人的，由扣缴义务人按月或者按次预扣预缴税款；需要办理汇算清缴的，应当在取得所得的次年 3 月 1 日至 6 月 30 日内办理汇算清缴。预扣预缴办法由国务院税务主管部门制定。

居民个人向扣缴义务人提供专项附加扣除信息的，扣缴义务人按月预扣预缴税款时应当按照规定予以扣除，不得拒绝。

支付工资、薪金所得的扣缴义务人应当于年度终了后两个月内，向纳税人提供其个人所得和已扣缴税款等信息；纳税人年度中间需要提供上述信息的，扣缴义务人应当提供；纳税人取得除工资、薪金所得以外的其他所得，扣缴义务人应当在扣缴税款后，及时向纳税人提供其个人所得和已扣缴税款等信息。

扣缴义务人应当按照纳税人提供的信息计算税款、办理扣缴申报，不得擅自更改纳税人提供的信息。扣缴义务人发现纳税人提供的信息与实际情况不符的，可以要求纳税人修改。纳税人拒绝修改的，扣缴义务人应当向税务机关反映，税务机关应当及时处理。纳税人发现扣缴义务人提供或者扣缴申报的个人信息、支付所得、扣缴税款等信息与实际情况不符的，有权要求扣缴义务人修改。扣缴义务人拒绝修改的，纳税人应当向税务机关反映，税务机关应当及时处理。

扣缴义务人对纳税人提供的"个人所得税专项附加扣除信息表"，应当按照规定妥善留存备查；扣缴义务人应当依法对纳税人报送的专项附加扣除等相关涉税信息和资料保密。

对扣缴义务人按照规定扣缴的税款，不包括税务机关、司法机关等查补或责令补扣的税款，按年付给2%的手续费；扣缴义务人可将代扣代缴手续费用于提升办税能力、奖励办税人员。

扣缴义务人依法履行代扣代缴义务，纳税人不得拒绝。纳税人拒绝的，扣缴义务人应当及时报告税务机关。

纳税人取得应税所得，扣缴义务人未扣缴税款的，纳税人应当在取得所得的次年6月30日前，缴纳税款；税务机关通知限期缴纳的，纳税人应当按照期限缴纳税款。

扣缴义务人每月或者每次预扣、代扣的税款，应当在次月15日内缴入国库，并向税务机关报送扣缴个人所得税申报表。

纳税人办理汇算清缴退税或者扣缴义务人为纳税人办理汇算清缴退税的，税务机关审核后，按照国库管理的有关规定办理退税。

知识链接

上述三项所得预扣预缴税款的计算方法，和年度汇算清缴税款的计算方法是有区别的。主要区别如下：

（1）收入额的计算方法不同。年度汇算清缴税款时，收入额为收入减除20%的费用后的余额；预扣预缴税款时收入额为每次收入减除费用后的余额，其中，收入不超过4000元的，费用按800元计算；每次收入4000元以上的，费用按20%计算。

（2）可扣除的项目不同。居民个人的上述三项所得和工资、薪金所得属于综合所得，年度汇算清缴时以四项所得的合计收入额减除费用6万元以及专项扣除、专项附加扣除和依法确定的其他扣除后的余额，为应纳税所得额。而根据《个人所得税法》及其实施条例规定，上述三项所得日常预扣预缴税款时暂不减除专项附加扣除。

（3）适用的税率/预扣率不同。进行年度汇算清缴时，各项所得合并适用30%—45%的超额累进税率；预扣预缴时，劳务报酬所得适用个人所得税预扣率表（参见本书第二章表2-2），稿酬所得、特许权使用费所得适用20%的比例预扣率。

（3）关于"按次"的具体规定。劳务报酬所得、稿酬所得、特许权使用费所得三项综合所得，属于一次性收入的，以取得该项收入为一次；属于同一项目连续性收入的，以一个月内取得的收入为一次。取得综合所得需要办理汇算清缴的情形包括：

①从两处以上取得综合所得，且综合所得年收入额减除专项扣除的余额超过6万元的；

②取得劳务报酬所得、稿酬所得、特许权使用费所得中一项或者多项所得，且综合所得年收入额减除专项扣除的余额超过6万元的；

③纳税年度内预缴税额低于应纳税额的；

④纳税人申请退税的。

纳税人办理纳税申报的地点以及其他有关事项的具体办法，由国务院税务主管部门制定。纳税人可以委托扣缴义务人或者其他单位和个人办理汇算清缴。

纳税人申请退税时提供的汇算清缴信息有错误的，税务机关应当告知其更正；纳税人更正的，税务机关应当及时办理退税。

扣缴义务人未将扣缴的税款解缴入库的，不影响纳税人按照规定申请退税，税务机关应当凭纳税人提供的有关资料办理退税。

2. 其他所得

纳税人取得利息、股息、红利所得，财产租赁所得，财产转让所得和偶然所得，按月或者按次计算个人所得税，有扣缴义务人的，由扣缴义务人按月或者按次代扣代缴税款。

纳税人取得应税所得没有扣缴义务人的，应当在取得所得的次月15日内向税务机关报送纳税申报表，并缴纳税款。

纳税人取得应税所得，扣缴义务人未扣缴税款的，纳税人应当在取得所得的次年6月30日前缴纳税款；税务机关通知限期缴纳的，纳税人应当按照期限缴纳税款。

扣缴义务人每月或者每次预扣、代扣的税款，应当在次月15日内缴入国库，并向税务机关报送扣缴个人所得税申报表。

纳税人办理汇算清缴退税或者扣缴义务人为纳税人办理汇算清缴退税的，税务机关审核后，按照国库管理的有关规定办理退税。

3. 经营所得

根据新《个人所得税法》第二条规定，不属于综合所得项目，需要单独计算纳税，适用5%—35%的超额累进税率。纳税人取得经营所得，按年计算个人所得税，由纳税人在月度或者季度终了后15日内向税务机关报送纳税申报表，并预缴税款；在取得所得的次年3月31日前办理汇算清缴，适用的税率参见本书第二章表2-9。

对于取得经营所得的个人，没有综合所得的，计算其每一纳税年度的应纳税所得额时，应当减除费用6万元、专项扣除、专项附加扣除以及依法确定的其他扣除。但是专项附加扣除只能在办理汇算清缴时减除。

需要注意的是：从事生产、经营活动，未提供完整、准确的纳税资料，不能正确计算应纳税所得额的，由主管税务机关核定应纳税所得额或者应纳税额。

纳税人取得经营所得，按年计算个人所得税。由纳税人在月度或者季度终了后 15 日内向纳税人办理汇算清缴退税的，税务机关审核后，按照国库管理的有关规定办理退税。税务机关报送纳税申报表，并预缴税款，在取得所得的次年 3 月 31 日前办理汇算清缴。

纳税人办理纳税申报的地点以及其他有关事项的具体办法，由国务院税务主管部门制定。

纳税人申请退税时提供的汇算清缴信息有错误的，税务机关应当告知其更正；纳税人更正的，税务机关应当及时办理退税。

扣缴义务人未将扣缴的税款解缴入库的，不影响纳税人按照规定申请退税，税务机关应当凭纳税人提供的有关资料办理退税。

4. 境内外两处所得

居民个人从中国境内和境外取得的综合所得、经营所得，应当分别合并计算应纳税额；从中国境内和境外取得的其他所得，应当分别单独计算应纳税额。

居民个人从中国境外取得的所得，可以从其应纳税额中抵免已在境外缴纳的个人所得税税额，但抵免额不得超过该纳税人境外所得依照《个人所得税法》规定计算的应纳税额。

已在境外缴纳的个人所得税税额，是指居民个人来源于中国境外的所得，依照该所得来源国家（地区）的法律应当缴纳并且实际已经缴纳的所得税税额。纳税人境外所得依照《个人所得税法》规定计算的应纳税额，是居民个人抵免已在境外缴纳的综合所得、经营所得以及其他所得的所得税税额的限额（以下简称抵免限额）。除国务院财政、税务主管部门另有规定外，来源于中国境外一个国家（地区）的综合所得抵免限额、经营所得抵免限额以及其他所得抵免限额之和，为来源于该国家（地区）所得的抵免限额。

居民个人在中国境外一个国家（地区）实际已经缴纳的个人所得税税额，低于依照规定计算出的来源于该国家（地区）所得的抵免限额的，应当在中国缴纳差额部分的税款；超过来源于该国家（地区）所得的抵免限额的，其超过部分不得在本纳税年度的应纳税额中抵免，但是可以在以后纳税年度来源于该国家（地区）所得的抵免限额的余额中补扣，补扣期限最长不得超过

5 年。

居民个人申请抵免已在境外缴纳的个人所得税税额的，应当提供境外税务机关出具的税款所属年度的有关纳税凭证。

居民个人从中国境外取得所得的，应当在取得所得的次年 3 月 1 日至 6 月 30 日内申报纳税。

6.3.2 非居民个人纳税申报

非居民个人取得工资、薪金所得，劳务报酬所得，稿酬所得，特许权使用费所得，有扣缴义务人的，由扣缴义务人按月或者按次代扣代缴税款，不办理汇算清缴。

扣缴义务人向非居民个人支付工资、薪金所得，劳务报酬所得，稿酬所得，特许权使用费所得时，依照以下方法按月或者按次代扣代缴税款：

非居民个人的工资、薪金所得，以每月收入额减除费用 5000 元后的余额为应纳税所得额；劳务报酬所得、稿酬所得、特许权使用费所得，以每次收入额为应纳税所得额，适用个人所得税税率表三（参见本书第二章表 2-4）计算应纳税额。劳务报酬所得、稿酬所得、特许权使用费所得以收入减除 20% 的费用后的余额为收入额。其中，稿酬所得的收入额减按 70% 计算。

支付工资、薪金所得的扣缴义务人应当于年度终了后两个月内，向纳税人提供其个人所得和已扣缴税款等信息；纳税人年度中间需要提供上述信息的，扣缴义务人应当提供；纳税人取得除工资、薪金所得以外的其他所得的，扣缴义务人应当在扣缴税款后，及时向纳税人提供其个人所得和已扣缴税款等信息。

扣缴义务人应当按照纳税人提供的信息计算税款、办理扣缴申报，不得擅自更改纳税人提供的信息。扣缴义务人发现纳税人提供的信息与实际情况不符的，可以要求纳税人修改。纳税人拒绝修改的，扣缴义务人应当报告税务机关，税务机关应当及时处理。纳税人发现扣缴义务人提供或者扣缴申报的个人信息、支付所得、扣缴税款等信息与实际情况不符的，有权要求扣缴义务人修改。扣缴义务人拒绝修改的，纳税人应当报告税务机关，税务机关应当及时处理。

对扣缴义务人按照规定扣缴的税款，不包括税务机关、司法机关等查补或责令补扣的税款，按年付给2%的手续费；扣缴义务人可将代扣代缴手续费用于提升办税能力、奖励办税人员。

扣缴义务人依法履行代扣代缴义务，纳税人不得拒绝。纳税人拒绝的，扣缴义务人应当及时向税务机关反映。

非居民个人在中国境内从两处以上取得工资、薪金所得的，应当在取得所得的次月15日内申报纳税。

6.4 申报方式

目前，居民个人可以通过以下四个渠道向扣缴义务人或者主管税务机关报送个人专项附加扣除信息：

①自行在"个人所得税"APP填报；

②自行在自然人办税服务平台网页填报；

③自行到税务局办税服务厅填报；

④交给扣缴单位在扣缴客户端软件填报。

通过前三个任一渠道成功填报的专项附加扣除信息，若填报时指定由某扣缴单位申报的，该扣缴单位可在纳税人提交的第三天后通过扣缴客户端的"下载更新"功能下载所填报的信息，纳税人无须再向扣缴单位另行填报。

纳税人选择纳税年度内由扣缴义务人办理专项附加扣除的，按下列规定办理：

①纳税人通过远程办税端选择扣缴义务人并报送专项附加扣除信息的，扣缴义务人根据接收的扣除信息办理扣除。

②纳税人通过填写电子或者纸质"扣除信息表"直接报送扣缴义务人的，扣缴义务人将相关信息导入或者录入扣缴端软件，并在次月办理扣缴申报时提交给主管税务机关。"扣除信息表"应当一式两份，纳税人和扣缴义务人签字

（章）后分别留存备查。

扣缴义务人和税务机关应当告知纳税人办理专项附加扣除的方式和渠道，鼓励并引导纳税人通过远程办税端报送信息。

6.4.1 远程办税端——APP 端

1. 功能介绍

个人所得税手机 APP 功能主要包括子女教育支出、继续教育支出、住房贷款利息支出、住房租金支出、赡养老人支出等专项附加扣除信息采集。

2. 手机 APP 安装使用步骤

（1）安装及注册

①扫描二维码，下载安装。点击微信右上角"扫一扫"，根据提示下载安装。

②通过以下方式注册。

方式一：人脸识别认证注册（仅限居民身份证）。打开 APP，点击【注册】，选择【人脸识别认证注册】，阅读并同意用户注册协议，点击【确认授权】，填写证件号码、姓名，点击"开始人脸识别"后进行拍摄识别。识别后，根据提示设置登录名、密码、手机号（短信校验）完成注册。

方式二：大厅注册码注册。纳税人携带个人身份证件到办税服务大厅获取注册码（注册码有效期为 7 天）。打开 APP，点击【注册】，选择【大厅注册码注册】，阅读用户注册协议，点击【确认授权】，填写注册码、证件类型、证件号码、姓名、国籍。验证通过后，根据提示设置登录名、密码、手机号（短信校验）完成注册。

之前已安装注册的纳税人，2018 年 12 月 31 日 12：00 起，打开手机 APP，根据系统提示升级即可。

（2）信息采集

纳税人完成注册后，可根据个人实际情况，进行基础信息采集和专项附加扣除信息采集。

6.4.2 远程办税端——WEB 端

1. 注册（已在手机 APP 注册的可省略此步骤）

纳税人携带个人身份证件到办税服务大厅获取注册码（注册码有效期为 7 天）。登录自然人办税服务平台（网址：https://its.etax-gd.gov.cn），点击网页上的【立即注册】或右上角【注册】，阅读自然人办税服务平台注册协议，点击【同意并继续】，选择【大厅注册码注册】，填写注册码、姓名、证件类型、证件号码、国籍（地区），验证通过后，设置登录名、密码、手机号（须短信验证）、户籍所在地完成注册。

2. 登录方式

①通过密码登录。

②已在手机 APP 注册的，可以扫码登录。

3. 信息采集

纳税人完成登录后，可根据个人实际情况，进行基础信息采集和专项附加扣除信息采集。

6.4.3 纸质模板与电子表模板

根据《个人所得税法》第十一条规定，居民个人向扣缴义务人提供专项附加扣除信息的，扣缴义务人按月预扣预缴税款时应当按照规定予以扣除，不得拒绝。《个人所得税法实施条例》进一步明确，对员工报送的专项附加扣除信息，扣缴单位应当接收并在工资、薪金所得预扣税款时按照规定如实扣除。具体办理时：

1. 员工以纸质表方式报送的，单位应当将员工报送信息如实录入扣缴端软件，在发薪次月办理扣缴申报时通过扣缴端软件提交给税务机关，同时将纸质表留存备查。

（1）扣缴单位可以在"专项附加扣除信息采集"模块，选择需要录入的专项扣除项目（以子女教育支出为例），点击"新增"。

图 6-3 "专项附加扣除信息采集"模块一

（2）根据员工报送的纸质报表填写相关扣除信息。

图 6-4 "专项附加扣除信息"模块二

员工以电子模板方式报送的，单位应当将电子模板信息导入扣缴端软件，在次月办理扣缴申报时通过扣缴端软件提交给税务机关，同时打印电子模板内容，经员工签字、单位盖章后留存备查。

①选择需要录入的扣除项目，点击导入——导入文件。

②选择员工报送的专项附加扣除信息模板。

③收集完相关信息，点击报送，将相关信息报送，然后点击获取反馈，查看专项附加扣除报送情况。

虽然新《个人所得税法》提高基本减除费用可能会使纳税人数量有所减少，但随着收入的增加，尤其是专项附加扣除的施行，涉及的纳税人规模未来仍将增加。随着综合与分类相结合的改革步伐持续深入，涉税专业服务行业的市场发展空间将更广阔。可以说，以个税改革为契机，开启了为自然人提供涉税专业服务的新时代。

个税改革对涉税服务行业的职业水平提出了更高的要求。由于改革从根本上改变了税制结构，除了建立综合与分类相结合的个人所得税制外，也引入了新的征管模式，纳税人、扣缴义务人在未来履行纳税义务或扣缴义务时计缴税款的方式方法、申报要求以及税务机关在个人所得税方面的征管都将发生变化。无论是个人，还是单位扣缴义务人，都需要更加专业化、精细化的服务，对涉税专业服务的要求更高。

6.4.4 扣缴申报表填写

1. 适用范围

个人所得税扣缴申报表适用于扣缴义务人向居民个人支付工资、薪金所得，劳务报酬所得，稿酬所得和特许权使用费所得的个人所得税全员全额预扣预缴申报；向非居民个人支付工资、薪金所得，劳务报酬所得，稿酬所得和特许权使用费所得的个人所得税全员全额扣缴申报；以及向纳税人（居民个人和非居民个人）支付利息、股息、红利所得，财产租赁所得，财产转让所得和偶然所得的个人所得税全员全额扣缴申报。

2. 申报期限

扣缴义务人应当在每月或者每次预扣、代扣税款的次月15日内，将已扣税款缴入国库，并向税务机关报送个人所得税扣缴申报表。

3. 个人所得税扣缴申报表及其填写说明

个人所得税扣缴申报表

税款所属期：　　年　月　日至　　年　月　日

扣缴义务人名称：

扣缴义务人纳税人识别号（统一社会信用代码）：□□□□□□□□□□□□□□□□□□

金额单位：人民币元（列至角分）

序号	姓名	身份证件类型	身份证件号码	纳税人识别号	是否为非居民个人	所得项目	收入额计算			专项扣除					其他扣除					累计情况（工资、薪金）									税款计算						备注
							收入	费用	免税收入	减除费用	基本养老保险费	基本医疗保险费	失业保险费	住房公积金	年金	商业健康保险	税延养老保险	财产原值	允许扣除的税费	其他	累计收入额	累计减除费用	累计专项扣除	累计专项附加扣除					累计其他扣除	准予扣除的捐赠额	应纳税所得额	税率/预扣率	速算扣除数	应纳税额	减免税额	已扣缴税额	应补（退）税额	
																								子女教育	赡养老人	住房贷款利息	住房租金	继续教育										
1	2	3	4	5	6	7	8	9	10	11	12	13	14	15	16	17	18	19	20	21	22	23	24	25	26	27	28	29	30	31	32	33	34	35	36	37	38	39	40
合计																																							

谨声明：本扣缴申报表是根据国家税收法律法规及相关规定填报的，是真实的、可靠的、完整的。

扣缴义务人（签章）：　　　　　　　　　　　年　月　日

代理机构签章：

代理机构统一社会信用代码：

经办人签字：

经办人身份证件号码：

受理人：

受理税务机关（章）：

受理日期：　　年　月　日

国家税务总局监制

个人所得税扣缴申报表各栏次填写说明

（一）表头项目

1."税款所属期"：填写扣缴义务人代扣税款当月的第一日至最后一日。如2019年3月20日发放工资时代扣的税款，税款所属期填写"2019年3月1日至2019年3月31日"。

2."扣缴义务人名称"：填写扣缴义务人的法定名称全称。

3."扣缴义务人纳税人识别号（统一社会信用代码）"：填写扣缴义务人的纳税人识别号或统一社会信用代码。

（二）表内各栏

1.第2列"姓名"：填写纳税人姓名。

2.第3列"身份证件类型"：填写纳税人有效的身份证件名称。中国公民有中华人民共和国居民身份证的，填写居民身份证；没有居民身份证的，填写港澳居民来往内地通行证或港澳居民居住证、台湾居民通行证或台湾居民居住证、外国人永久居留身份证、外国人工作许可证或护照等。

3.第4列"身份证件号码"：填写纳税人有效身份证件上载明的证件号码。

4.第5列"纳税人识别号"：有中国公民身份号码的，填写中华人民共和国居民身份证上载明的"公民身份号码"；没有中国公民身份号码的，填写税务机关赋予的纳税人识别号。

5.第6列"是否为非居民个人"：纳税人为非居民个人的填"是"，为居民个人的填"否"。不填默认为"否"。

6.第7列"所得项目"：填写纳税人取得的《个人所得税法》第二条规定的应税所得项目名称。同一纳税人取得多项或多次取得所得的，应分行填写。

7.第8—21列"本月（次）情况"：填写扣缴义务人当月（次）支付给纳税人的所得，以及按规定各所得项目当月（次）可扣除的减除费用、专项扣除、其他扣除等。其中，工资、薪金所得预扣预缴个人所得税时扣除的专项附加扣除，按照纳税年度内纳税人在该任职受雇单位截至当月可享受的各专项附加扣除项目的扣除总额，填写至"累计情况（工资薪金）"中第25—29列相应栏，本月情况中则无须填写。

（1）"收入额计算"：包含"收入""费用""免税收入"。

具体计算公式为：收入额=收入－费用－免税收入。

①第8列"收入"：填写当月（次）扣缴义务人支付给纳税人所得的总额。

②第9列"费用"：仅限支付劳务报酬、稿酬、特许权使用费三项所得时填写，支付其他各项所得时无须填写本列。预扣预缴居民个人上述三项所得个人所得税时，每次收入不超过4000元的，费用填写"800"元；每次收入4000元以上的，费用按收入的20%填。扣缴非居民个人上述三项所得的个人所得税时，费用按收入的20%填。

③第10列"免税收入"：填写纳税人各所得项目收入总额中，包含的《个人所得税法》规定的免税收入金额。其中，《个人所得税法》规定"稿酬所得的收入额减按百分之七十计算"，对稿酬所得的收入额减计的30%部分，填入本列。

（2）第11列"减除费用"：仅限支付工资、薪金所得时填写。具体按《个人所得税法》规定的减除费用标准填写。例如，2019年为5000元/月。

（3）第12—15列"专项扣除"：分别填写按规定允许扣除的基本养老保险费、基本医疗保险费、失业保险费、住房公积金的金额。

（4）第16—21列"其他扣除"：分别填写按规定允许扣除的项目金额。

8. 第22—30列"累计情况（工资、薪金）"：本栏仅适用于居民个人取得工资、薪金所得预扣预缴的情形，工资、薪金所得以外的项目无须填写。具体各列，按照纳税年度内居民个人在该任职受雇单位截至当前月份累计情况填报。

（1）第22列"累计收入额"：填写本纳税年度截至当前月份，扣缴义务人支付给纳税人的工资、薪金所得的累计收入额。

（2）第23列"累计减除费用"：按照5000元/月乘以纳税人当年在本单位的任职受雇月份数计算。

（3）第24列"累计专项扣除"：填写本年度截至当前月份，按规定允许扣除的"三险一金"的累计金额。

（4）第25—29列"累计专项附加扣除"：分别填写截至当前月份，纳税人按规定可享受的子女教育、赡养老人、住房贷款利息或住房租金、继续教育扣除的累计金额。大病医疗扣除由纳税人在年度汇算清缴时办理，此处无须填报。

（5）第30列"累计其他扣除"：填写本年度截至当前月份，按规定允许扣除的年金（包括企业年金、职业年金）、商业健康保险、税延养老保险及其他扣除项目的累计金额。

9. 第31列"减按计税比例"：填写按规定实行应纳税所得额减计税收优惠的减计比例。无减计规定的，可不填，系统默认为100%。例如，某项税收政策实行减按60%计入应纳税所得额，则本列填60%。

10. 第32列"准予扣除的捐赠额"：是指按照税法及相关法规、政策规定，可以在税前扣除的捐赠额。

11. 第33—39列"税款计算"：填写扣缴义务人当月扣缴个人所得税款的计算情况。

（1）第33列"应纳税所得额"：根据相关列次计算填报。

①居民个人取得工资、薪金所得，填写累计收入额减除累计减除费用、累计专项扣除、累计专项附加扣除、累计其他扣除、准予扣除的捐赠额后的余额。

②非居民个人取得工资、薪金所得，填写收入额减去减除费用、准予扣除的捐赠额后的余额。

③居民个人或非居民个人取得劳务报酬所得、稿酬所得、特许权使用费所得，填写本月（次）收入额减除可以扣除的税费、准予扣除的捐赠额后的余额。

④居民个人或非居民个人取得利息、股息、红利所得和偶然所得，填写本月（次）收入额减除准予扣除的捐赠额后的余额。

⑤居民个人或非居民个人取得财产租赁所得，填写本月（次）收入额减除允许扣除的税

费、准予扣除的捐赠额后的余额。

⑥居民个人或非居民个人取得财产转让所得，填写本月（次）收入额减除财产原值、允许扣除的税费、准予扣除的捐赠额后的余额。

其中，适用"减按计税比例"的所得项目，其应纳税所得额按上述方法计算后乘以减按计税比例的金额填报。

（2）第34—35列"税率/预扣率"和"速算扣除数"：填写各所得项目按规定适用的税率（或预扣率）和速算扣除数。没有速算扣除数的，则不填。

（3）第36列"应纳税额"：根据相关列次计算填报。

具体计算公式为：应纳税额＝应纳税所得额×税率（预扣率）－速算扣除数。

（4）第37列"减免税额"：填写《个人所得税法》规定可减免的税额。居民个人工资、薪金所得，填写本年度累计减免税额；居民个人取得工资、薪金以外的所得或非居民个人取得各项所得，填写本月（次）减免税额。

（5）第38列"已扣缴税额"：填写本年或本月（次）纳税人同一所得项目，已由扣缴义务人实际扣缴的税款金额。

（6）第39列"应补（退）税额"：根据相关列次计算填报。

具体计算公式为：应补（退）税额＝应纳税额－减免税额－已扣缴税额。

（三）其他栏次

1. "声明"：需由扣缴义务人签字或签章。
2. "经办人"：由办理扣缴申报的经办人签字，并填写经办人身份证件号码。
3. "代理机构"：代理机构代为办理扣缴申报的，应当填写代理机构统一社会信用代码，并加盖代理机构签章。

6.5 纳税后续管理

6.5.1 完税凭证管理

1. 完税凭证的开具

自2019年起，个人所得税"税收完税证明"（文书式）将调整为"纳税记录"。

（1）开具范围

纳税人可就其税款所属期为2019年1月1日（含）以后的个人所得税缴（退）税情况，向税务机关申请开具个人所得税"纳税记录"。

对于税款所属期为 2018 年 12 月 31 日（含）以前的个人所得税缴（退）税情况，税务机关继续开具个人所得税"税收完税证明"（文书式）。

（2）开具方式

纳税人可通过电子税务局、手机 APP、办税服务厅等渠道申请开具本人的个人所得税"纳税记录"。

纳税人可以委托他人代为开具。由于个人所得税"纳税记录"涉及纳税人敏感信息，为更好地保护纳税人隐私，对代为开具"纳税记录"实行更为严格的管理：一是受托人必须到办税服务厅办理，其他渠道不提供代为开具服务；二是受托人须提供本人和委托人有效身份证件原件以及委托人签发的书面授权，确保授权的真实性和合法性。

（3）"零纳税"情形下"纳税记录"的开具

"零纳税"是指纳税人取得了应税收入但未达到起征点而没有实际缴纳税款的情形。这种情形下仍然可以开具"纳税记录"，不会因《个人所得税法》修订或起征点提高而中断纳税人的纳税记录。

2. 信息验证

为防止篡改、伪造个人所得税"纳税记录"，税务机关提供两种验证服务：一是纳税人、政府部门和其他第三方可以通过扫描个人所得税"纳税记录"中的二维码对相关信息进行验证；二是个人所得税"纳税记录"中设有验证码，也可以通过登录电子税务局对个人所得税"纳税记录"进行验证。

3. 异议处理

纳税人对个人所得税"纳税记录"存在异议的，可通过电子税务局、手机 APP 申请核实。纳税人也可到异议信息列明的税务机关申请核实。

4. 完税凭证的价值与意义

（1）完税凭证的价值

个人所得税的完税凭证将成为个人收入最有效的证明文件，体现了以下基本信息：到账税前收入及收入类型；已预缴预扣税款；年应纳税所得额；年应缴（退）税款。对于个人来说，个税的完税凭证与日常生活息息相关。

①购房资格

很多一、二线城市买房需要有连续的个税记录。辛辛苦苦赚钱，就是为了在心心念念的那个城市有个家。目前，国内多个城市限购升级，非本市户籍人口购房的，需要有连续多年的个税缴纳记录或社保缴纳记录。

②申请房贷

可作为收入证明的佐证。目前，银行要求个人办理贷款时提供单位开具的个人收入证明，个人所得税完税凭证虽然不作为硬性规定，但作为收入证明的佐证，能提供纳税人的收入状况，也是对其还款能力的一种肯定。

③购车资格

有些城市买车需要有连续的个税记录。例如，北京市小客车现行摇号规则规定：非京籍人员参与摇号需要持有本市有效居住证且近五年（含）连续在本市缴纳社会保险和个人所得税。

④离婚分财产

离婚案件中，一些离婚的夫妻隐瞒自己的收入或财产，对方可以以完税凭证为依据，证明其资产收入。离婚后还涉及对子女的抚养，子女抚养费按月收入的20%—30%付给。如果有完税凭证，就很难隐瞒自己的收入从而少付抚养费。

⑤出国签证

通过完税凭证看财力。不同的国家对不同身份的申请担保人有不同的要求，对于个体户、企业法人要求有完税凭证，因为完税凭证可以证明法人或个人的收入水平。

⑥事故理赔

利用完税凭证可更好地计算误工费。发生了交通事故等后，在赔付误工费时，如果拿着完税凭证办理赔手续，其薪酬就很容易被推算出来。

除此之外，完税凭证还关系个人财产对外转移、财产公证、应聘就职、司法诉讼、信用评价等。

（2）完税凭证的社会意义

为社会成员设计一张满足个性需求的完税凭证将成为一名专业税务师、税务律师、家庭理财师等的一项基本技能。因此，小小的完税凭证将成为第三方中介机构重点关注的对象。此外，银行等金融机构会根据完税凭证信息调整抵押贷款的比例，施行信用贷款模式；小业主也可凭借完税凭证申请信用贷款，解决小微企业贷款难问题。最后，完税凭证也是个人未来财富及社会地位的证明。

6.5.2 事后抽查

个人所得税的征税基于诚信原则，不进行事前审核。在个人所得税申报过程中，主要由纳税人及扣缴义务人提供主要资料，备案待查，税务机关将进行事后抽查，检查纳税人所提供的信息的准确性，有权对恶意虚假陈述进行惩罚，以确保税款准确足额地收取。税务局掌握大量的税务信息，可以以比较低的成本审核确认，并为纳税人提供足够的便利。

纳税人需要保留扣缴单位向本人提供的个人所得和已扣税款等信息。纳税人要对所提交信息的真实性、准确性、完整性负责。专项附加扣除信息发生变化，要及时向任职单位或者税务机关提供相关信息。要依据《税收征管法》的有关规定，仔细保管专项附加扣除有关资料凭证，自预扣预缴年度的次年起5年内留存备查，以便税务机关开展事后抽查时使用。

税务机关发现纳税人提供虚假信息的，应当责令改正并通知扣缴义务人；情节严重的，有关部门应当依法予以处理，纳入信用信息系统并实施联合惩戒。按照目前的失信联合惩戒机制，纳税人有可能未来在信贷、就业、创业、租房、租车、出入境等方面受影响。

此外，随着大数据以及云计算等技术与税务领域的深入融合，个人所得税相关信息将实现大数据管理，为对个人所得税由"事前管理"转变为"事后监管"奠定坚实的基础。

6.5.3 离境申报

根据我国的《国籍法》，个人一旦成为外籍人士，就必须放弃中国国籍，包括注销中国的户籍。

新《个人所得税法》规定中国籍个人在注销户籍时应当办理纳税申报，即在注销户籍前应当结算并清缴个人此前未完税的部分（如有）。如果在注销国籍前所有个税均已足额缴纳，则在离境申报环节并不会产生额外的税负。

①纳税人在注销户籍年度取得综合所得的，应当在注销户籍前，办理当年综合所得的汇算清缴，并报送"个人所得税年度自行纳税申报表"。尚未办理上一年度综合所得汇算清缴的，应当在办理注销户籍纳税申报时一并办理。

②纳税人在注销户籍年度取得经营所得的，应当在注销户籍前，办理当年经营所得的汇算清缴，并报送"个人所得税经营所得纳税申报表（B表）"。从两处以上取得经营所得的，还应当一并报送"个人所得税经营所得纳税申报表（C表）"。尚未办理上一年度经营所得汇算清缴的，应当在办理注销户籍纳税申报时一并办理。

③纳税人在注销户籍当年取得利息、股息、红利所得，财产租赁所得，财产转让所得和偶然所得的，应当在注销户籍前，申报当年上述所得的完税情况，并报送"个人所得税自行纳税申报表（A表）"。

④纳税人未缴或者少缴税款的，应当在注销户籍前，结清欠缴或未缴的税款。纳税人存在分期缴税且未缴纳完毕的，应当在注销户籍前，结清尚未缴纳的税款。

⑤纳税人办理注销户籍纳税申报时，需要办理专项附加扣除、依法确定的其他扣除的，应当向税务机关报送"个人所得税专项附加扣除信息表""商业健康保险税前扣除情况明细表""个人税收递延型商业养老保险税前扣除情况明细表"等。

知识链接

"离境申报"并非某些国家税法下的"弃籍税"（expatriation tax）。"弃籍税"一般指在个人放弃国籍或永久居住许可时，该个人将被视为将其名下所有资产进行了一次转让，需就增值部分缴纳所得税或资本利得税。

6.5.4 反避税管理

1. 一般反避税管理

新《个人所得税法》规定有下列情形之一的，税务机关有权按照合理方法进行纳税调整：

①个人与其关联方之间的业务往来不符合独立交易原则而减少本人或者其关联方应纳税额，且无正当理由；

②居民个人控制的，或者居民个人和居民企业共同控制的设立在实际税负明显偏低的国家（地区）的企业，无合理经营需要，对应当归属于居民个人的利润不作分配或者减少分配；

③个人通过实施其他不具有合理商业目的的安排获取不当税收利益。

这是首次在个人所得税中全面引入反避税条款，包括确立独立交易原则，增加受控外国企业的规定，以及明确税务机关对于其他不具有合理商业目的的安排有权进行调整的兜底条款（即一般反避税规则）。

受控外国企业规定，是指如果由居民个人控制的，设立在实际税负明显偏低的国家或地区的企业，无合理经营需求，对应当归属于居民个人的利润不作分配或者减少分配的，税务机关有权按照合理方法进行纳税调整，视同该企业对居民个人进行了分配并征收个人所得税。

这意味着中国居民个人直接或间接拥有的用来投资的传统离岸公司都将成为"受控外国企业"。如果这些离岸公司每年对中国居民个人股东分配利润，那么居民个人将要缴纳20%的个人所得税。

综合来看，反避税条款可能影响如下几个方面：①个人间接转让公司股权、不动产行为；②中国个人跨境并购行为；③设立离岸公司，把利润留在海外的行为，可能类比《企业所得税法》中的受控外国公司规则进行征税；④个人不按独立交易原则转让财产的行为，如零对价转让财产给海外受托人设立信托。

其中，反避税条款影响最大的是设立离岸信托，但目前从税法的角度来看，具体细则并不确定。不排除税务机关以交易重构的方式，对信托交易过程中的税收处理进行重新定性和调整，从而给税收征管带来巨大影响。对此，未来高净值客户在设国内外传承架构规划时要有前瞻性。

2. CRS

CRS（Common Reporting Standard），即共同申报准则，它是 2014 年 7 月经济合作与发展组织（OECD）发布的《金融账户涉税信息自动交换标准》（即 AEOI 标准）的内容之一，旨在打击跨境逃税及维护诚信的纳税税收体制，目前已有百余个国家和地区加入 CRS。

简单来说，CRS 就是参与国家和地区之间交换税务居民资料，以提升税收透明度和打击跨境逃税。CRS 对应的只是一个标准，各国将以本国法律法规的形式予以落实。

CRS 中被交换的涉税信息主要包括：海外机构账户类型——包括存款机构、托管机构、投资机构、特定的保险公司在内的金融机构；资产信息类型——存款账户、托管账户、现金值保险合约、年金合约、持有金融机构的股权/债券收益；账户内容——账户及账户余额、姓名以及出生日期（个人）、税收居住地（国别）、年度付至或记入该账户总额。

在中国，CRS 涉及两类税收居民：一是具有海外金融账户的中国税收居民。在中国境外拥有的符合 CRS 规定的金融资产，如存款、证券、投资型保险产品、投资基金、信托等，都有可能被视为当地的非居民金融账户而与中国税务局进行信息交换；二是金融资产在中国境内的非中国税收居民。常见的是身份在国外但金融资产在中国境内，如长期多年在国内工作、就业的海外人士，其账户信息将会被收集、报送、交换给其税收居民所在国。

CRS 落地之后，已经移民的中国人、海外有金融资产配置的人群、在海外持有壳公司投资理财的人群、在海外购买高额人寿保险的人群、已设立海外家族信托的人群、在境外设立公司从事国际贸易的人群将会受到影响。一旦其在境外开立的个人金融账户资产被披露，不仅面临巨额个人所得税补缴，在境外设立公司还将面临 25% 的企业所得税，合计税务总成本可能高达 40%。

第七章
税收筹划

7.1 税收筹划的概念及界定

7.1.1 税收筹划的概念

理论上，税收筹划是指纳税人在法律许可的范围内，合理安排生产经营活动，充分利用法律法规所提供的税收优惠，最大限度地降低企业税负。笔者认为，微观意义上的税收筹划，是指纳税人在实际发生税收负担之前，在符合法律法规规定的前提下，企业对筹资活动、投资活动、运营等事务进行合理安排，确保税法规定的适用于本企业的优惠政策都能被利用起来，从而最大限度地节约税收支出。

宏观意义上的税收筹划，是指经济实体在符合法律法规规定的前提下，为了节约纳税支出而对其经营活动和财务活动进行的合理调整和筹划。在供给侧改革深化阶段，政府部门强调在税源建设中要"放水养鱼"，所以对于合理的税收筹划，国家不但许可，而且积极推广并促其落实。这不仅可引导企业合理地降低税收负担，而且有助于提高企业的纳税意识，所以对税收政策的合理利用符合税法精神。

7.1.2 税收筹划的界定

从动机和结果两个角度来看，税收筹划（tax planning）与节税（tax saving）更相近，但和避税（tax avoidance）、逃税（tax evasion）有本质的区别。对于避税的解释，国际财政文献局认为避税是一种合法行为，是个人和企业发挥主观能动性，进行精心的设计，利用法律的漏洞和不足来达到少交税的目的，但通常含有贬义。葛家澍在《企业有效避税定式》中指出：避税是一种回避纳税义务的活动。其原因是税法的不完善。以上两种说法有一定的共同点：避税是一种没有违背法律的行为。但是就税收当局的意愿而言，避税是违背其意愿的。企业或者个人进行避税的手法大部分是利用"避税港"，即通过虚设场所或者关联企业进行收入、利润的转移。对于避税的行为，许多国家是不鼓励的，因为它反映了当局税收法律的漏洞，但较突出的避税行为也为法律的完善提出了建议，如可通过专门立法进行反避税。

避税与税收筹划的区别具体表现在以下三个方面：

一是概念不同。避税更侧重于规避税收这一本质要求，只要求形式、措施的合法，确切地说，是"不违法"；而税收筹划侧重于内容、形式、措施的合法和符合政府的立法意图，不允许对税法进行曲解。

二是是否符合立法精神不同。税收筹划符合税法的立法意图，符合政府的政策导向；而避税与政府的立法意图相悖。

三是手段不同。避税针对税法上的漏洞，钻法律的空子，通过巧妙安排经济行为，谋取一定的税收收益，但无助于企业的长期经营与发展，因为漏洞一旦被堵上，投资者可能会陷入困境，严重的还要承担被惩罚的风险；而税收筹划则着眼于总体的决策和长期的利益，谋取的收益也是合法正当的。

我们倡导广义的税收筹划行为，即企业既可以按照税收优惠、会计政策、资产重组等合法的方法减少其应纳所得税，也可以更激进地（aggressive）利用法律上的漏洞、含糊之处，在不违反法律的前提下安排经营投资活动，减轻税负。我国对避税行为有相应的反避税调查机制：如果税务机关没有发现经营活动中存在的问题，无论该企业行为是税收筹划还是避税，税务机关都会把该减轻税负的行为定性为税收筹划。只有当税务机关发现企业的行为存在避税嫌疑，立案并进行反避税调查，最后确认企业有避税行为时，才会把该企业的行为定性为避税，随后追缴税款和滞纳金。因此，本书的广义的税收筹划行为特指企业或个人通过一系列方法（有合法的，也有不合法的）减少应纳税所得额，降低应纳所得税，从而直观地呈现出实际税率已下降。

> 知识链接

税收筹划与木桶原理

木桶原理是由美国管理学家彼得提出的。该原理认为，由多块木板构成的水桶，其价值在于其盛水量的多少，但决定水桶盛水量多少的不是最长的木板，而是最短的木板。这就是说，任何一个组织可能面临着一个共同问题，即构成组织的各个部分往往是优劣不齐的，而劣势部分往往决定着整个组织的水平。

木桶原理启发我们对构成一个系统的各个要素进行统一思考。企业进行的税收筹划也是一项系统工程，必须从整体上考虑和设计，而不能只围绕一个税种进行。比如，流转税和所得税在计算时存在一定程度的交叉，企业所得税和个人所得税也存在交叉。此外，合法避税不仅仅是财务部门的事，还涉及许多职能部门，企业必须从整体角度看待合法避税。

木桶原理告诉我们，只有当组成木桶的木板都一样长时，这些木板才能发挥最大效能，这个木桶才会达到最大容量。如何才能处理好"长板"与"短板"的关系，使税收筹划在决策、实施、检验等各个环节都有序运转呢？税收筹划是一个系统的活动，纳税人要注意筹划方式，合理选择筹划技巧，扬长避短。在当前形势下，企业应保持住"长板"的优势，不断加强对税收筹划操作的研究、实践；还要从整体出发，注重薄弱环节，克服缺陷，突破"瓶颈"。与此同时，纳税人还要尽量避开"短板"劣势，取长补短，发挥自身优势，克服筹划漏洞。

7.2 避税的概念及界定

纳税人的避税，关键在"避"字，它不同于"偷"或"逃"，具有一定的合理性与合法性。合法避税，并不被认为是大的过错，法律上也无从追究。但"避"是一个微妙的字眼，如果把握不好尺度，一旦和"偷""逃"扯上关系，势必会引来牢狱之灾。

7.2.1 一般避税

1. 一般避税的概念

避税（tax avoidance）是指纳税人利用税法上的漏洞或税法允许的办法，在不违反税法规定的前提下，作出适当的财务安排或税收筹划，以期达到减轻或解除税负的目的。其后果是造成国家收入的直接损失，扩大了利用外资的代价，破坏了公平、合理的税收原则，使得一国以至于国与国之间的收入和分配发生变化、扭曲。

避税是对已有税法不完善及其特有缺陷所作的说明，它说明了现有税法的不健全。税务当局往往要根据避税显示出来的税法缺陷采取相应措施，对现有税法进行修改和纠正。所以，通过对避税问题的研究可以进一步完善国家税收制度，也有助于社会经济的进步和发展。

2. 一般避税的分类

避税可以分为中性避税与灰色避税。中性避税是指利用现行税制中的税法漏洞或缺陷，或者是利用税收政策在不同地区、不同时间的差异性特征，对经济活动的周密策划和安排，从而将应税行为转变为非税行为，将高税负业务转变为低税负业务的税收规避方式。例如，企业合理挂靠科研机构，享受进口设备、技术免征进口环节关税、增值税的行为，就属于中性避税。灰色避税是指通过改变经济活动的本来面目来达到少缴税款的目的的避税行为，或者是企业会计核算和纳税处理所反映的信息不符合经济事实。例如，业务招待费的转化及工资、薪金的税收筹划行为，即为此类。

3. 一般避税的产生原因

（1）利益的驱动。在利益驱动下，纳税人除在成本费用上做文章外，也在打税收的主意，以期达到利益的最大化。

（2）税收管辖权的选择和运用、税制要素、征税方法等方面存在差别，造成了税收的不公平，这给避税行为提供了便利的外在条件。

（3）税收法律、法规本身存在漏洞。基于纳税人定义的可变通性、课税对象金额的可调整性、税率的差别性以及各国家、地区、区域在税收上的优惠政策等，纳税人的主观避税愿望能够通过利用现有政策的不足之处得以实现。

（4）各国、各地区之间为了吸引外来投资，加快经济发展，以改善投资环境为由，出台优惠政策，牺牲税收利益，也在一定程度上为企业避税提供了便利条件。

因此，建议纳税人坚持合法避税，进行科学的税收筹划。唯有如此，才能既减轻纳税人的税收负担，增加纳税人的利益，又保障国家的税收利益。同时，合理避税更有助于保证政府和执法部门及时发现税法中存在的问题，进一步根据社会经济发展要求和税收征管实践健全税收立法，完善税制，建立一个健全的法治社会，推进我国的经济发展和社会进步。

7.2.2 合法避税

1. 合法避税的定义

合法避税是指纳税人在税法许可的范围内，通过不违法的手段对经营活动和财务活动精心安排，尽量满足税法条文所规定的条件，以达到减轻税收负担的目的，这也是纳税人进行的正常的税收筹划。当然，避税也不排除纳税人利用税法上的某些漏洞或含糊之处安排自己的经济活动，以减少自己所承担的纳税数额。

合法避税是企业合理组织经营活动的一项重要内容。恰当地履行纳税人的义务，通过合法避税提高企业财务管理水平和经营能力，使纳税成本最低化，这已经成为我国企业需要解决的问题。

企业合法避税的目标就是降低企业成本，提高经济效益，以取得企业经济利润最大化。企业合法避税的前提条件是按照《税收征收管理法》及其实施细则和具体税种的法规条例，按时足额缴纳税款。只有在此基础上，才能进行合法避税，才能将合法避税作为企业的权利，才能得到法律和社会的认可。

2. 合法避税的特征

随着时代的进步，以及国家税法的不断完善，纳税人进行合法避税的方式越来越多，合法避税的特征也越来越明显。概括而言，合法避税主要具有以下四个明显的特征：

（1）合法性

避税只能在法律许可的范围内进行，那些违反法律规定、逃避税收义务的行为，属于逃税行为。征纳关系是税收的基本关系，税收法律是处理征纳关系的基本准绳。纳税人要依法缴税，税务机关要依法征税，这是毫无疑问的。但是，在现实中，企业在遵守法律的情况下，常常也会存在多种纳税方案供其选择，企业可以选择税负较低的纳税方案，以增加其税后利润。

（2）规划性

避税必须进行事先规划和安排。在现实的经济生活中，纳税义务通常具有滞后性：在企业交易行为发生后，才产生流转税纳税义务；在纳税人收益确认或实现分配后，才缴纳所得税；在取得财产之后，才缴纳财产税。纳税义务的滞后性在客观上要求纳税人在纳税前必须进行合法筹划。另外，经营、投资和理财活动是多种多样的，税收政策则是有针对性的，纳税人和征税对象不同，税收待遇也往往不同，这就意味着纳税人可以选择税负较低的纳税方案。如果在经营活动已经发生，应纳税额已经确定的情况下谋划如何少缴税，那就不是税收筹划，而是偷税、逃税了。

（3）目的性

避税的目的是要取得"节税"的税收利益。这里有两层含义：一层含义是选择低税负，低税负就意味着低税收成本和高资本回收率；另一层含义是滞延纳税时间（有别于违反税法规定的欠税行为），纳税期限的推后，可能会减轻税收负担（如避免高边际税率），也可能会降低资本成本（如减少利息支出）。不管哪一种，其结果都是税收支付额的节约，即实现节税效应。

（4）综合性

由于多种税基具有相互关联性，某税种税基的缩减同时会引起其他税种税基增大，或在某一个纳税期限内不缴，而在另一个或几个纳税期内多缴。因此，合法避税还要综合考虑多个税种的相互关联性，要着眼于纳税人整体税负的减轻，而不能只注重个别税收负担的降低。

3. 合法避税的原则

（1）合法或不违法原则

纳税人要合法避税，应该以现行税法及相关法律、国际惯例等为法律依据，要在熟知税法的前提下，利用税制构成要素的税负弹性进行合法避税，选择最优的纳税方案。合法避税的最基本原则或最基本特征是符合税法或者不违反税法，这是合法避税区别于偷税、逃税、欠税、抗税、骗税的关键。

（2）保护性原则

由于我国大部分税种的税率以及征收率是不统一的，有的税种还有不同的扣除率、退税率等，因此，纳税人要避免多缴税，就需要综合性考虑保护措施。比如，纳税人兼营不同税率的货物、劳务，在出口货物时，若同时经营应税与免税货物，就需要按不同税率（退税率）分别设置账户、分开核算；在有混合销售行为时，注意掌握计税原则。另外，由于增值税实行专用发票抵扣制，依法取得并认真审核、妥善保管专用发票是至关重要的。对纳税人来说，这些都是保护性措施。否则，不但不能减轻税负，还可能会加重税负。

（3）实效性原则

时效性原则体现在充分利用资金的时间价值上，如销售（营业）收入的确认、准予扣除项目的确认、增值税进项税额的确认与抵扣时间、销售与销项税额的确认时间、出口退税申报时间、减免税期限等，都有时效性的问题。再比如，程序性税法与实体性税法如有变动，遵循的"程序从新、实体从旧"原则也涉及时效性问题。

（4）整体综合性原则

在进行某一税种的合法避税时，还要考虑与之有关的其他税种的税负效应，着眼于纳税人整体税负的轻重，进行整体筹划，综合衡量，以求整体税负最轻、长期税负最轻，防止顾此失彼、前轻后重。

（5）成本效益原则

合法避税的初衷是降低财务成本，实现利润最大化。在纳税筹划的过程中，如果一项纳税方案的取得成本及方案实施成本超过其所带来的经济效益，便违背了合法避税的初衷，这样的方案应不予采纳。

7.3 逃税的概念与界定

7.3.1 逃税的概念及其常用方式

逃税是指纳税人故意不遵守税法规定，不履行纳税义务的行为。逃税罪是指纳税人采取欺骗、隐瞒手段进行虚假纳税申报或者不申报，逃避缴纳税款数额较大的行为。

广义的逃税应包括偷税和抗税。后者是被列入刑事犯罪范畴的，世界各国已经明确规定，逃税在税收违法行为中属于比较严重的行为。我国《刑法》规定，纳税人采取欺骗、隐瞒手段进行虚假纳税申报或者不申报，逃避缴纳税款数额较大并且占应纳税额10%以上的，处3年以下有期徒刑或者拘役，并处罚金；数额巨大并且占应纳税额30%以上的，处3年以上7年以下有期徒刑，并处罚金。

逃税与避税的不同之处在于，逃税是一种具备主观故意要件的必然违法的行为，经常和"欺诈"联系在一起。因此，对由于过失或者由于逃税以外的故意而导致的少缴或者不缴税款的行为不宜作为逃税予以处罚。

偷逃税常用方式主要有以下四种：

1. 多行开户，隐瞒收入

有些纳税人拥有多个银行的账户并同时使用，却只向税务机关提供其中的一个账户，将大量的实际收入隐瞒起来。在实际使用过程中，非公开账户的银行票据全部销毁，既不留存根也不留银行兑单，因此税务稽查很难发现。

2. 虚假纳税申报

如实进行纳税申报是依法纳税的前提，纳税人须在法定时间内办理申报，报送纳税申报表、财务会计报表以及税务机关要求的其他纳税资料。在实际工作中，纳税人常常通过对企业的生产规模、收入状况等内容作虚假申报，以达到偷逃税的目的。

3. 私设小金库，建立账外账

某些企业可能具有两个或两个以上的账本，一本反映实际经营状况，另一本则通过各种手段在账目上制造亏损，以达到少缴税款的目的。

4. 伪造企业性质

个别企业为获取减免税的优惠以达到偷税的目的，将自己伪造成福利企业、校办工厂、高新技术企业等，骗取国家的退税和减免税政策福利。

案例

李明在市区租了一套房子，租金2000元一个月，李明的单位可以提供一年的房补。当李明提出要求开具3600元的发票，并且保证税金会由自己承担时，房东不同意开具。究其原因，房东说他不愿意进入税务管理系统。据说只要有过一次租房记录，就会有税务稽查人员检查房屋的出租情况，以核实房东是否偷税漏税。并说如果李明执意要发票就要李明搬走，房租全部退给李明。

以上案例即典型的个人逃税行为。出租房屋不纳税是个人偷漏税的常见情况，由于我国财产登记制度不完善，对于居民资金的监管不到位，对于个人出租房屋这类私人交易，国家很难察觉到。随着我国个税改革，租金被纳入个人所得税的专项附加扣除项目，因此，个人之间的租房行为将越来越清晰地暴露在阳光下，从而矫正出租房屋市场中的偷漏税行为。

案例

2018年10月3日，从国家税务总局以及江苏省税务局获悉，2018年6月初，群众举报某知名明星"阴阳合同"涉税问题后，国家税务总局高度重视，即责成江苏等地税务机关依法开展调查核实，目前案件事实已经查清。从调查核实情况看，某知名明星在电影《大轰炸》剧组拍摄过程中实际取得片酬3000万元，其中1000万元已经申报纳税，其余2000万元以拆分合同方式偷逃个人所得税618万元，少缴营业税及附加112万元，合计730万元。

此外，还查出某知名明星及其担任法定代表人的企业少缴税款 2.48 亿元，其中偷逃税款 1.34 亿元。

以上案例为典型的明星"阴阳合同"事件，即影视明星被爆疑似以收入一高一低的两份合同偷逃税款。综合中国合同法及税法相关规定，"阴阳合同"是区别于通过税收筹划合理避税的违法行为。

7.3.2 逃税原因

1. 个人所得税反避税规则体系的缺位

我国对税收体系的相关特别纳税调整起步较晚，由于历史的特殊性以及国情和技术的局限性，近些年来正在慢慢完善关于企业所得税的特别纳税调整，把企业所得税的反避税体系作为重点内容。近年来加入 CRS 以及 BEPS 防止税基侵蚀和利润转移行动计划，均体现了我国对企业所得税的反避税规则完善的重视。由于技术以及实际情况的局限，从个人所得税和企业所得税占所得税比重的分量来看，始终是企业所得税占主体地位，导致我国并没有将重心放在个人所得税的反避税规则制定上，造成了我国大多数高净值人群对个人所得税的避税手段应用极为普遍，并且税务部门即使有足够的理由认为个人有逃避税行为，也无法根据现有的法律法规进行核查及追缴税款。

除此之外，稽查工作也尚未建立起一套完整、科学的体系。税务稽查的户数和实际纳税户相比，可能都不到 1%，很多案件都可能被漏查。而且稽查是不能随便进户的，一般通过上级交办、计算机选案和群众举报实施。作为打击偷逃税行为的重要手段，税务稽查的日常覆盖面还远远不够。

2. 收入信息不透明，贫富纳税差异大

我国属于世界人口大国，限于基数太大的人口管理本身的成本问题，对于我国个人的相关财产信息，税务部门一直不能完整系统地稽查到。对于个人财产的转让，产权登记中心也没有义务向税务机关进行报送，导致各个部门之间的信息不能共享。加之大量的现金交易，既没有记录，又无合同，税务部门根本无法清晰地掌握个人财产的流动及交易，并且我国纳税个人并没有像国外一样拥有唯一的自然人纳税代码,这就导致了业务与个人之间相互混淆,给税收征管带来了极大的难度。企业经营一般存在公司账户转账记录及相关会计账簿,若企业进行私下交易,则增值税的进项无法抵扣,交易公司也无法抵扣增值税,对企业的业务查询至少有迹可循,但对于个人而言,除了工资、薪金相对比较明确,转让产权等包含所有权证书的资产能通过相关产权部门确定外,对于其他收入,特别是服务交易,税务部门完全不能稽查到,因此,自然人相关收入的交易信息不透明对于个人所得税反避税规则体系的建立也是一大障碍。

3. 税收相关法规层次太低

目前,我国除了企业所得税、车船税、关税等一些税种由人大立法以外,其他税种均未通过人大立法,对于税法的相关解释以及公告均由国家税务总局及财政部发布,导致行政裁量权过大,不利于税收立法的公正性,并且容易造成税收部门在反避税方面滥用权力,影响税收本身对收入分配的调节功能。除此之外,其法律层次较低在一定程度上也会影响税法在公民心中的地位,使公民产生税收法制在整个法律体系中层次较低的感觉,从而影响公民的纳税遵从度。

4. 国家税收执法的缺陷

尽管已有一些法律存在,偷逃税现象还是比较严重。虽然《税收征收管理法》对偷税行为规定了相关处罚措施,但税务机关在执行上依旧不能按照法律严格执法,导致偷逃税行为在大多数情况下没有付出相应的代价,使大多数纳税人对税法没有严肃的敬畏感。

7.4 个人所得税筹划原理与方法

要实现税后利润最大化,纳税人往往要进行详细的税收筹划,这也是国家鼓励的。同时税收筹划对企业自身的发展,对社会的影响也是积极正面的。而税收筹划大都需要税前筹划,通过利用我国税法上的一些优惠政策、漏洞及不足来进行会计处理,从而达到减少税款的目的。

7.4.1 税收筹划的原理

企业税收筹划有很多具体操作方法，但这些方法大都是在以下五大原理的指导下进行的。

1. 价格平台原理

价格平台原理是指纳税人利用市场经济中经济主体的自由定价权，以价格的上下浮动作为税收筹划的操作空间而形成的一个范畴，其核心内容是转让定价。转让定价，是指在经济活动中，有经济联系的企业各方为均摊利润或转移利润而在产品交换或买卖过程中，不是依照市场买卖规则和市场价格进行交易，而是根据他们之间的共同利益，或为了最大限度地维护他们之间的收入，进行的产品或非产品转让。在这种转让中，凡是由业务关系决定价格的行为，多半是以少纳税为目的的交易。

2. 优惠平台原理

优惠平台原理，是指纳税人进行的税收筹划是凭借国家税法规定的相关优惠政策形成的一种操作空间。它在日常经济生活中被纳税人广泛地运用。利用税收优惠政策进行的税收筹划，是伴随着国家税收优惠政策的出台而产生的。

3. 规避平台原理

规避平台原理是建立在临界点基础上的，故而其税收筹划目标也便集中指向这些临界点。在我国税制中，税点分级有临界点，优惠分级等也有临界点。所以，规避平台的对象较多，应用也比较普遍。规避平台有其存在的合理性，也更具公开性。规避平台中的临界点是立法者意图的体现。要平衡税负，提高效率，促进国民经济发展，没有差别待遇不行，没有临界点的界定将使经济秩序紊乱不堪。

4. 弹性平台原理

弹性平台原理，是指利用税法中税率的幅度来达到减轻税负效果的筹划行为。因为税收讲究公平与效率两大原则，不同的客观情况要求不同的税收政策，而税率正是体现税收调节政策的核心。税率幅度的存在为弹性平台提供了法律许可的依据。弹性平台筹划在实务中还可以分为两种幅度：一是优惠鼓励方面的幅度，如优惠税率的幅度、减税额的幅度和扣除额的幅度等，这些在我国税制中普遍存在；二是惩罚限制方面的幅度，如加成比例、处罚款项等，此种幅度对于将损失减到最少的税收筹划具有重大意义。

5. 空白平台原理

空白平台原理是税收筹划中新兴的研究领域，是指利用税法空白范畴而进行的一种税收筹划的操作空间。众所周知，中国现行税制共有18个税种，其中以增值税为主、消费税配合的流转税在我国税制中占有举足轻重的地位。相对而言，由于所得税的计税依据较以前更确定，其立法、执法更接近实际情况，所以，流转税应该是空白平台原理的筹划重点。其他税种由于规模相对较小，税基较窄，故而可供利用的空白平台并不太多。

7.4.2 税收筹划的方法

1. 分清收入构成

首先，认定收入性质。例如，综合所得和财产性所得由于收入性质不同，计税政策也不同。其次，注意收入的发放时间。如发放月度奖和年终一次性奖金，就存在计税时间的差异。最后，要注意区分需要缴纳个税的收入和不需要缴纳个税的收入。

2. 准确把握扣减项目

除基本养老保险、基本医疗保险、基本生育保险、住房公积金不征收个税外，其他保险也是实现个税筹划的重要手段。比如，个人在规定范围内购买的符合规定的商业健康保险支出，应在当月或当年计算应纳税所得额时予以税前扣除。

3. 契约变化

经济契约关系、合同模式的改变，一般会引起税收的变化。这一原理证明了合同条款的重要性。例如，股东借款，根据《财政部　国家税务总局关于规范个人投资者个人所得税征收管理的通知》（财税〔2003〕158号）的规定，纳税年度内个人投资者从其投资的企业（个人独资企业、合伙企业除外）借款，在该纳税年度终了后既不归还，又未用于企业生产经营的，其未归还的借款可视为企业对个人投资者的红利分配，依照"利息、股息、红利所得"项目计征个人所得税。

但是如果采用合理的筹划手段，则可以减轻税负。如对董事长的个人借款，让其在次年筹备周转资金时还上，然后在下一个年度再通过签订借款合同借出该笔款项。这种处理模式，要求董事长每年都要签订借款协议，使借款期限控制在1个纳税年度。此外，还可以采用更换借款人的方法，在借款时就转变当事人（契约方），让董事长的朋友（非股东身份）办理个人借款，从而摆脱上述政策的约束，即使借款超过一个纳税年度也不用缴纳任何税款。

4. 利用公益捐赠支出

个人将其所得通过中国境内的社会团体、国家机关向教育和其他社会公益事业以及遭受严重自然灾害地区、贫困地区的捐赠，金额未超过纳税人申报的应纳税所得额30%的部分，可以从其应纳税所得额中扣除。

5. 取得合规发票

凡是以现金形式发放各种补贴（通信补贴、交通费补贴、误餐补贴）的，视为工资、薪金所得，计算缴纳个人所得税。

凡是根据经济业务发生并取得合法发票实报实销的，属于企业正常经营费用，不需要缴纳个人所得税。

税收筹划的方式有许多，以上只列举了较为常见的几种。税收筹划不同于偷税、逃税，它不是对法律的违背和践踏，而是以尊重税法、遵守税法为前提，以对法律和税收的详尽理解、分析和研究为基础，是对现有税法的优惠政策的合理利用。对纳税人来说，理解、分析和研究合法避税并不断进行实践，不仅可以直接给纳税人带来经济利益和货币收入，使他们创造的商品价值和商业利润有更多的部分合法留归纳税人自己，而且能够帮助纳税人正确树立法制观念和依法纳税意识，从而提高纳税人的素质。

案例

某人获10000元的劳务报酬，将其中的2000元捐给民政部门用于救灾，将1000元直接捐给受灾者个人，那么，此人应缴纳多少个人所得税呢？

捐给民政部门用于救灾的 2000 元，属于《个人所得税法》规定的捐赠范围，而且捐赠金额未超过其应纳税所得额的 30%：

捐赠扣除限额 =10000×（1-20%）×30% =2400（元）

实际捐赠 2000 元，可以在计税时，从其应纳税所得额中全部扣除。

直接捐赠给受灾者个人的 1000 元，不符合《个人所得税法》的规定，不得从其应纳税所得额中扣除。根据规定，劳务报酬一次性收入超过 4000 元的，其应纳税所得额和应纳个人所得税如下：

应纳税所得额 = 每次收入额 ×（1-20%）

应纳个人所得税 =（应纳税所得额 - 允许扣除的实际捐赠额）×20%

根据上式计算，该人应纳个人所得税如下：

[10000×（1-20%）-2000]×20% =1200（元）

7.5 个人所得税筹划案例

7.5.1 个人综合所得的税收筹划典型案例

张先生一家位于某市。张先生已结婚生子，育有两个孩子，均就读于两所全日制本科大学。张先生还有一位姐姐，姐弟两人均在工作。张先生父母均健在，老人已经年满 70 周岁，且都在老家安享晚年。新《个人所得税法》实施后，张先生想通过学习相关税法的内容进行一定空间的筹划来降低家庭负担。张先生的主业为一家公司的财务经理，年薪 25 万元，家中拥有一辆代步车。因张先生业余时间爱好山水画，经常在空闲时间自己创作，也会有出售一些定制精品画作赚取劳务报酬。张先生妻子因以前专心教育孩子，待两个孩子读大学后才开始工作，因此月薪 4000 元。2019 年，张先生因为工作表现突出，公司给予年终奖 4 万元，当年通过出售定制精品山水画取得劳务报酬总计 4.2 万元，代步车一年租金需要 5 万元。张先生一家除上述收入外无其他相关收入来源，请问张先生一家应该怎样筹划才能使他们所缴纳的个人所得税尽量少呢？

筹划思路：如果张先生不做任何筹划进行年终申报纳税，则张先生的劳务报酬所得应与工资、薪金所得合并按综合所得进行申报纳税，张先生的年终奖单独计税，子女教育专项附加扣除和妻子平均分摊扣除，赡养老人的专项附加扣除和姐姐平摊扣除，则张先生会多缴纳很多没有必要的税款。对于张先生一家的筹划可以分为以下几点：

首先，对于工资薪金的筹划，张先生年薪25万元，扣除基本费用和专项附加扣除后依旧适用20%的个人所得税税率，税负相对较高，因此，张先生可以将自己家中的代步车转租给公司，然后由公司分配给张先生使用，使得张先生的5万元工资、薪金转化为租车收入，适用比例税率，这样一来，张先生的工资、薪金收入降低，但是这并不足以使张先生的工资、薪金适用于更低一层级的税率。

其次，对于年终奖的筹划，张先生收到4万元年终奖，根据本书所提到的年终奖陷阱，我们可以了解到，在2019年和2020年这两年，纳税人可以自行选择是否将年终奖并入综合所得征收。此案例中，显然不应该并入综合所得征收，但是在年终奖超过3.6万元时税率将从3%提升到10%，会大大增加张先生的税负，因此张先生可以通过和公司协商，将剩下的4000元延迟到明年发放，这样张先生的年终奖只需要按照3%的税率缴纳个人所得税。

再次，对于专项附加扣除的筹划，因为张先生姐姐也在工作，自然也会对赡养老人申请专项附加扣除，因此张先生只能和姐姐平均分摊赡养老人费用。但是在子女教育的专项附加扣除上，因张先生的妻子工资、薪金并未达到5000元，并不需要缴纳个人所得税，因此也不需要专项附加扣除费用，所以可以将两个孩子的子女教育专项附加扣除全部由张先生一个人来进行申报，以减少张先生的应纳税所得额。

最后，对于劳务报酬的筹划，如果将张先生的劳务报酬与工资、薪金合并征收，无论张先生对于工资、薪金怎样筹划，都无法将张先生适用的20%税率降低到10%的税率。因此，对于劳务报酬的筹划至关重要。在此我们提供两个思路：第一，因为张先生的妻子月薪4000元，并未达到我国规定的基本扣除费用的上限，即全年张先生的妻子还有高达 1.2 万元的免税额度。因此，张先生可以在签订劳务报酬时，让妻子和他一起领取此项劳务报酬收入，并且计算好妻子正好获得 1.2 万元劳务报酬收入。在年终汇算清缴时，张先生的妻子依旧不会交税，并且会退还之前的个税预缴税额，张先生扣除掉 1.2 万元劳务报酬之后，再加上之前的工资、薪金筹划和专项附加扣除筹划，可以将综合所得适用的 20% 税率降低为 10%，从而达到减轻生活负担的效果。第二，张先生可以通过变换收入项目的形式，将劳务报酬所得变成经营所得，避免其加入综合所得，提升综合所得税率。所以，张先生可以建立一个山水画工作室，将劳务报酬所得转化为经营所得，从而降低综合所得的适用税率，并且这部分劳务报酬所得适用的经营所得税率也较低，但是适用的是 10%。因为张先生的劳务报酬所得已经超过 3 万元，因此如果想要进一步降低经营所得的税负，可以按照第一种方法，将劳务报酬合同变成由张先生的工作室和张先生的妻子签订，将 1.2 万元变为妻子劳务报酬所得，剩下 3 万元为张先生工作室的收入，适用 3% 的税率，这样可以最大限度地减少张先生一家的税收负担，提高张先生一家的生活水平。

7.5.2 某知名明星个人所得税筹划与避税方式

1. 设立个人独资工作室

因明星职业的特殊性，加之娱乐产业的畸形发展，我国目前知名明星的片酬收入动辄千万元，在劳务报酬所得中适用最高税率，即 40%。而在个体工商户及独资合伙企业的累进税率中最高税率为 35%。个人独资企业属于合伙企业范畴，故而依旧缴纳个人所得税。单纯的劳务报酬所得就其所有收入扣除一定比例费用后纳税，个人独资工作室首先在税率上已经有效降低了 5 个百分点的税负。不仅如此，成立个人独资工作室还可以将发生的合理相关费用依法在税前进行扣除，进一步降低个人所得税税负。[①]

---

① 根据《个人所得税法》和《个人所得税法实施条例》的规定，以某知名明星被爆料的 4 天收 6000 万元片酬为例，如果全部按照个人所得税中劳务报酬类别来计算，6000 万元的片酬属于极高收入，实行 40% 税率的加成征收，再减去速算扣除数，她大约需缴纳 2399 万元的税收。

另外，某知名明星设立的无锡某某佳艺文化工作室享有影视行业特殊税收优惠政策，不仅会有一些专项资金补贴，而且对于认定成功的影视业工作室采用核定征收法，即无锡税务局对于某知名明星的个人独资工作室不采用查账征收，而是采用总收入乘以征收率的形式加以征收，最低的个人所得税率只有3.5%。

2. 充分利用税收洼地

此案牵扯的税收洼地主要有两个，这两个税收洼地也是主要针对影视娱乐业的，分别为无锡和霍尔果斯。为什么下达的行政处罚决定中没有这两个地方的责任，而最后下达的对无锡税务局部分人员的问责也是由于他们的职责失当，并非由于税收洼地所产生的非法避税手段？这缘于我国特殊的国情。

我国幅员辽阔，地区之间会存在发展差异，有些地区为了招商引资，常常会对一些特定行业的企业给予一些税收优惠。我国对于各个中央管辖的税种税率以及征收管理都有明确规定，地方不能改变。在收入税款之后，地方拿到税款分成后再以其中一部分作为专项资金或者补贴返还给纳税人，从而产生降低税负的效果。其他的方式就是比较灵活地运用一些征管的规定或者实实在在存在相关税收优惠政策，从而使纳税人少缴税款。

上面提到无锡税务局对某知名明星在无锡开设的个人工作室采用核定征收办法直接以收入乘以征收率计算纳税人应缴纳税款，大大降低了高收入明星的税负，避免了大部分明星适用45%或者35%的个人所得税税率。不仅如此，在无锡设立的相关影视企业还会获得政府以及产业资金的大量补贴，其中，财政返还政策如下：

表7-1 无锡产业园财政返还表

	第一年—第三年	第四年—第五年
园区企业、工作室	返还增值税所得税市级政府留成的80%	返还增值税所得税市级政府留成的50%

除了财政返还以外，还包含大量园区内租金减免、重点项目补贴、知名企业及工作室认证奖励以及其他形式的补贴及奖金返还，单从某知名明星个人所得税税率从45%到设立工作室以核定征收3%的征收率纳税，到前3年

政府的80%返还，已经抵销掉某知名明星的绝大部分税负，税收优惠力度之大，令人咂舌。

另外，霍尔果斯也存在着不亚于无锡的税收优惠政策。2011年国家"一带一路"倡议实施之后，霍尔果斯被列为新的经济特区，财政部与国家税务总局联合下发通知，对相关企业实行"五减五免"的税收优惠。

根据公开资料，在霍尔果斯注册的企业享有以下优惠政策：

（1）新注册公司享受5年内企业所得税全免。五年后地方留存的40%（企业所得税中央和地方按60%：40%分）将以"以奖代免"的方式返还给企业。等于是地方留存部分全免，时间也是5年。

（2）增值税（中央和地方共享税收，最后按50%：50%分）及其他附加税（100%地方留存）总额地方留存部分（即50%的增值税和100%的附加税）年缴纳满100万元开始按比例奖励，一般奖励15%—50%。

表7-2 霍尔果斯增值税及其他附加税奖励比例

地方留存税收总额	返回比例
100万元—300万元	15%
300万元—500万元	20%
500万元—1000万元	25%
1000万元—2000万元	30%
2000万元—5000万元	35%
5000万元—1亿元	45%
1亿元以上	50%

（3）企业员工的个人所得税满1000万元开始返还地方留存部分（个税地方分40%，中央分60%）的70%，2000万元—4000万元返还地方留存部分的80%，4000万元以上返还地方留存部分的90%。

（4）信息科技类企业固定资产投资总额5000万元以上的，给予50元/㎡补贴。

（5）高新技术产业投入设备成本，返还总投入1%财政补贴。

（6）总部经济类企业最高享500万元办公用房补贴。

3. 通过特殊股权构架、身兼多职分散收入

众所周知，在《个人所得税法》第七次修订之前，个人所得采取分类征收模式，分别按照收入的性质进行分类。对于收入畸高的纳税人，最常见的避税方法就是分散收入分别纳税，降低自身税负。目前，有些知名明星就是采取这种方法，如某知名明星名下有多家公司，其投资关系如图7-1所示。

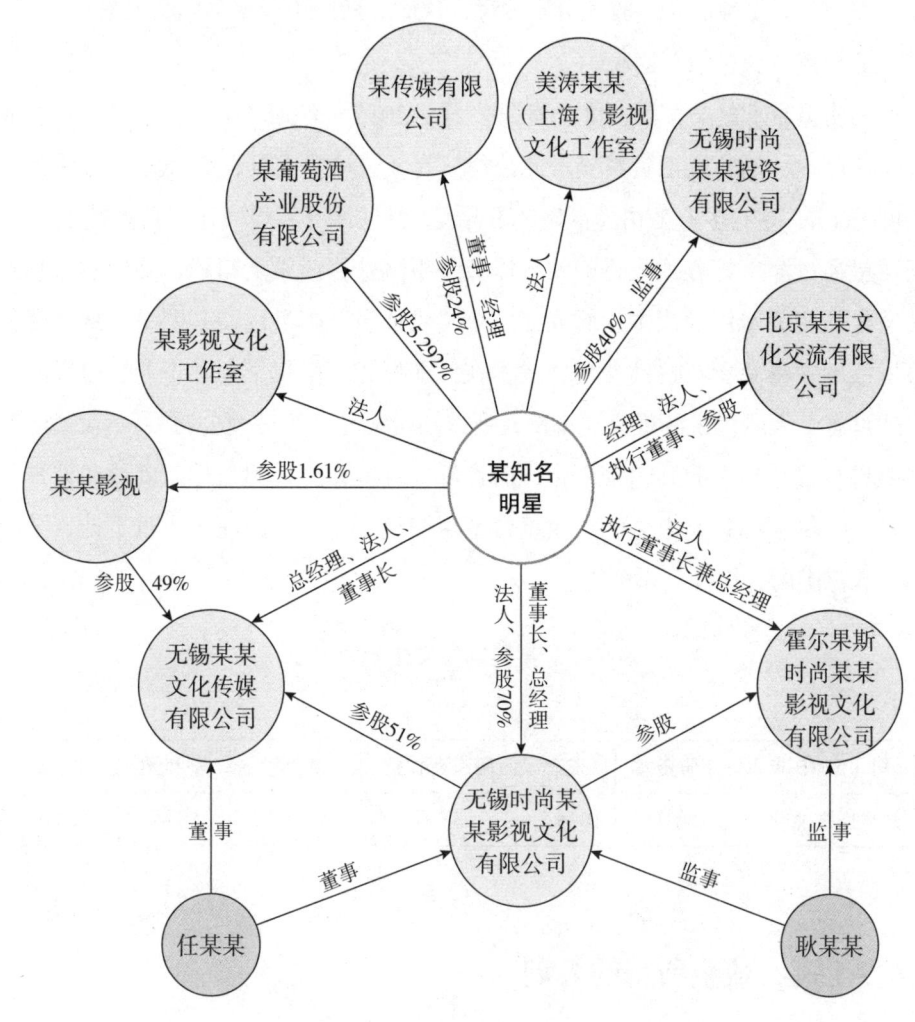

图7-1 某明星资本投资关系图

某明星拥有如此多的公司，其中不只有影视文化公司，甚至包括投资公司、酿酒公司，可见某明星并不单纯是一位演员，更是一位商业帝国的缔造者。如此庞大的商业帝国，可见某明星的能力之大。对于合理避税来说，建立那么多公司的好处，就是可以大量分散自身收入，使收入按照不同的类别分别纳税，从而降低所适用的税率，以达到减少缴纳税款的效果。例如，某明星与一家合作方签订合同，其把总收入分为几部分，由自己名下的公司分别签订阶段性合同，作为不同次数的劳务收入分别纳税，从而降低适用税率和应纳税款。

4. 利用"壳公司"避税

某明星旗下的某某影视文化有限公司于2015年注册成立，公司相关情况如表7-3所示，工商登记资料显示此公司只有3名从业人员，那么此公司在2015年度发生的3000多万公司成本显然不合理，其他原因不得而知，但就避税而言，某明星通过演出等方式获得的收入以劳务报酬计算应纳所得税，其间不得扣除其发生的相关费用及成本，而成立一个"壳公司"则可以使某明星在从事劳务报酬活动中将其所花费的费用和成本在税前抵扣，不仅如此，企业所得税的税率远没有个人所得税的最高税率高，所以通过成立一个"壳公司"，不仅可以使某明星日常活动中的开销费用化，而且可以直接通过公司账户与其他各方进行交易，所得利润只要未分配某明星就不用交税。另外，此项收入也不计入某明星收入范围内，堪称一举多得。

表 7-3 某某影视文化公司信息

单元：元

公司（2015年）	注册资本	资产	所有者权益	销售额	净利润	负债
某某影视文化	300万	1036万	53万	3468万	53万	983万

7.6 工资、薪金所得的筹划

在日常生活中，常常听到有人抱怨说拿到了一笔外快，但在扣税后，就感觉少了一大笔钱。因此，如何对个人所得税进行税收筹划，怎样合理避税、节税就成了不少市民关心的话题之一。

之前我国的《个人所得税法》将个人的11项所得作为课税对象，如工资、薪金所得，个体户生产、经营所得，承包经营、承租经营所得，劳务报酬所得，稿酬所得，特许权使用费所得，利息、股息、红利所得，财产租赁所得，财产转让所得，偶然所得，其他所得等。对于这些项目，分别规定了不同的费用扣除标准，适用不同的税率和不同的计税方法。2018年对我国《个人所得税法》实行了重大改革，将我国个人所得税中的工资、薪金所得，劳务报酬所得，稿酬所得，特许权使用费所得，以及其他所得合并征收，这五项不再实行之前的分类征收，也不再按月进行个人所得税计算，而按年综合申报清缴。此次改革对社会影响颇大，关系每个人的点滴生活。工资、薪金所得税涉及面广、占税收比例大，特别是在减税降费的大环境下，如何根据《个人所得税法》的要求，选择最佳的节税方案，是广大企业和职工，尤其是工薪族最关心的事情。

7.6.1 收入福利化

企业一味地增加员工的现金收入，从税收的角度来看并不完全可取。企业可以通过提高员工的福利水平降低其名义工资，通过减少员工的税金支出，达到增加实际收入的目的。常用的方法有以下四种：

一是为员工提供交通设施。员工上下班一般都要花费一定的交通费，企业可以通过提供免费的接送服务，或者将单位的车租给员工使用，再相应地从员工的工资中扣除部分予以调整。对企业来讲，当职工支付的税金影响其消费水平时，就要考虑采取加薪措施，增薪必然会引起税收变化，反而会导致企业支付量的扩大。因此，由企业承担部分费用的做法，往往会使职工、企业双方受益。

二是为员工提供免费工作餐。企业为员工提供免费的工作餐，必须具有不可变现性，即不可转让，不能兑换现金。

三是为员工提供培训机会。随着知识更新速度的加快，参加各种培训已经成为个人获取知识的重要途径。如果企业每年给予员工一定费用额度的培训机会，职工在考虑个人的报酬总额时，一般也会把这些考虑进去。这样职工也可以在一定程度上减少税收负担。

四是为职工提供旅游机会。随着人民生活水平的提高，旅游开支已经成为许多家庭必不可少的支出项目。个人支付的旅游支出同样不能抵减个人所得税。但是企业在制定年度员工福利计划时，可以给部分员工及其家属提供一次旅游机会，而把相应的费用从原打算支付给职工的货币工资及奖励中扣除，使员工在维持同等消费水平的基础上，减少了个人所得税的税金支出。当然，企业支付的职工旅游费用不能在税前扣除，可以考虑从工会会费、公益金中支出。

7.6.2 变换应税项目

1. 住房公积金

根据《关于基本养老保险费、基本医疗保险费、失业保险费住房公积金有关个人所得税政策的通知》（财税〔2006〕10号）的规定，单位和个人分别在不超过职工本人上一年度月平均工资12%的幅度内，其实际缴存的住房公积金，允许在个人应纳税所得额中扣除。单位和职工个人缴存住房公积金的月平均工资不得超过职工工作地所在设区城市上一年度职工月平均工资的3倍。单位和个人超过上述规定比例和标准缴付的住房公积金，应将超过部分并入个人当期的工资、薪金收入，计征个人所得税。

案例

某公司所在市在2019年度在岗职工年平均工资为81034元，折算为在岗职工月平均工资为6753元，也就是说，A公司提高张某住房公积金缴费基数至20259元，则全年可以税前扣除金额为29173元（20259×12%×12）。

若公司每月为张某交的住房公积金为2000元，而住房公积金的免税限额标准为29173÷12=2431（元），则张某可以追加补交431元住房公积金，此431元是不需要缴纳个人所得税的,并且很有可能会降低自己原先薪资所适用的个人所得税税率,从而达到良好的避税效果。

案例解读:A公司提高张某年金缴费基数至20259元,则在税前免税扣除金额为9724.32元(20259×4%×12)。

2. 企业年金

企业年金、职业年金递延纳税,也属于一种税收优惠。递延纳税是指在年金缴费环节和年金基金投资收益环节暂不征收个人所得税,将纳税义务递延到个人实际领取年金的环节。根据《财政部、人力资源社会保障部、国家税务总局关于企业年金、职业年金个人所得税有关问题的通知》(财税〔2013〕103号)规定,个人根据国家有关政策规定缴付的年金个人缴费部分,在不超过本人缴费工资计税基数的4%标准内的部分,暂从个人当期的应纳税所得额中扣除;在年金基金投资环节,企业年金或职业年金基金投资运营收益分配计入个人账户时,暂不征收个人所得税;在年金领取环节,个人达到国家规定的退休年龄领取的企业年金或职业年金,按照"工资、薪金所得"项目适用的税率,计征个人所得税。

案例

福州市某公司员工林某2019年1月工资为10000元,若按2%缴付企业年金200元,则只能扣除200元;若按4%缴付企业年金400元,均可税前扣除;若按5%缴付企业年金500元,则只允许扣除400元(根据财税〔2013〕103号规定,个人根据国家有关政策规定缴付的年金个人缴费部分,在不超过本人缴费工资计税基数的4%标准内的部分,暂从个人当期的应纳税所得额中扣除),超出的100元须并入当年综合所得缴税。林某2019年2月工资为15000元,若其按2%缴付企业年金300元,均可税前扣除;若按4%缴付企业年金600元,由于允许扣除金额最高为480.89元,超出的119.11元须并入全年工资、薪金所得缴税。

在此情况下,只有按照年金免税限额进行缴纳方能达到年金递延纳税效果的最大化。

案例

某市2018年度在岗职工年平均工资为59010元，年金个人缴费的税前扣除限额为590元（59010÷12×3×4%），市税务局将根据市统计公报数据每年调整扣除限额标准。

（1）A先生2019年5月工资为8000元，假设企业年金缴费工资计税基数为8000元，若其按4%缴付年金320元，均可税前扣除；若按3%缴付年金240元，则只能扣除240元；若按5%缴付年金400元，仍只允许扣除320元，超出的80元须并入当年综合所得缴税。

（2）B先生2019年5月工资为2万元，若其按4%缴付800元年金，由于允许扣除金额最高为590元，超出的210元须并入当年综合所得缴税。

3. 商业养老保险递延纳税

2018年4月2日，财政部、税务总局、人力资源社会保障部、中国银行保险监督管理委员会、证监会等五部委联合下发《关于开展个人税收递延型商业养老保险试点的通知》（财税〔2018〕22号），决定自2018年5月1日起，在上海市、福建省（含厦门市）和苏州工业园区实施个人税收递延型商业养老保险试点。试点期限暂定1年。

试点政策主要内容为：

对试点地区个人通过个人商业养老资金账户购买符合规定的商业养老保险产品的支出，允许在一定标准内税前扣除；计入个人商业养老资金账户的投资收益，暂不征收个人所得税；个人领取商业养老金时再征收个人所得税。

对取得工资、薪金所得和连续性劳务报酬所得的个人，其缴纳的保费准予在申报扣除当月计算应纳税所得额时予以限额据实扣除，扣除限额按照当月工资、薪金所得和连续性劳务报酬所得的6%和1000元孰低办法确定。取得连续性劳务报酬所得，是指纳税人连续6个月以上（含6个月）为同一单位提供劳务而取得的所得。

其主要筹划空间与缴纳年金类似，缴纳时暂不征收个人所得税，领取时再缴纳个人所得税，筹划效果主要是递延纳税，获得货币的时间价值。

4. 变工资为房租收入、租车收入等

随着生活水平的提高，汽车基本成了每个家庭的标配，养车的费用更是必不可少；对于高收入阶层而言，将车租给公司使用，可以将工资收入转化为租金收入，达到降低个税税负的效果。

具体操作：员工与公司签订租车协议，将自家的车租给公司，公司按月向员工支付租金；同时还可以在协议中约定因公务发生的相关的车辆非固定费用（如汽油费、过桥费、停车费等）由公司承担。

案例

李某为一家非租车公司员工，今年年底劳动合同到期，准备重新签订劳动合同，之前李某的月薪为31000元，租车的市场价格为每月3000元，包含个人自负各种费用。

若李某仍像以前一样签订劳动合同，则李某每月应该预缴的个人所得税为：
（31000-5000）×25%-2660=3840（元）

若李某与公司签订协议，公司租用李某的车，并且租用后把车子分配给李某使用，李某的工资改为28000元，另外获得每月租车收入3000元。则李某应该缴纳的个人所得税为：

李某工资薪金应缴纳的个人所得税=（28000-5000）×20%-1410=3190（元）

李某租车收入缴纳的个人所得税=（3000-800）×20%=440（元）

李某总共缴纳个人所得税3630元，相比较于之前每月可少缴纳个人所得税210元，此种避税方法对于越高收入的纳税人，避税效果就越明显，特别在跨越边际税率的薪水范围内尤为有效。

注意：

（1）租车的租金必须按照市场的价格设定；

（2）员工需要携带租车协议和身份证到税务局代开租车发票，公司才能在税前列支该项费用；

（3）汽车的固定费用（如保险费、车船税、折旧费等）不能由公司承担；

（4）在公司报销的车辆费用必须取得发票（依据：《中华人民共和国税收管理法》《个人所得税法》）。

5. 将"工资收入"转化为"房屋租金收入"

住房是员工生存的必要场所，为住房而支付的费用是必须的开支，利用税前的收入支付这部分开支能够达到很好的节税效果。

具体操作：

①若员工拥有自有房产，可以与公司签订房屋租赁协议，将房屋租给公司，公司按月向员工支付租金，同时约定每月的水电费、物业管理费等固定费用由公司承担。

②若员工现居住的房屋为租赁房屋，可以与公司签订转租协议，由公司承担房屋的租金和水电费、物业管理费等固定费用。

筹划成本：个人出租住宅、转租住宅只需要按照个人所得税中出租财产项目征收个人所得税，若为居民唯一自用住房，则税率更低，且采取比例税率，而非综合所得的累进税率。但值得注意的是，若自身没有房产，通过与公司签订合同说明公司福利包括提供员工住房，用以支付员工较少的工资、薪金以适用较低税率的，会存在纳税人失去《个人所得税法》中的住房租金的专项附加扣除，因此在实际操作中需要衡量两者之间的优劣关系。

筹划效果：个人出租住宅的个税税率在高净值人群中远低于综合所得的累进税率，以租金收入代替工资收入节税效果明显；同时由公司承担房屋的水电费、物业管理费等固定费用，相当于利用员工的税前收入支付这部分必要费用。

7.6.3 离职费筹划

根据《财政部关于个人所得税法修改后有关优惠政策衔接问题的通知》（财税〔2018〕164号）规定，个人因与用人单位解除劳动关系而取得的一次性经济补偿收入、退职费、安置费等所得要按照以下方法计算缴纳个人所得税：（1）个人因与用人单位解除劳动关系而取得的一次性补偿收入（包括用人单位发放的经济补偿金、生活补助费和其他补助费用），其收入在当地上年职工平均工资3倍数额以内的部分，免征个人所得税；超过的部分按照《财政部关于个人所得税法修改后有关优惠政策衔接问题的通知》（财税〔2018〕164号）的有关规定，计算征收个人所得税。即一次性取得数月的工资、薪金收入，允许在一定期限内进行平均。具体平均办法：以个人取得的一次性经济补偿收入，除以个人在本企业的工作年限数，以其商数作为个人的月工资、薪金收入，按照《个人所得税法》规定缴纳个人所得税。个人在本企业的工作年限数按实际工作年限数计算，超过12年的按12年计算；个人领取一次性补偿收入时按照国家和地方政府规定的比例实际缴纳的住房公积金、医疗保险费、基本养老保险费、失业保险费，可以在计征其一次性补偿收入的个人所得税时予以扣除。个人在解除劳动合同后又再次任职、受雇的，对个人已缴纳个人所得税的一次性经济补偿收入，不再与再次任职、受雇的工资、薪金所得合并计算补缴个人所得税。

案例

某市2018年度在岗职工年平均工资为81034元，折算为在岗职工月平均工资为6753元，即个人与用人单位解除劳动合同总赔偿在243102元（81034×3）内是完全免税的。

假设A公司张某2019年度税前年薪为124万元，A公司与张某在合同中约定按月平均发放薪金。不考虑社保、住房公积金因素——相对高管薪酬来说，该类费用金额较小。那么张某2019度应缴的个税为：

全年应交个税合计 =（124-6）×45%-18.192=34.908（万元）

上例，若A公司与张某于年初签订劳动合同时，约定张某当年基本收入为100万元，张某达不到公司的任职条件的，A公司可解除与张某劳动合同关系并补偿其24万元。同时假设张某在A公司的工作年限超过一年但不到两年。解除劳动关系后，A公司再与张某重新签新一份年度合同，实质上并不影响工作连续性。

因解除劳动合同的补偿未超过限额标准243102元，因此李某收到的24万元为免税收入。

李某全年应纳个税合计=（100-6）×35%-8.592=24.308（万元）

与前一个方案相比，后者节税效果十分显著，纳税人通过此种方式可直接减少缴纳个人所得税10万元以上。

本方案对员工与企业的关系要求较高，各方都需要接受较大的挑战，员工从节税角度要能理解企业的行为，企业也要从员工的角度为员工考虑，只有双方达到高度和谐与默契，才可能在签订劳动合同、解除劳动合同、重新签订劳动合同之间无缝衔接。

7.6.4 年终奖陷阱

2018年12月27日，财政部、国家税务总局联合颁发的《关于个人所得税法修改后有关优惠政策衔接问题的通知》（财税〔2018〕164号）第一条第（一）项规定："居民个人取得全年一次性奖金，符合《国家税务总局关于调整个人取得全年一次性奖金等计算征收个人所得税方法问题的通知》（国税发〔2005〕9号）规定的，在2021年12月31日前，不并入当年综合所得，以全年一次性奖金收入除以12个月得到的数额，按照本通知所附按月换算后的综合所得税率表（以下简称月度税率表），确定适用税率和速算扣除数，单独计算纳税。计算公式为：

应纳税额=全年一次性奖金收入×适用税率-速算扣除数

居民个人取得全年一次性奖金，也可以选择并入当年综合所得计算纳税。

自2022年1月1日起，居民个人取得全年一次性奖金，应并入当年综合所得计算缴纳个人所得税。"

也就是说，新《个人所得税法》下，个人年终奖的计算原理平移了以前个税计算原理，只不过纳税人有权选择使用或者不使用，不用再减当月收入不足扣除费用（2018年10月1日后为5000元）的差额后，再除以12个月。

案例

张先生2019年工资、薪金所得为取得代扣专项扣除后的80000元，专项附加扣除10000，其他扣除没有，应纳税所得额=80000-60000-10000=10000（元），适用3%税率，汇算清缴应纳税额为：10000×3%=300（元）。假设2019年年终奖为36000元，纳税人选择单独纳税：36000/12=3000（元），36000×3%=1080（元）。我们再假设某人取得2019年年终奖为36001元，那么纳税黑洞就出现了：36001/12=3000.08（元），36001×10%-210=3390.1（元），两者间的差额=3390.1-1080=2310.1（元），多领了1元年终奖，却需要多缴个税2310.1元。

经过测算，在新《个人所得税法》下，年终奖在36000—38566.67元这个阶段同样会存在多发钱却收到更少钱的"陷阱"，不仅在这个档位，在144000—160500元、300000—318333.33元、420000—447500元、660000—706538.46元、960000—1120000元档位都会存在"年终奖陷阱"，所以各等级年终奖发放时要避免这些区域（详见表7-4）。

表7-4 "年终奖陷阱"表

年终奖/元	适用税率	速算扣除数/元	应纳税额/元	多发奖金数额/元	增加税额/元	税后数额/元
36000	3%	0	1080			34920
36001	10%	210	3390.10	1	2310.10	32610.90
38566.67	10%	210	3646.67	2566，67	2566.67	34920
144000	10%	210	14190.00			129810.00
144001	20%	1410	27390.20	1	13200.20	116610.80
160500	20%	1410	30690	16500	16500	129810.00
300000	20%	1410	58590			241410
300001	25%	2660	72340.25	1	13750.25	227660.75
318333.33	25%	2660	76923.33	18333.33	18333.33	241410
420000	25%	2660	102340			317660
420001	30%	4410	121590.30	1	19250.30	298410.70

按照这种思路，我们假设某人在第一档（年终奖为36000元）的年终奖纳税黑洞的上限是X，则有下面的公式：X-（X×10%-210）=36000-36000×3%，经

过计算，X=38566.67元，即第一档的纳税黑洞区间为：36000元—38566.67元；同样的计算原理，假设第二档的年终奖纳税黑洞的上限是Y，则同样有下面的计算公式：Y-（Y×20%-1410）=144000-（144000×10%-210），经过计算，Y=160500元，即第二档的纳税黑洞区间为：144000元—160500元；同样的计算原理得出不同档次的个人年终奖纳税档次纳税黑洞，如前所述，不再一一计算了。

案例

某纳税人2019年工资、薪金所得为80000元，专项附加扣除合计为63000元，若发年终奖40000元，他有两种选择：年终奖单独计算和并入综合所得纳税。单独纳税的：40000×10%-210=3790（元）；并入综合所得纳税的：40000+80000-123000=-3000（元），不用纳税。

同样的数据，我们假设该某人的年终奖金增长到100000元，纳税人同样有两种选择：单独纳税的，80000元不用纳税：100000×10%-210=9790（元）；并入综合所得纳税的：100000+80000-123000=57000（元），57000×10%-2520=3180（元）。

当然，该纳税人如果做个税税收筹划，如将100000元拆开，21000元作为年终奖金单独核算，21000×3%=630（元），79000元并入综合所得计税，80000+79000-123000=36000（元），36000×3%=1080（元），合计纳税=1080+630=1710（元），比第一种情况节税8080元，比第二种情况节税1470元。

但此种筹划只能适用于2022年之前，自2022年始，年终奖将一并并入综合所得按年征收。

7.6.5 专项附加扣除费用

根据新《个人所得税法》的规定，我国个人在进行年总汇算清缴时，不仅可以拥有基本的减除费用，还可以拥有专项附加扣除，对于税收的筹划无外乎通过减少收入和合理利用费用扣除，此项专项附加扣除依旧存在筹划的空间。新《个人所得税法》规定的六大专项附加扣除有房屋租金、住房贷款利息、子女教育、继续教育、大病医疗保险和赡养老人，纳税人可以据此根据自身家庭状况选择自身专项扣除还是分摊扣除。

> **案例**

赵先生夫妻育有两个孩子，且都已上大学，还未毕业。赵先生妻子每月工资为 5000 元，赵先生每月工资为 7000 元，赵先生在新个税申报中选择夫妻二人平均分摊两个孩子子女教育的专项附加扣除。此时赵先生妻子因收入未超过 5000 元，无须缴税，但赵先生扣除基本减除费用 5000 元和专项附加扣除 1000 元后，仍要对其剩下的 1000 元缴纳个人所得税。

筹划方法：将两个孩子的子女教育专项附加扣除在申报时全部由赵先生申报扣除。采用此种方法，赵先生的妻子本身工资薪金不超过 5000 元，无须再进行专项附加扣除，赵先生专项附加扣除 2000 元，这样一来，赵先生扣除基本减除费用之后，再扣除 2000 元子女教育支出，其个人所得税应纳税所得额为 0，无须缴纳个人所得税。

7.7 经营所得的筹划

7.7.1 身份认定筹划

想要从身份认定上进行税收筹划，首先我们要了解个人独资企业、一人有限责任公司和合伙制企业的含义，以及它们之间的区别。个体工商户、合伙制企业、个独资企业均采用 5%—35% 的五级超额累进税率，但在费用扣除方面有所不同。

个人独资企业也称为个人业主制企业、个人企业，是指由个人出资兴办、完全归个人所有和控制的企业组织形式。这种企业在法律上是自然人企业，不具有法人资格。个人独资企业是最早产生的也是最简单的企业组织形式，流行于小规模生产时期，但即使在现代经济社会中，这种企业在数量上也占多数。如在美国，个人独资企业就占企业总数的 70% 以上。这类企业往往规模较小，在小型加工、零售商业、服务业等领域较为活跃。根据我国《个人独资企业法》

的规定，在中国境内设立，由一个自然人投资，财产为投资人个人所有，投资人以其个人财产对企业债务承担无限责任的经营实体为个人独资企业。

公司制企业属于法人企业，包括有限责任公司和股份有限公司，出资者以出资额为限承担有限责任。公司制企业是现代企业组织中的重要形式，是一种以法人财产制度为核心，以科学规范的法人治理结构为基础，从事大规模生产经营活动，具有法人资格并依法设立的经济组织。它有效地实现了出资者所有权与法人财产权的分离，具有产权清晰、权责明确、政企分开、管理科学、投资风险有限等特点。随着我国社会主义市场经济体制的不断完善，公司制企业已经成为我国最主要的企业组织形式。

个体工商户应纳税所得额的计算，以权责发生制为原则。属于当期的收入和费用，不论款项是否收付，均作为当期的收入和费用；不属于当期的收入和费用，即使款项已经在当期收付，也不作为当期的收入和费用。但法律法规另有规定的除外。

根据国家税务总局令第35号文（2018年修正）第七条，个体工商户的生产、经营所得，以每一纳税年度的收入总额，减除成本、费用、税金、损失、其他支出以及允许弥补的以前年度亏损后的余额，为应纳税所得额。

个体工商户生产经营活动中，应当分别核算生产经营费用和个人、家庭费用。对于生产经营与个人、家庭生活混用难以分清的费用，其40%视为与生产经营有关费用，准予扣除。

个人独资企业和合伙企业在费用扣除时，根据《财政部国家税务总局关于印发〈关于个人独资企业和合伙企业投资者征收个人所得税的规定〉的通知》（财税〔2000〕91号）第六条第三项规定，投资者及其家庭发生的生活费用不允许在税前扣除。投资者及其家庭发生的生活费用与企业生产经营费用混合在一起，并且难以划分的，全部视为投资者个人及其家庭发生的生活费用，不允许在税前扣除。因此，个人独资企业应将投资者及其家庭发生的生活费用和企业生产经营费用严格划分，否则便不能在个人所得税前扣除。可以通过这种费用扣除标准来选择和进行筹划。

除此之外，个体工商户、合伙制企业以及个人独资企业都适用5%—35%的五级超额累进税率征收个人所得税，而有限责任公司则需要缴纳企业所得税并且在分配股东利润时再缴纳一次个人所得税。

从递延纳税的角度来看，一人公司优于以上几种企业。对于个人独资企业和合伙制企业而言，作为应纳税所得额计算基础的生产经营所得，包括企业分配给投资者个人的所得和企业当年留存的所得（利润）。因此，个人独资企业不具有对留存收益递延纳税的功能。而一人公司，只有在公司分红时才会产生个人所得税的纳税义务，具有递延纳税的功能，可以抵扣后续年度的经营亏损。而在所得税方面，目前我国小型微利企业生产经营所得限额已经提高到500万元，一般个人及家庭生产经营不会超过这个限额，如果一人公司能够申请小型微利企业优惠，则可以免去企业所得税负担。

案例

张某等四人欲成立一家正装修补兼销售商场，预估每年利润总额为1000000元，暂时无纳税调整项目。

从张某等四人的角度来看，在不影响商场正常经营的情况下，将企业的组织形式从股份有限公司、有限责任公司转化为个人独资企业和合伙制企业，可以规避企业所得税，虽然个人所得税相较于交过企业所得税后缴纳的个人所得税多了，但是总体税负却下降很多，只是合伙制企业不会像股份制公司那样融资方便。

若选择成立有限责任公司并且税后利润全部分配给股东，所获利润既要缴纳企业所得税又要缴纳个人所得税。

应该缴纳的企业所得税＝1000000×25%＝250000（元）

四位股东缴纳的个人所得税总额＝(1000000−250000)/4×20%×4＝150000（元）

总共缴纳税额＝250000+150000＝400000（元）

若选择成立合伙制企业，则四位股东只需要缴纳个人所得税即可。

缴纳个人所得税总额＝(1000000/4×20%−10500)×4＝158000（元）

相较于上面成立有限责任公司，四位股东有效避税400000−158000＝242000（元）

值得注意的是，目前我国小型微利企业销售额标准为500万元，若该企业能够得到国家小型微利企业认定，那么建立有限责任公司的税负比较轻，而且建立公司还能有递延纳税的效果。

7.7.2 征收方式筹划

查账征收和核定征收是计算个体工商户应纳税额的两种方法。

个体工商户的生产经营应纳税额的计算公式为：

应纳税额 = 应纳税所得额 × 适用税率 - 速算扣除数 =

（全年收入总额 - 成本费用以及损失）× 适用税率 - 速算扣除数

个体工商户应纳税所得额的计算，以权责发生制为原则。而对于合伙制企业以及独资企业则分为查账征收和核定征收。

第一种：查账征收

《个人所得税法实施条例》所称成本、费用，是指生产、经营活动中发生的各项直接支出和分配计入成本的间接费用以及销售费用、管理费用、财务费用；所称损失，是指生产、经营活动中发生的固定资产和存货的盘亏、毁损、报废损失、转让财产损失、坏账损失、自然灾害等不可抗力因素造成的损失以及其他损失。

取得经营所得的个人，没有综合所得的，计算其每一纳税年度的应纳税所得额时，应当减除费用6万元、专项扣除、专项附加扣除以及依法确定的其他扣除。专项附加扣除在办理汇算清缴时减除。从事生产、经营活动，未提供完整、准确的纳税资料，不能正确计算应纳税所得额的，由主管税务机关核定应纳税所得额或者应纳税额。凡实行查账征税办法的，生产经营所得比照《个体工商户个人所得税计税方法》（国家税务总局令第35号）的规定确定。但下列项目的扣除依照中华人民共和国国务院令第707号文的规定执行：

（一）个体工商户按照国务院有关主管部门或者省级人民政府规定的范围和标准为其业主和从业人员缴纳的基本养老保险费、基本医疗保险费、失业保险费、生育保险费、工伤保险费和住房公积金，准予扣除。

个体工商户为从业人员缴纳的补充养老保险费、补充医疗保险费，分别在不超过从业人员工资总额5%标准内的部分据实扣除；超过部分，不得扣除。

个体工商户业主本人缴纳的补充养老保险费、补充医疗保险费，以当地（地级市）上年度社会平均工资的 3 倍为计算基数，分别在不超过该计算基数 5% 标准内的部分据实扣除；超过部分，不得扣除。

（二）除个体工商户依照国家有关规定为特殊工种从业人员支付的人身安全保险费和财政部、国家税务总局规定可以扣除的其他商业保险费外，个体工商户业主本人或者为从业人员支付的商业保险费，不得扣除。

（三）个体工商户在生产经营活动中发生的合理的不需要资本化的借款费用，准予扣除。

个体工商户为购置、建造固定资产、无形资产和经过 12 个月以上的建造才能达到预定可销售状态的存货发生借款的，在有关资产购置、建造期间发生的合理的借款费用，应当作为资本性支出计入有关资产的成本，并依照本办法的规定扣除。

（四）个体工商户在生产经营活动中发生的下列利息支出，准予扣除：

（1）向金融企业借款的利息支出；

（2）向非金融企业和个人借款的利息支出，不超过按照金融企业同期同类贷款利率计算的数额的部分。

（五）个体工商户在货币交易中，以及纳税年度终了时将人民币以外的货币性资产、负债按照期末即期人民币汇率中间价折算为人民币时产生的汇兑损失，除已经计入有关资产成本部分外，准予扣除。

（六）个体工商户向当地工会组织拨缴的工会经费、实际发生的职工福利费支出、职工教育经费支出分别在工资薪金总额的 2%、14%、2.5% 的标准内据实扣除。

（七）个体工商户发生的与生产经营活动有关的业务招待费，按照实际发生额的 60% 扣除，但最高不得超过当年销售（营业）收入的 5‰。

业主自申请营业执照之日起至开始生产经营之日止所发生的业务招待费，按照实际发生额的 60% 计入个体工商户的开办费。

（八）个体工商户每一纳税年度发生的与其生产经营活动直接相关的广告费和业务宣传费不超过当年销售（营业）收入 15% 的部分，可以据实扣除；超过部分，准予在以后纳税年度结转扣除。

（九）个体工商户代其从业人员或者他人负担的税款，不得税前扣除。

（十）个体工商户参加财产保险，按照规定缴纳的保险费，准予扣除。

（十一）个体工商户发生的合理的劳动保护支出，准予扣除。

第二种：核定征收

核定征收包括定额征收、核定应税所得率征收以及其他合理的征收方式，实行核定征收的投资者不享受个人所得税优惠政策。

基于核定征收方式与查账征收方式的不同，同一笔经营所得所缴纳的税款也不同，由此产生了筹划空间。

一般情况下，如果个体工商户每年的利润较高且稳定，采用核定征收的方式比较好；如果利润不稳定，或者是盈利能力较差或处于亏损状态，则采用查账征收方式比较好，并且，如果纳税人实行核定征收的，不得享受个人所得税优惠政策。

案例

张某自己开了一家小商店，预计一年的销售额大概在50万元，张某认为自己需要建立会计账簿，采用查账征收方式计算应纳税额。经查实，张某经营发生的可合理扣除的费用为20万元，此时张某需要缴纳个人所得税=（500000-200000）×20%-10500=49500（元）。但若张某建立的会计账簿不能如实反映自身经营情况，税务局采用核定征收方式计算应纳税额的，张某应缴纳个人所得税=500000×3%=15000（元），相较查账征收的49500元节省了34500元。

7.7.3 多支费用，减少收入

本节主要针对个体工商户采用查账征收的方式进行一系列税收筹划。针对通过查账征收方式缴纳个人所得税的纳税人，主要针对收入和成本费用进行筹划。

1. 分散收入形式（雇用家人）

个体工商户通过分散收入，可以适用较低的税率，从而达到合法避税的目的。常用的方法主要有：(1)区分收入的性质，不同性质的收入采用不同的税目；(2)合理变更投资人数，分散收入总额。

案例

王某是一个个体工商户，因自家空闲一处商业店铺，便经营了一家服装店。但是由于地点不佳及经营不善，客流量较少，打算缩小经营规模，出租空闲的几处房间。王某以服装店的名义打出出租广告，假如王某服装店年应纳税所得额为 90000 元，房屋出租每年取得的净收益为 6000 元。

若王某以服装店的名义出租空闲房屋，则王某应缴纳个人所得税为：

（90000+6000）×20%−10500=8700（元）

假如王某以其妻子的身份出租空闲房屋，而不以服装店的身份出租，则出租房屋的收入不算在服装店的收入范围内，则王某总共应缴纳的个人所得税为：

服装店缴纳的个人所得税：90000×10%−1500=7500（元）

王某妻子缴纳的个人所得税：6000×（1−20%）×20%=960（元）

总共缴纳个人所得税 8460 元，相较于第一种方法合理节税 240 元。当然重点是能否降低应纳税所得额的税率层次。

2. 分期销售（通过签订跨年销售合同）

采用查账征收方式缴纳个人所得税的个体工商户，采用的是按月预缴，年终汇算清缴的征管方式。由于个体工商户个人所得税的税率采用的是超额累进税率，如果个体工商户某纳税年度的应纳税所得额过高，就必须按照较高的税率来缴纳个人所得税，所以，个体工商户可以在法律允许的范围内，通过递延收入的方式实现合理避税，其中最常用的方法就是分期销售。

案例

假设李某 2019 年在一处街区开了一家家常菜馆。由于这个街区只有李某一家菜馆，所以生意十分火爆，李某当年取得应纳税所得额为 100000 元，这其中包含了年末预定春节酒席收到的支付款 20000 元。由于周围街坊看李某如此赚钱，2020 年纷纷开设各种饭馆，预估李某 2020 年的应纳税所得额应该在 40000 元左右，请大家为李某算下何种方式最能帮李某省钱？

若按李某自己的计划，则李某预估缴纳个人所得税为：

2019 年缴纳个人所得税 =100000×20%-10500=9500（元）

2020 年缴纳个人所得税 =40000×10%-1500=2500（元）

个体工商户第二税率层级的限额为 90000 元，如果我们把当年 20000 元预定款，放到年后去收，并入后一年应纳税所得额，则可以使 2019 年的应纳税所得额适用的税率降低一个层次，并且晚支付款项，顾客总是乐意的。

则采用此种方法，李某应缴纳的个人所得税为：

2019 年缴纳的个人所得税 =80000×10%-1500=6500（元）

2020 年缴纳的个人所得税 =60000×10%-1500=4500（元）

根据此方法，李某所缴的个人所得税相较于李某自己的方法少了 1000 元，帮助李某在合理合法的范围内减少了税收支出。

3. 合理增加费用扣除

合理扩大成本费用类的支出，是个体工商户减少应纳税所得额的常用手段，值得注意的是，要合法合理，依据法律法规避税。

增加费用通常包括以下两种方法：（1）在法律的允许范围内，将一些家庭支出转换成费用支出。因为对于很多家庭而言，其生产经营的场所往往就是其居住场所，很多家庭的日常开支与生产经营都分不开，故而可以将譬如电话费、水费、电费等支出计入个体工商户生产经营成本中。如果是自家房产经营，还可以通过对自家房产进行修缮、维修等增加成本费用，实现自家房产的保值、增值。不过这种方法只限于个体工商户，对于独资企业和合伙制企业，根据规定，家庭开支与生产经营开支难以区分的，不得在税前扣除，即不能增加成本费用；而个体工商户对于不能区分开来的可以按 40% 计入成本费用。（2）雇用家庭成员或者临时工，以扩大工资等费用支出范围。雇用家庭成员和临时工具有很大的灵活性，既能增加个人家庭收入，又能扩大相关人员的费用支出范围，增加税前列支费用，从而降低应纳税所得额，少缴个人所得税。

4. 单位承包经营形式筹划

企事业单位承包经营、承租经营所得是指个人承包经营、承租经营以及转包、转租取得的所得，包括个人按月或者按次取得的工资、薪金性质的所得。有关企事业单位承包经营、承租经营所得的规定如下：

（1）个人对企事业单位承包、承租经营后，工商登记改变为个体工商户的。这类承包、承租经营所得，实际上属于个体工商户的生产、经营所得，应按个体工商户的生产、经营所得项目征收个人所得税，不再征收企业所得税。

（2）个人对企事业单位承包、承租经营后，工商登记仍为企业的，不论其分配方式如何，均应先按照《企业所得税法》的有关规定缴纳企业所得税，然后根据承包、承租经营者按合同（协议）规定取得的所得，依照《个人所得税法》的有关规定缴纳个人所得税。具体包括以下两种情况：

①承包、承租人对企业经营成果不拥有所有权，仅按合同（协议）规定取得一定所得的，应按工资、薪金所得项目征收个人所得税。

②承包、承租按合同（协议）规定只向发包方、出租方缴纳一定的费用，缴纳承包、承租费后的企业的经营成果归承包、承租人所有的，其取得的所得，按对企事业单位承包、承租经营所得项目征收个人所得税。

（3）企事业单位的承包经营、承租经营所得应纳税额的计算公式为：

应纳税额＝应纳税所得额×适用税率－速算扣除数＝

（纳税年度收入总额－必要费用）×适用税率－速算扣除数

（纳税年度收入总额，是指纳税义务人按照承包经营、承租经营合同规定分得的经营利润和工资、薪金性质的所得；必要费用，是指按月减除的5000元。）

基于经营的方式不同，对企事业单位承包经营、承租经营所得的税务处理也不同，其纳税筹划方法主要是选择合理的经营方式。在实际生活当中，在经营成果归承包、承租人所有的情况下，其取得的所得额往往是高于不拥有经营成果的所得额。

案例

李某是一位个体工商户，经营一家旅店，假设2019年李某因家中原因，不得不将旅店对外承包。张某有意向承包该企业，并且与李某已经谈好，预计当年旅馆营业利润为20万元，假设没有特别的纳税调整项目，张某打算付给李某

8万元承包费，经营成果由张某所有。李某表示，张某也可以不拥有旅店的经营成果，以每月1万元的收入承包经营。

按照张某自身想法，拥有旅店经营成果，企业假如注册为个体工商户，张某应缴纳的个人所得税=（200000-80000-5000×12）×10%-1500=4500（元）。

若张某以工资、薪金获得12万元收入，不拥有此旅店的经营成果，即实际为张某为李某工作，则张某一年所缴纳的个人所得税=［（10000-5000）×10%-210］×12=290×12=3480（元）。

相比较之下，第二种方案比张某打算的方案合理节税4500-3480=1020（元）。另外，张某若承包经营李某的旅店，将承包期限合理性扩大，即如果张某原先的承包期为12个月，可以通过与李某协商，将承包期延长至24个月，但经营不变，则张某可以扣除的费用更多，自然缴纳的个人所得税也就更少了。

7.8 劳务报酬所得的筹划

7.8.1 合理分配劳务次数与人数

根据新《个人所得税法》规定，劳务报酬所得是指独立性劳务所得、非雇佣关系所得。个人从事劳务取得的所得，包括从事设计、装潢、安装、制图、化验、测试、医疗、法律、会计、咨询、讲学、翻译、审稿、书画、雕刻、影视、录音、录像、演出、表演、广告、展览、技术服务、介绍服务、经纪服务、代办服务以及其他劳务取得的所得。

税法所说的每次，按照以下方法确定：

（1）劳务报酬所得，属于一次性收入的，以取得该项收入为一次；属于同一项目连续性收入的，以一个月内取得的收入为一次。

（2）稿酬所得，以每次出版、发表取得的收入为一次。

（3）特许权使用费所得，以一项特许权的一次许可使用所取得的收入为一次。

（4）财产租赁所得，以一个月内取得的收入为一次。

（5）利息、股息、红利所得，以支付利息、股息、红利时取得的收入为一次。

（6）偶然所得，以每次取得该项收入为一次。

表 7-5 劳务报酬预征预扣税率表

每次应纳税所得额（含税级距）	每次应纳税所得额（不含税级距）	税率	速算扣除数
不超过 20000 元的	21000 元以下的部分	20%	0
超过 20000 元至 50000 元的部分	超过 21000 元至 49500 元的部分	30%	2000
超过 50000 元的部分	超过 49500 元的部分	40%	7000

表 7-5 为针对《个人所得税法》下的劳务报酬的征税税率，现作为新个人所得税中个人劳务报酬所得预扣税率，待年终汇算清缴，并入综合所得，多退少补，依旧采用超过 4000 元以 20% 为费用扣除标准，不超过 4000 元以 800 元为限的费用扣除标准。

筹划思路：劳务报酬所得 2019 年正式和工资、薪金所得，特许权使用费所得，稿酬所得一并并入综合所得，按照七级累进税率征收个人所得税。这种情况下，可以通过分次甚至分人数来分拆应税所得，使其尽量靠近税前扣除额或税率级次较低的范围，以达到避税的目的。

案例

张先生为某企业设计广告，其妻子在其设计期间参与讨论并提出建议，事后企业支付给张先生劳务报酬 6000 元。

若劳务报酬全部为张先生所得，则张先生应预交个人所得税：6000×（1-20%）×20%=960（元）。

若通过事先与企业协商，表示广告设计劳务是张先生与公司两次合作完成，在合同中表明此劳务报酬为张先生两次劳务所得，则应预缴个人所得税：(3000-800)×20%×2=880（元）。

相较于前者，张先生少交了 80 元个人所得税，此种方法在年终汇算清缴时，张先生无法达到少缴纳个人所得税的结果，但可以通过尽量少的预缴来获取报酬的时间价值，若是想要节省缴纳的个人所得税，可以通过将劳务报酬等拆分成跨年合同，这样会降低本年综合所得，以防止超过税率边界。

案例

陈女士是位业余作家，主业为公务员。因为陈女士爱好写作，所以会在当地报刊上发表一些自己写的文章和小说。近日，陈女生收到一笔之前的稿酬5000元，陈女士的丈夫在陈女生写作之时提供了一些构思和想法。

若稿酬仅为陈女士一人所得，则陈女士就此稿酬应预缴个人所得税：

5000×（1−20%）×20%×（1−30%）=560（元）

筹划方法：

若陈女士声明小说由她与她丈夫共同创作，稿酬平均分为两份，则陈女士应预缴个人所得税：(2500−800)×20%×（1−30%）×2=476（元）

此筹划方法相较于第一种少交84元，不过值得注意的是，可以将劳务报酬所得和稿酬所得多分为几份，使其单个薪酬低于4000元。如此不仅可以降低自身综合征收的整体应纳税所得额，也可以通过尽量少的预缴个人所得税达到获取剩余报酬的货币时间价值。

7.8.2 合理增加扣除费用

个人获得劳务报酬和稿酬所得只能在一定限额内扣除费用，税率是累进的，应纳税所得额越大，应纳税额就越大。如果在现有的扣除标准下，多扣除一些费用，就可以减少个人的所得税额，故将一些合理的费用支出添加到合同当中，从而降低名义劳务报酬，能够产生良好的避税效果。

案例

王先生利用业余时间经常做些画作，A公司请王先生为其公司画幅画作，劳务报酬为5000元，王先生因耗费大量水彩，故而之后花费1500元去补充材料，此案例中王先生应预交个人所得税：5000×（1−20%）×20%=800（元）。

若王先生与A公司商量好在合同中签订材料费由A公司负责，收入设定为3500元，则王先生应预缴个人所得税：(3500-800)×20%=540（元）。

此方法为王先生节税260元，而且降低了本年王先生的综合所得的应纳税总额。在对公司没有任何损失的情况下与公司协商，可以为纳税人合法避税。当然前提是与目标公司充分沟通。

案例

张先生是位业余作家，主业为大学教授，业余空闲时间偶尔写写小说赚点外快，张先生在某家报社取得稿费收入10000元，自己在创作过程中产生杂费2000元，则张先生此笔收入应预缴个人所得税10000×20%×(1-30%)×(1-20%)=1120（元）。

筹划：若张先生事先与公司沟通好将杂费算进收入内，并在合同中标明报社负责张先生创作杂费，合同支付张先生8000元稿费，则张先生此时应缴纳个人所得税：8000×(1-20%)×20%×(1-30%)=896（元）。

相比之下，比之前少缴纳个人所得税：1120-896=224（元）。

7.8.3 变换收入形式

根据新《个人所得税法》的规定，劳务报酬与其他三项收入项目并入综合所得合并征税，但对于财产租赁、财产转让以及经营所得并未合并统一征税，依旧采用分类征收个人所得税，故而产生的筹划空间则是将劳务报酬转化为综合所得以外的收入项目，如可将劳务报酬转化成经营所得。

筹划思路：根据新《个人所得税法》规定，综合所得采用七级超额累进税率，最高税率为45%，而经营所得采用五级超额累进税率，最高边际税率为35%，因此此种筹划方法相对有利于一些高劳务报酬人群。可注册一个工作室，将自己的劳务报酬均以工作室的名义签订合同，这样一来，可以合理地将劳务报酬转化为经营所得收入，有效降低综合所得的应纳税所得额和自身适用税率，从而达到合法合理避税的目的。

案例

刘先生在一家企业工作，一年工资、薪金为20万元。因为刘先生本科学习的是计算机相关专业，所以在业余时间会接一些修理电脑、组装软件等业务。今年年底刘先生因工作原因，只接了一个组装软件的业务，收取劳务报酬3万元。假设刘先生今年未发生其他相关个人所得，请问怎样筹划才能使刘先生收入最大化？

若刘先生照常征税，根据我国新《个人所得税法》规定，劳务报酬在年底汇算清缴时并入综合所得与工资、薪金一并计税，应缴纳个税=（200000+30000-5000×12）×20%-16920=17080（元）。

筹划方案：若刘先生以自己名义开设一个工作室，将自身的劳务报酬收入以工作室名义与对方签订合同，则此部分收入应按照经营所得计税，无须与工资、薪金合并计税，这样一来，刘先生工资、薪金需要缴纳的个人所得税=（200000-5000×12）×10%-2520=11480（元）

刘先生经营所得需要缴纳的个人所得税=30000×5%=1500（元）

刘先生总计缴纳个人所得税1500+11480=12980（元），相较于之前少缴纳4100元。

7.9 稿酬所得的筹划

1. 税收筹划依据

根据《个人所得税法实施条例》第六条第一款第（三）项规定，稿酬所得是指个人因其作品以图书、报刊等形式出版、发表而取得的所得。

这里所说的"作品"，是指包括中外文字、图片、乐谱等在内的能以图书、报刊方式出版、发表的作品；"个人作品"，包括本人的著作、翻译的作品等。个人取得遗作稿酬，应按稿酬所得项目计税。

《个人所得税法实施条例》第十四条第（一）项规定，劳务报酬所得、稿酬所得、特许权使用费所得，属于一次性收入的，以取得该项收入为一次；属于同一项目连续性收入的，以一个月内取得的收入为一次。

每次取得的收入按如下规定确定：

（1）个人每次以图书、报刊方式出版，发表同一作品（文字作品、书画作品、摄影作品以及其他作品），不论出版单位是预付还是分笔支付稿酬，或者加印该作品后再付稿酬，均应合并其稿酬所得按一次计征个人所得税。在两处或两处以上出版，发表或再版（改版）同一作品而取得稿酬所得，则可分别各处取得的所得或再版（改版）所得按分次（两处或两处以上）所得计征个人所得税。

（2）个人的同一作品在报刊上连载，应合并其因连载而取得的所有稿酬所得为一次，按税法规定计征个人所得税。在其连载之后又出书取得稿酬所得，或先出书后连载取得稿酬所得的，应视同再版稿酬分次计征个人所得税。

（3）作者去世后，对取得其遗作稿酬的个人，按稿酬所得征收个人所得税。

2. 税收筹划思路

稿酬适用的税率是在 20% 的基础之上再减 30%，即 14%。这种情况下可以通过分次甚至是分人数来分拆应税所得，使其尽量靠近税前扣除额或税率级次较低的范围，以达到避税的目的。

案例

张先生与其他三位老师共同完成一部作品，稿酬为 8000 元。对于稿酬收入实行按次征税，其应纳税所得额的计算为：一次收入低于 4000 元的，减除 800 元；一次收入高于 4000 元的，减除其收入的 20%。稿酬所得在使用 20% 的比例税率后减征 30%。

先纳税后拆分。这笔稿酬其应纳个人所得税：总收入 ×（1-20%）×20%×（1-30%）=8000×（1-20%）×20%×70%=896（元）。

拆分后分别纳税，每人收入为 2000 元，四人合计应纳税额为：(2000-800)×20%×70%×4=672（元）。

相比较而言，方案二可节税 896-672=224（元）。

7.10 特许权使用费的筹划

1. 税收筹划依据

根据《个人所得税法实施条例》第六条第一款第（四）项规定，特许权使用费所得，是指个人提供专利权、商标权、著作权、非专利技术以及其他特许权的使用权取得的所得。提供著作权的使用权取得的所得，不包括稿酬所得。

个人转让特许权使用费或者用特许权使用费投资的，属于营改增之后的转让无形资产，既要缴纳增值税，也要缴纳个人所得税，有关规定如下：

若直接转让特许权使用费，则按照个人所得税中按财产转让所得缴纳个人所得税，适用税率为20%，若以特许权使用费投资，根据财税〔2015〕41号文，就个人非货币性资产投资有关个人所得税政策如下：

（1）个人以非货币性资产投资，属于个人转让非货币性资产和投资同时发生。对个人转让非货币性资产的所得，应按照"财产转让所得"项目，依法计算缴纳个人所得税。

（2）个人以非货币性资产投资，应按评估后的公允价值确认非货币性资产转让收入。货币性资产转让收入减除该资产原值及合理税费后的余额为应纳税所得额。个人以非货币性资产投资，应于非货币性资产转让、取得被投资企业股权时，确认非货币性资产转让收入的实现。

（3）个人应在发生上述应税行为的次月15日内向主管税务机关申报纳税。

纳税人一次性缴税有困难的，可合理确定分期缴纳计划并报主管税务机关备案后，自发生上述应税行为之日起不超过5个公历年度内（含）分期缴纳个人所得税。

（4）个人以非货币性资产投资交易过程中取得现金补价的，现金部分应优先用于缴税；现金不足以缴纳的部分，可分期缴纳。

个人在分期缴税期间转让其持有的上述全部或部分股权，并取得现金收入的，该现金收入应优先用于缴纳尚未缴清的税款。

非货币性资产，是指现金、银行存款等货币性资产以外的资产，包括股权、不动产、技术发明成果以及其他形式的非货币性资产。

非货币性资产投资，包括以非货币性资产出资设立新的企业，以及以非货币性资产出资参与企业增资扩股、定向增发股票、股权置换、重组改制等投资行为。

我国财税〔2014〕116号文规定个人以非货币性资产投资5年以上享受税收递延纳税政策。根据《企业所得税法》及其实施条例有关规定，非货币性资产投资涉及的企业所得税政策如下：

（1）居民企业（以下简称企业）以非货币性资产对外投资确认的非货币性资产转让所得，可在不超过5年期限内，分期均匀计入相应年度的应纳税所得额，按规定计算缴纳企业所得税。

（2）企业以非货币性资产对外投资，应对非货币性资产进行评估并按评估后的公允价值扣除计税基础后的余额，计算确认非货币性资产转让所得。

企业以非货币性资产对外投资，应于投资协议生效并办理股权登记手续时，确认非货币性资产转让收入的实现。

（3）企业以非货币性资产对外投资而取得被投资企业的股权，应以非货币性资产的原计税成本为计税基础，加上每年确认的非货币性资产转让所得，逐年进行调整。

被投资企业取得非货币性资产的计税基础，应按非货币性资产的公允价值确定。

（4）企业在对外投资5年内转让上述股权或投资收回的，应停止执行递延纳税政策，并就递延期内尚未确认的非货币性资产转让所得，在转让股权或投资收回当年的企业所得税年度汇算清缴时，一次性计算缴纳企业所得税；企业在计算股权转让所得时，可按规定将股权的计税基础一次调整到位。

企业在对外投资5年内注销的，应停止执行递延纳税政策，并就递延期内尚未确认的非货币性资产转让所得，在注销当年的企业所得税年度汇算清缴时，一次性计算缴纳企业所得税。

2. 税收筹划思路

纳税人可以根据自身意愿选择将特许权使用费投资入股还是直接转让。如果数额较小，则建议直接转让；若数额十分巨大，建议选择投资入股以获得递延纳税的优惠，毕竟货币的时间价值也很重要。

案例

某科研人员发明了一种新技术，该技术获得了国家专利，专利权属个人拥有。如果单纯将其转让，可获转让含税收入84.8万元；如果将该专利折合股份投资，让其拥有相同价款的股权，当年可获取股息收入8.48万元，假定不考虑货币时间价值以及股权转让所得，试问该科研人员应采取哪种方式？

（1）将专利单纯转让

首先，按照增值税的有关法规规定，转让专利权属转让无形资产，应缴纳增值税，税率为6%，应纳增值税额为：80×6%=4.8（万元），且个人无进项抵扣，因此缴纳增值税后，该人实际所得为：84.8/（1+6%）=80（万元）。

依增值税应征收城建税和教育费附加，但因其数额小，在此忽略不计。

其次，根据《个人所得税法》的有关规定，转让专利使用权属特许权使用费收入，应缴纳个人所得税。

特许权使用费收入以个人每次取得的收入，定额或定率减除规定费用后的余额为应纳税所得额。因为该人一次性收入已超过4000元，应减除20%的费用，所以应纳个人所得税为：

80×（1-20%）×20%=12.8（万元）

缴纳个人所得税的实际所得为：80-12.8=67.2（万元）

将两税合计，该人缴纳了17.6万元（4.8+12.8）的税，实际所得为67.2万元。

（2）将专利折合成股份，拥有股权

首先，按照增值税有关规定，以无形资产投资入股，参与接受投资方的利润分配，共同承担投资风险的行为，不征收增值税。

由于科研人员将专利折合成股份投资，且拥有公司股权，该股权所实现的收益是不确定的，存在风险，属于无形资产投资入股，暂免缴纳增值税，因此该科研人员不用负担4万元的增值税。

其次，根据《个人所得税法》规定，拥有股权所取得的股息、红利，应按20%的比例税率缴纳个人所得税。

那么，当年应纳个人所得税为：8.48×20%=1.696（万元）

税后所得为：8.48-1.696=6.784（万元）

通过专利投资，当年仅需负担1.696万元的税款。如果每年都可获取税后股息收入6.784万元，那么经营10年，就可以收回按照方案（1）取得的税后收入，且还可得到84.8万元的股份。

7.11 利息、股息、红利所得的筹划

7.11.1 投资相关免税项目

1. 税收筹划依据

根据新《个人所得税法》第四条规定，对个人投资于国债、国家发行的金融债券取得的利息免征个人所得税。

《财政部 国家税务总局关于储蓄存款利息所得有关个人所得税政策的通知》（财税〔2008〕132号）规定储蓄存款在2008年10月9日后（含10月9日）孳生的利息所得，暂免征收个人所得税。

2. 税收筹划思路

对于求稳型自然人纳税人将资金存入银行、购买国债均不用承担个人所得税，并且国债利率高于一般储蓄，甚至和某些投资理财产品收益相当，因此在进行家庭理财规划时，国债不失为一个好选择。

7.11.2 利用持有时限优惠

1. 税收筹划依据

《财政部 国家税务总局 证监会关于上市公司股息红利差别化个人所得税政策有关问题的通知》（财税〔2015〕101号）规定，自2015年9月8日起，个人从公开发行和转让市场取得的上市公司股票，持股期限超过1年的，股息红利所得暂免征收个人所得税。

个人从公开发行和转让市场取得的上市公司股票，持股期限在1个月以内（含1个月）的，其股息红利所得全额计入应纳税所得额；持股期限在1个月以上至1年（含1年）的，暂减按50%计入应纳税所得额；上述所得统一适用20%的税率计征个人所得税。

上市公司派发股息红利时，对个人持股1年以内（含1年）的，上市公司暂不扣缴个人所得税；待个人转让股票时，证券登记结算公司根据其持股期限计算应纳税额，由证券公司等股份托管机构从个人资金账户中扣收并划付证券登记结算公司，证券登记结算公司应于次月5个工作日内划付上市公司，上市公司在收到税款当月的法定申报期内向主管税务机关申报缴纳。

上市公司派发股息红利，股权登记日在2015年9月8日之后的，按照上述通知规定执行。2015年9月8日（含）之前个人投资者证券账户已持有的上市公司股票，其持股时间自取得之日起计算。

2. 税收筹划思路

国家此项政策旨在减少投机行为，规范股市交易，通过对持股期限超过1年的股息红利所得暂免征收个人所得税，鼓励投资者进行长期投资。因此投资者应该尽量延长投资时间至1年以上，以减少个人所得税额。

7.11.3　理性选择投资利率

1. 税收筹划思路

虽然国债、国家发行的金融债券、储蓄存款利息等免征个人所得税，但是若投资对象的利率高到一定程度，其税收收入超过免税投资的收入，则应该选择前者；反之，即使债券利率高，税后收入低也不可取，切忌只看税额。

2. 税收筹划案例

【案例】小明有一笔闲置资金，共计1000万元整，准备购买债券，以求获得稳定的利息。现有两个方案：购买三年期国债，利率为4.5%；购买一家A股上市公司公开发行的B债券，利率为5.6%，也是三年期，到期还本付息，单利计算。

（1）购买国债

税后利息所得 =1000×4.5%×3=135（万元）

（2）购买 B 债券

税后利息所得 =1000×5.6%×3×（1-20%）=134.4（万元）

购买国债收益高于购买公司债券，但是当公司债券利率＞4.5%/（1-20%）时，高利率带来的收益，即使征税后，也会高于投资国债的收益，此时，就应该购买 B 债券了。

7.12　财产租赁的筹划

7.12.1　巧用税前扣除

1. 税收筹划依据

《个人所得税法》规定，财产租赁所得适用比例税率，税率为 20%。财产租赁所得，每次收入不超过 4000 元的，减除费用 800 元；4000 元以上的，减除 20% 的费用，其余额为应纳税所得额。

出租房屋财产取得财产租赁所得的，准予扣除的项目除了规定费用和有关税、费外，还包括能够提供有效、准确凭证，证明由纳税人负担的该出租财产实际开支的修缮费用。允许扣除的修缮费用，以每次 800 元为限。一次扣除不完的，准予在下一次继续扣除，直到扣完为止。

财产租赁收入扣除费用范围和顺序包括：税费 + 租金（财产转租情况下才有）+ 修缮费 + 法定扣除标准。

①在出租财产过程中缴纳的税金和教育费附加等税费要有完税（缴款）凭证；

②向出租方支付的租金；

③能够提供有效、准确凭证，证明由纳税人负担的该出租财产实际开支的修缮费用（每月以 800 元为限，一次扣除不完的余额可无限期结转抵扣）；

④法定扣除标准为 800 元（减除上述后余额不超过 4000 元的）或 20%（减

除上述后余额4000元以上的)。

2. 税收筹划案例

案例

小明将一辆汽车租给小红，每月月初收取小红租车费用，该车每年年初要花3600元进行维修（保养），每个月车的租金为4800元，有三种方案：

①每次（月）收入4500元，小红以自己名义每月给车检查维修；
②每次（月）收入4800元，小明以自己名义每月给车检查维修；
③每次（月）收入4500元，小红以小明名义每月给车检查维修。

您会选择哪种方案？

解答：按照方案①算出每个月的应纳税额以及收入如下表：

方案1	1月	2月	3月	4月	5月	6月	7月	8月	9月	10月	11月	12月	合计
应纳税额	720元	720元	720元	720元	720元	720元	720元	720元	720元	720元	720元	720元	8640元
税后收入	3780元	3780元	3780元	3780元	3780元	3780元	3780元	3780元	3780元	3780元	3780元	3780元	45360元

按照方案②算出每个月的应纳税额以及收入如下表：

方案2	1月	2月	3月	4月	5月	6月	7月	8月	9月	10月	11月	12月	合计
应纳税额	640元	640元	640元	640元	704元	768元	768元	768元	768元	768元	768元	768元	8640元
税后收入（扣除自己负担的修缮费用）	560元	4160元	4160元	4160元	4096元	4032元	4032元	4032元	4032元	4032元	4032元	4032元	45360元

按照方案③算出每个月的应纳税额以及收入如下表：

方案3	1月	2月	3月	4月	5月	6月	7月	8月	9月	10月	11月	12月	合计
应纳税额	672元	672元	672元	672元	672元	672元	672元	672元	672元	672元	672元	672元	8064元
税后收入	3828元	3828元	3828元	3828元	3828元	3828元	3828元	3828元	3828元	3828元	3828元	3828元	45936元

从方案①和方案②来看，小明全年的税后收入（如果小明自行负担修缮

费，扣除）是一致的，运用方案②，虽然小明可以享受递延纳税的优惠，但是其在一开始要先垫付 3600 元的修缮费用，得不偿失，但是如果选用方案③，要求小红用小明名义进行维修，小明可以在方案①的基础上每个月进行 300 元的税前扣除，从而减轻税负，税后收入也增加了 576 元，而小红没有增加任何负担。

7.12.2 收入分期均摊

1. 税收筹划依据

财产租赁所得以每次应纳税所得额依规定税率计算应纳税额。《个人所得税法》规定财产租赁所得适用税率是 20%，但财政部规定，从 2001 年 1 月 1 日起，个人住房租赁所得暂减按 10% 的税率征收个人所得税。

财产租赁所得按月或者按次计算个人所得税。"次"，是指一个月内所取得的收入为一次；对一次取得属于数月、数年的租金收入，也可以根据合同和实际所得所属月份分别计算（需要确认）。有扣缴义务人的，由扣缴义务人按月或者按次代扣代缴税款。在确定财产租赁所得的应纳税所得额时，纳税人在出租财产过程中缴纳的税金和教育费附加等，可持完税（缴款）凭证，从其财产租赁收入中扣除。

2. 税收筹划案例

案例

小明出租一套两居室给赵红，租期 3 年，月租金 2000 元，按年预收，房屋装修由出租人负责。2×19 年 1 月，小明一次性收取年租金 2.4 万元，支付装修费 1500 元，缴纳税金及其附加 6000 元，并将有关凭证交主管税务机关确认。

（1）一次性计算应纳税额

如果严格按《个人所得税法》规定，以一个月内取得的收入为一次计算纳税，那么小明应纳个人所得税为：

应纳税额 =（24000-6000-800）×（1-20%）×10%=1376（元）

（2）按月份平均计算应纳税额

如果取得的收入确属数月或数年，并能提供合同依据，就可以把一次性取得的租金收入按月份平均计算纳税：

每月租金 =24000÷12=2000（元）

每月税费 =6000÷12=500（元）

1月份应纳税额 =（2000-500-修缮费用800-800）×10%＜0（元），不需要纳税

2月份应纳税额 =（2000-500-修缮费用700-800）×10%=0（元），不需要纳税

3—12月份每月应纳税额 =（2000-500-800）×10%=70（元）

全年应纳税额 =70×10=700（元）

通过税收筹划，小明可以少缴纳个人所得税676元（1376-700）。

7.13 股权转让的筹划

7.13.1 税收筹划依据

1. 个人收回转让的股权征收个人所得税的规定

根据《关于发布〈股权转让所得个人所得税管理办法（试行）〉的公告》（国家税务总局公告2014年第67号，以下简称67号文）[①]的规定，股权转让是指个人将股权转让给其他个人或法人的行为，包括以下情形：

[①] 国家税务总局公告2014年第67号文已被修改，修改内容有三点。一是把第十九条"个人股权转让所得个人所得税以被投资企业所在地地税机关为主管税务机关"更改为"个人股权转让所得个人所得税以被投资企业所在地税务机关为主管税务机关"。二是把第二十六条"税务机关应当落实好国税部门、地税部门之间的信息交换与共享制度，不断提升股权登记信息应用能力"删除。三是把第三十一条"各省、自治区、直辖市和计划单列市地方税务局可以根据本办法，结合本地实际，制定具体实施办法"更改为"各省、自治区、直辖市和计划单列市税务局可以根据本办法，结合本地实际，制定具体实施办法"。

（1）出售股权；

（2）公司回购股权；

（3）发行人首次公开发行新股时，被投资企业股东将其持有的股份以公开发行方式一并向投资者发售；

（4）股权被司法或行政机关强制过户；

（5）以股权对外投资或进行其他非货币性交易；

（6）以股权抵偿债务；

（7）其他股权转移行为。

2. 个人转让股权按"财产转让所得"缴纳个税，税率20%

67号文第四条规定："个人转让股权，以股权转让收入减除股权原值和合理费用后的余额为应纳税所得额，按'财产转让所得'缴纳个人所得税。合理费用是指股权转让时按照规定支付的有关税费"。

新《个人所得税法》第三条第（三）项规定："利息、股息、红利所得，财产租赁所得，财产转让所得和偶然所得，适用比例税率，税率为百分之二十。"

3. 个人股权转让以受让方为扣缴义务人，但纳税地点在被投资企业所在地

67号文第五条规定："个人股权转让所得个人所得税，以股权转让方为纳税人，以受让方为扣缴义务人。"

67号文第六条规定："扣缴义务人应于股权转让相关协议签订后5个工作日内，将股权转让的有关情况报告主管税务机关。"

67号文第十九条规定："个人股权转让所得个人所得税以被投资企业所在地税务机关为主管税务机关。"

4. 股权转让收入包括违约金、补偿金等所有的经济利益

67号文第七条规定："股权转让收入是指转让方因股权转让而获得的现金、实物、有价证券和其他形式的经济利益。"

67号文第八条规定："转让方取得与股权转让相关的各种款项，包括违约金、补偿金以及其他名目的款项、资产、权益等，均应当并入股权转让收入。"

67号文第九条规定："纳税人按照合同约定，在满足约定条件后取得的后续收入，应当作为股权转让收入。"

5. 申报的股权转让收入一般不宜低于股权对应的净资产份额

67号文第十一条规定，符合下列情形之一的，主管税务机关可以核定股权转让收入：

（1）申报的股权转让收入明显偏低且无正当理由的；

（2）未按照规定期限办理纳税申报，经税务机关责令限期申报，逾期仍不申报的；

（3）转让方无法提供或拒不提供股权转让收入的有关资料的；

（4）其他应核定股权转让收入的情形。

6. 净资产核定法是税务机关核定的主要方法

主管税务机关应依次按照下列方法核定股权转让收入：

（1）净资产核定法

股权转让收入按照每股净资产或股权对应的净资产份额核定。被投资企业的土地使用权、房屋、房地产企业未销售房产、知识产权、探矿权、采矿权、股权等资产占企业总资产比例超过20%的，主管税务机关可参照纳税人提供的具有法定资质的中介机构出具的资产评估报告核定股权转让收入。6个月内再次发生股权转让且被投资企业净资产未发生重大变化的，主管税务机关可参照上一次股权转让时被投资企业的资产评估报告核定此次股权转让收入。

（2）类比法

参照相同或类似条件下同一企业同一股东或其他股东股权转让收入核定；

参照相同或类似条件下同类行业企业股权转让收入核定。

（3）其他合理方法

主管税务机关采用以上方法核定股权转让收入存在困难的，可以采取其他合理方法核定。

7.13.2 税收筹划思路

1. 利用"正当理由"实现低价转让股权

根据67号文第十条规定，股权转让收入应当按照公平交易原则确定。同时，

第十三条指出，符合下列条件之一的股权转让收入明显偏低的，视为有正当理由：

（1）能出具有效文件，证明被投资企业因国家政策调整，生产经营受到重大影响，导致低价转让股权；

（2）继承或将股权转让给其能提供具有法律效力身份关系证明的配偶、父母、子女、祖父母、外祖父母、孙子女、外孙子女、兄弟姐妹以及对转让人承担直接抚养或者赡养义务的抚养人或者赡养人；

（3）相关法律、政府文件或企业章程规定，并有相关资料充分证明转让价格合理且真实的本企业员工持有的不能对外转让股权的内部转让；

（4）股权转让双方能够提供有效证据证明其合理性的其他合理情形。

可见，股权低价转让需要符合法定情形。从本质上讲，这一条与第十条"公平交易"并不矛盾，也是为了让交易价值更加符合实际。但是在实际税收征管中，在形式审查重于实质审查的情况下，利用上述政策提供充分的证据材料，可以实现较低价格转让。比如，目前在国内外大背景下，煤炭等能源企业运营困难，相关转让方可以借用上述第一项进行筹划；对于家族企业内部股份转让则可以通过第二项进行筹划；尤其值得关注的是第三项，具有很大的筹划空间，可以通过修改公司章程、相关协议进行"内部"低价转让；第四项则赋予了税务机关很大的自由裁量权，也为部分企业提供了一定的筹划空间。需要提醒的是，该筹划方法的运用依然面临实质课税被纳税调整的风险。

2. 恰当运用"核定"法

67号文第十一条规定了核定股权转让收入的四种情形，并明确了核定的具体三种方法；对于转让股权原值，第十七条规定："个人转让股权未提供完整、准确的股权原值凭证，不能正确计算股权原值的，由主管税务机关核定其股权原值。"但对于核定方法则没有给出具体的规定，实际上把权限给了各地税务机关。从各地实践来看，比如，陕西省税务机关会结合验资报告、银行询证函、银行存款日记账、实收资本（股本）账面记录、公司章程等进行审核对比以核定原值；海南省按申报的股权转让收入的一定比例（15%）核定计税成本。因此，对于部分近年来迅猛发展的行业（如电商行业、房地产业等）而言，如果按照上述方式进行核定的成本大于实际成本，可以适用这一方法进行税收筹划，以降低应纳税所得额。然而，由于核定通常是在会计账册、相关计税凭证不完整的情形下适用的，被转让股权公司将面临被相关会计制度、税收征管法处罚的风险。

3. 变更被转让公司注册地，争取税收优惠或补贴

为了招商引资，发展中西部地区的经济，国家及地方层面都出台了一系列的区域性税收优惠政策，多数经济开发区都出台了财政返还政策。按照现行《个人所得税法》规定，个人股权转让属于"转让财产"所得，应计征20%的个人所得税。各地出台的区域性的税收优惠政策或财政返还政策，实际上降低了税负率。2010年以来，针对上市公司限售股减持，更是一度出现了所谓的"鹰潭模式""林芝模式"等，使一大批股权转让方实现了成功避税，涉及金额高达数十亿元。利用税收优惠或财政返还进行税收筹划的基本做法通常如下：第一步，将转让公司的注册地址变更到目标地区，相应地调整经营范围，以满足特定的政策要求，同时与当地政府签署相关书面协议；第二步，签署股权转让合同，并按规定进行相应的税务、工商变更，缴纳税款；第三步，根据地方出台的政策及双方协议返还部分税款给转让方。

但是，这种方法目前面临一定的法律风险。2014年年底，国务院下发《关于清理规范税收等优惠政策的通知》（国发〔2014〕62号），明确清理规范以下三类税收优惠政策：

（1）违反上位法的税收优惠政策；

（2）未经国务院批准的政策；

（3）超出税收优惠时间还在执行的政策。

因此，在此背景下，税务筹划之前需要对区域税收优惠政策进行审查确认，并获得有权机关的书面确认或批复。

案例

自然人甲投资A公司100万元，取得A公司100%的股权。两年后，甲将股份转让给关联人乙，转让价格仍为100万元，转让之时，A公司的净资产为

150万元。转让给乙后,A公司分配股利50万元给乙,请问应如何进行纳税筹划?

1. 纳税筹划前的税负分析

根据67号文的规定,对于平价或低价转让且无正当理由的,税务部门可参照投资企业的净资产核定转让价格,基于此规定,甲转让个人股权的价格是平价,低于A公司的净资产,税务部门可参照投资企业的净资产核定转让价格,即转让价格为150万元。

甲应缴纳个人所得税:(150-100)×20%=10(万元)

由于转让给乙后,A公司分配股利50万元给乙,则乙还需要缴纳红利个人所得税50×20%=10(万元)。以上合计缴纳个人所得税为20万元。

2. 纳税筹划方案

甲在转让个人股权时,应采取先分配股利后转让股权的策略。

3. 纳税筹划后的税负分析

在甲准备转让A公司股权时,可先考虑让A公司分配股利给甲50万元,甲取得股利后应缴纳个人所得税50×20%=10(万元),再转让股权给乙,则符合67号文的规定,转让价格等于净资产的份额,无须再补交税款。这时候,本次转让行为加股利分配只需缴纳个人所得税10万元,比纳税筹划前减少个人所得税10万元。

7.14 股票期权的筹划

7.14.1 税收筹划依据

股票期权起源于美国,美国迪士尼公司和华纳传媒公司是世界上最早施行股票期权激励的两家企业。股票期权是企业授予高级管理人员的一种权利,持有人可以在规定的时间内以股票期权的"施权价"购买本公司股票,这个过程叫作"行权"。行权之前,股票期权持有人没有任何现金收益;行权之后,个人收入为"施权价"与行权日市价之间的差价。

（1）居民个人取得股票期权、股票增值权、限制性股票、股权奖励等股权激励（以下简称股权激励），符合《财政部　国家税务总局关于个人股票期权所得征收个人所得税问题的通知》（财税〔2005〕35号）、《财政部、国家税务总局关于股票增值权所得和限制性股票所得征收个人所得税有关问题的通知》（财税〔2009〕5号）、《财政部　国家税务总局关于将国家自主创新示范区有关税收试点政策推广到全国范围实施的通知》（财税〔2015〕116号）第四条、《财政部　国家税务总局关于完善股权激励和技术入股有关所得税政策的通知》（财税〔2016〕101号）第四条第（一）项规定的相关条件的，在2021年12月31日前，不并入当年综合所得，全额单独适用综合所得税率表，计算纳税。计算公式为：

应纳税额 = 股权激励收入 × 适用税率 − 速算扣除数

（2）居民个人一个纳税年度内取得两次以上（含两次）股权激励的，应合并按财税〔2016〕101号文第二条第（一）项规定计算纳税。

（3）2022年1月1日之后的股权激励政策另行明确。

7.14.2　税收筹划思路

员工接受实施股票期权计划企业授予的股票期权时，除另有规定外，一般不作为应税所得征税。员工行权时，其从企业取得股票的实际购买价（施权价）低于购买日公平市场价（指该股票当日的收盘价，下同）的差额，是员工基于在企业中的表现和业绩情况而取得的与任职、受雇有关的所得，应按"工资、薪金所得"适用的规定计算缴纳个人所得税。因特殊情况，员工在行权日之前将股票期权转让的，以股票期权的转让净收入作为工资、薪金所得征收个人所得税。员工行权日所在期间的工资、薪金所得，应按下列公式计算工资、薪金应纳税所得额：

股票期权形式的工资薪金应纳税所得额 = （行权股票的每股市场价 − 员工取得该股票期权支付的每股施权价）× 股票数量

对该股票期权形式的工资、薪金所得，可区别于所在月份的其他工资、薪金所得，单独按下列公式计算当月应纳税额：

应纳税额=（股票期权形式的工资、薪金应纳税所得额÷规定月数×适用税率-速算扣数）×规定月数

上述公式中的规定月份数，是指员工取得来源于中国境内的股票期权形式工资、薪金所得的境内工作期间月份数，长于12个月的，按12个月计算；上述公式中的适用税率和速算扣除数，以股票期权形式的工资、薪金应纳税所得额除以规定月数后的商数对照工资、薪金个人所得税税率表确定（即七级超额累进税率）。

员工将行权后的股票再转让时获得的高于购买日公平市场价的差额，是因个人在证券二级市场上转让股票等有价证券的所得，应按照"财产转让所得"适用的征免规定计算缴纳个人所得税，即：

此时的财产转让所得=（每股转让价格-行权股票的每股市场价）×股票数量

这部分所得理应作为财产转让所得征税，但是鉴于目前对个人投资者在二级市场上买卖境内上市公司流通股的所得暂不征收个人所得税，因此，如果行权所获得的股权是流通股，则其通过二级市场的转让所得暂免征收个人所得税，但如果是场外交易或者非流通股、境外上市公司股票的交易，就应当作为财产转让所得征收个人所得税。

员工因拥有股权而参与企业税后利润分配取得的所得，应按照"利息、股息、红利所得"适用的规定计算缴纳个人所得税。除依照有关规定可以免税或减税的外，应全额按规定税率计算纳税。

综上所述，股票期权的税收政策归纳如下：

股票期权在计提期间（等待期间），不得在企业所得税前扣除相关成本费用，但实际发放时（行权时）可以扣除。

当个人行权时，股票期权的收益应按"工资、薪金所得"计算应缴纳的个人所得税。

案例

王先生为某上市公司的高级职员，假设该公司于2019年9月30日授予王

先生18000股股票期权，授予价为每股6元。股票期权协议书约定，王先生在工作满2年后购买该公司的股票。再假设王先生行权日为2021年10月31日，行权日该公司的股票市价为每股20元。

（1）筹划前税负分析

根据财税〔2005〕35号文的规定，王先生应纳的个人所得税为：

应纳税所得额 =（20-6）× 18000=252000（元）

应纳税额 =（252000÷12×25%-1005）× 12 = 50940（元）

（2）筹划方案

根据《关于个人股票期权所得缴纳个人所得税有关问题的补充通知》（国税函〔2006〕902号）第七条规定，员工以在一个公历月份中取得的股票期权形式工资、薪金所得为一次。员工在一个纳税年度中多次取得股票期权形式工资、薪金所得的，其在该纳税年度内首次取得股票期权形式的工资、薪金所得应按财税〔2005〕35号文件第四条第（一）项规定的公式计算应纳税款；本年度内以后每次取得股票期权形式的工资、薪金所得，应按以下公式计算应纳税款：

应纳税款 =（本纳税年度内取得的股票期权形式工资、薪金所得累计应纳税所得额÷规定月数×适用税率-速算扣除数）× 规定月数 - 本纳税年度内股票期权形式的工资、薪金所得累计已纳税款

由于股票期权涉及工资、薪金所得，财产转让所得，股息、红利所得这三类不同类型的所得，因此，如何使这三项应纳个人所得税额的总和最小化就是税收筹划应关注的关键问题。通常可以不考虑期权行使后的股息、红利所得，因为对于持股比例不高的一般股东而言，很难对企业的利润分配政策和实务施加足够大的影响，因而这方面的筹划空间很小。

（3）筹划后的税负分析

如果考虑行权时间的调整，王先生在2021年10月31日和2022年11月23日两次行权，两次行权的股数均为9000股，且两次行权的股票市价不变。则：

第一次行权时，应纳税所得额 =（20-6）×9000=126000（元）

应纳税额 =（126000÷12 × 25%-1005）× 12 = 19440（元）

第二次行权时，应纳税额 =［（126000+126000）÷12×25%-1005］×12-

19440=31500（元）

两次行权共纳税额为 50940（19440+31500）元。

假设 2022 年 11 月 23 日行权时的股票市价仍是 20 元，王先生将行权日筹划为跨年度的两次，即第一次是 2021 年 10 月 31 日，第二次是 2022 年 11 月 23 日。则：

第一次行权时，应纳税所得额 =（20-6）×9000=126000（元）

应纳税额 =（126000-12×25%-1005）× 12 = 19440（元）

第二次行权时，应纳税额与第一次相同。

两次行权共纳税为 38880 元，节约税额为 12060（50940-38880）元。

7.15　销售激励的筹划

7.15.1　税收筹划依据

为了提高公司的销售业绩，激励销售人员的工作积极性，实践中，企业往往会采纳销售业务提成和销售佣金两项销售激励制度。其中销售业务提成与销售佣金有严格的区别，区分销售佣金与业务提成，关键要看销售人员是否同企业存在任职、雇佣关系。如果存在任职、雇佣关系，就是业务提成；如果不存在任职、雇佣关系，就是销售佣金。基于此分析，如果是销售业务提成，则企业支付给销售人员的业务提成，应该视同工资、薪金所得，依法履行代扣代缴个人所得税的义务；如果是销售佣金，则企业支付给销售人员的销售佣金应视同劳务报酬所得，应该履行代扣代缴个人所得税的义务。

1. 有关年终奖发放的税收政策规定

根据《财政部关于个人所得税法修改后有关优惠政策衔接问题的通知》（财税〔2018〕164 号）规定，纳税人取得全年一次性奖金，包括年终加薪、实行年薪制和绩效工资办法的单位根据考核情况兑现的年薪和绩效工资，单独作为一个月工资、薪金所得计算纳税，先将雇员当月内取得的全年一次性奖金，除以

12个月，按其商数确定适用税率和速算扣除数；再按照以下公式计算应纳个人所得税额：应纳税额＝雇员当月取得全年一次性奖金×适用税率－速算扣除数。并且还规定，在一个纳税年度内，对每一个纳税人，该计税办法只允许采用一次。

2. 有关销售佣金的规定

有关销售佣金的企业所得税前扣除问题，根据《财政部、国家税务总局关于企业手续费及佣金支出税前扣除政策的通知》(财税〔2009〕29号)的规定，企业发生与生产经营有关的手续费及佣金支出，必须具备以下五个条件：

第一，不超过以下规定计算限额的部分，准予扣除；超过部分，不得扣除。

（1）保险企业：财产保险企业按当年全部保费收入扣除退保金等后余额的15%（含本数，下同）计算限额；人身保险企业按当年全部保费收入扣除退保金等后余额的10%计算限额。

（2）其他企业：按与具有合法经营资格中介服务机构或个人（不含交易双方及其雇员、代理人和代表人等）所签订服务协议或合同确认的收入金额的5%计算限额。

第二，企业应与具有合法经营资格中介服务企业或个人签订代办协议或合同，并按国家有关规定支付手续费及佣金。除委托个人代理外，企业以现金等非转账方式支付的手续费及佣金不得在税前扣除。企业为发行权益性证券支付给有关证券承销机构的手续费及佣金不得在税前扣除。

第三，企业不得将手续费及佣金支出计入回扣、业务提成、返利、进场费等费用。

第四，企业支付的手续费及佣金不得直接冲减服务协议或合同金额，并如实入账。

第五，企业应当如实向当地主管税务机关提供当年手续费及佣金计算分配表和其他相关资料，并依法取得真实凭证。

7.15.2 税收筹划思路

在目前竞争日趋激烈的情况下，许多企业为开拓销售市场，对销售人员实行固定报酬与按销售额的一定比例提成相捆绑的方法，即每年年终按销售人员销售额的一定比例一次性发放销售奖金，但销售人员须自行负担差旅费、业务招待费等成本费用。即企业对销售人员的奖金提成常常采取"包干制"，即对销售人员除每月定额发放工资外，再按照其销售金额的一定比例提取奖金，支付奖金后，不再另行报销销售人员的差旅费、业务招待费等与销售有关的费用。企业也就达到了防止销售人员滥报费用，节约成本支出，鼓励多劳多得的目的。此种方法对于提高销售人员的工作积极性、降低公司成本十分有利，但是从税收角度分析，就会发现这种方法不仅会增加销售人员个人所得税的税收负担，而且会使企业多缴纳企业所得税。

基于以上分析，为了减轻销售人员获得销售业绩的个人所得税负担，应按照以下技巧设计低税负的销售激励制度：

第一，设计低税负的销售业务提成制度。如果销售人员是企业的雇员，即销售人员与企业之间是雇佣和被雇佣的关系，则公司应对销售人员的差旅费进行剥离，实报实销，按照销售人员完成销售额的一定比例，报销业务招待费（必须把餐饮发票开成公司抬头名字）和手机通信费用，然后，对剩下的销售业绩奖按照一次性年终奖的办法计算个人所得税。

第二，设计低税负的销售佣金制度。如果销售人员与公司之间没有雇佣和被雇佣的关系，则公司与销售人员应在合同中约定：按照销售额的一定比例在公司里实报实销销售人员的差旅费、业务招待费（必须把餐饮发票开成公司抬头名字）和手机通信费等费用，然后，对剩下的销售业绩奖分次发放，按照劳务报酬代扣代缴个人所得税。

案例

万成公司是一家大型家具生产制造公司。2019 年年初，该公司对销售人员实行报酬与销售额相挂钩的办法。公司规定，销售人员每月从公司领取 5000 元的工资，然后年终按销售额领取一定比例的销售奖。销售人员张明 2010 年经过努力工作，实现销售额 310 万元。按照规定张明应该得到 31 万元的销售奖金（按 10% 的比例兑现销售奖）。请问应如何进行纳税筹划？

(1) 筹划前的税负分析

由于张明每月可以从公司那里获得3500元的收入，说明张明与公司间是雇佣与被雇佣的关系。根据《国家税务总局关于调整个人取得全年一次性奖金等计算征收个人所得税方法问题的通知》（国税发〔2005〕9号）的规定以及财政部、国家税务总局联合颁发的《关于个人所得税法修改后有关优惠政策衔接问题的通知》（财税〔2018〕164号）的规定，在计算全年一次性奖金所需缴纳的个人所得税时，应先将纳税人当月内取得的全年一次性奖金除以12个月，按其商数确定适用税率和速算扣除数，然后再计算应缴纳的个人所得税。基于此规定，张明的销售业绩奖310000元除以12等于25833元，根据工资、薪金所得适用税率表，所对应的个人所得税税率为25%，速算扣除系数为2660，则张明应负担的个人所得税为：310000×25%-2660=78840（元）。

(2) 筹划方案

公司应对销售人员的差旅费进行剥离，实报实销，按照销售人员完成销售额的一定比例，报销业务招待费（必须把餐饮发票开成公司抬头名字）和手机通信费用，然后，对剩下的销售业绩奖按照一次性年终奖的办法计算个人所得税。假设在销售奖金中差旅费占10%，业务招待费占15%，通信费占5%。

(3) 筹划后的税负分析

通过低税负的业务提成制度设计，张明的年终应得奖金应该为217000元〔310000-310000×（10%+15%+5%）〕。则张明应该缴纳的个人所得税为217000×20%-1410=41990（元），比低税负业务提成制度设计前少缴纳个人所得税32850元（74840-41990）。因差旅费、业务招待费、通信费可以在缴纳企业所得前扣除，所以万成公司可以少缴纳企业所得税23250元〔310000×（10%+15%+5%）×25%〕。

案例

甲公司是一家大型药品生产制造公司，为了增加销售额，该公司对非公司职工的销售人员实行报酬与销售额相挂钩的办法。公司规定：销售人员平常没有底薪，只按销售额的一定比例于年终领取销售奖，销售人员张明经过努力工作，实现年销售额310万元。按照规定，张明应该得到31万元的年销售奖金（按10%的比例兑现销售奖）。请问应如何设计低税负的业务提成制度？

（1）筹划前的税负分析

由于张明没有底薪而且不是公司的职工，说明张明与公司间没有雇佣与被雇佣的关系。张明获得的销售业绩奖应按照劳务报酬收入减除20%费用后的余额为应纳税所得额，适用20%的比例计算缴纳个人所得税。因此，张明应缴纳个人所得税为［310000×（1-20%）×30%-2000］×20%=72400（元）。

（2）筹划方案

公司与销售人员在合同中约定，每年6月和12月按照销售人员实现销售额的一定比例，报销销售人员的差旅费、业务招待费和通信费用。假设销售奖金中差旅费占10%，业务招待费占15%，通信费占5%，剩下的销售奖分别在6月和12月结清。

（3）筹划后的税负分析

通过低税负业务提成制度的设计，张明的年销售奖金总共为217000元［310000-310000×（10%+15%+5%）］。假设张明6月和12月从公司获得的销售奖金分别为100000元、117000元，则张明6月应该缴纳的个人所得税为100000×（1-20%）×40%-7000=25000（元）。12月应该缴纳的个人所得税为117000×（1-20%）×40%-7000=30440（元）。张明总共应纳个人所得税为55440元，比低税负业务提成制度设计前少缴纳个人所得税16960元（72400-55440）。

另外，由于差旅费、业务招待费、通信费可以在缴纳企业所得前扣除，所以甲公司可以少缴纳企业所得税23250元［310000×（10%+15%+5%）×25%］。

7.16 外籍人员的筹划

7.16.1 税收筹划依据

1.外籍人员纳税人身份及纳税义务

新《个人所得税法》第一条规定："在中国境内有住所，或者无住所而一个纳税年度内在中国境内居住累计满一百八十三天的个人,为居民个人。居民个人从中国境内和境外取得的所得,依照本法规定缴纳个人所得税。在中国境内无住所又不居住,或者无住所而一个纳税年度内在中国境内居住累计不满一百八十三天的个人,为非居民个人。非居民个人从中国境内取得的所得,依照本法规定缴纳个人所得税。……"所以,外籍人员可能是居民个人,也可能是非居民个人。

在中国境内无住所的个人,在中国境内居住累计满183天的年度连续不满6年的,经向主管税务机关备案,其来源于中国境外且由境外单位或者个人支付的所得,免予缴纳个人所得税;在中国境内居住累计满183天的任一年度中有一次离境超过30天的,其在中国境内居住累计满183天的年度连续年限重新起算。

在中国境内无住所的个人,在一个纳税年度内在中国境内居住累计不超过90天的,其来源于中国境内的所得,由境外雇主支付,并且不由该雇主在中国境内的机构、场所负担的部分,免予缴纳个人所得税。

表7-6 外籍人员所得纳税义务一览表

中国境内居住时间	纳税人身份	境内所得境内支付	境内所得境外支付	境外所得境内支付	境外所得境外支付
不超过90天	非居民纳税人	征	不征	不征	不征
超过90天但不满183天	非居民纳税人	征	征	不征	不征
满183天但年度连续不满6年	居民纳税人	征	征	征	不征
满183天的年度连续满6年	居民纳税人	征	征	征	征

2. 外籍人员税收优惠政策

如果是外籍人员中的非居民个人，在 2021 年 12 月 31 日前，按照《财政部、国家税务总局关于个人所得税若干政策问题的通知》（财税字〔1994〕20 号）、《国家税务总局关于外籍人员取得有关补贴征免个人所得税执行问题的通知》（国税发〔1997〕54 号）和《财政部 国家税务总局关于外籍人员取得港澳地区住房等补贴征免个人所得税的通知》（财税〔2004〕29 号）规定，享受住房补贴、语言训练费、子女教育费等津补贴免税优惠政策。

如果是外籍人员中的居民个人，《财政部 税务总局关于个人所得税法修改后有关优惠政策衔接问题的通知》（财税〔2018〕164 号）第七条规定："（一）2019 年 1 月 1 日至 2021 年 12 月 31 日期间，外籍人员符合居民个人条件的，可以选择享受个人所得税专项附加扣除，也可以选择按照《财政部 国家税务总局关于个人所得税若干政策问题的通知》（财税〔1994〕20 号）、《国家税务总局关于外籍人员取得有关补贴征免个人所得税执行问题的通知》（国税发〔1997〕54 号）和《财政部 国家税务总局关于外籍人员取得港澳地区住房等补贴征免个人所得税的通知》（财税〔2004〕29 号）规定，享受住房补贴、语言训练费、子女教育费等津补贴免税优惠政策，但不得同时享受。外籍人员一经选择，在一个纳税年度内不得变更。（二）自 2022 年 1 月 1 日起，外籍人员不再享受住房补贴、语言训练费、子女教育费津补贴免税优惠政策，应按规定享受专项附加扣除。"

3. 外籍人员个人所得税扣缴方法

对于居民个人的外籍人员，取得工资、薪金，劳务报酬，稿酬，以及特许权使用费等四项所得时，需要适用 3%—45% 的七级超额累计税率，按年综合纳税，而非居民个人的外籍人员，取得四项所得时，则是按月或按次分项计税。

非居民个人的工资、薪金所得，以每月收入额减除费用 5000 元后的余额为应纳税所得额；劳务报酬所得、稿酬所得、特许权使用费所得，以每次收入额为应纳税所得额。其中，劳务报酬所得、稿酬所得、特许权使用费所得以收入减除 20% 的费用后的余额为收入额。稿酬所得的收入额减按 70% 计算。

非居民个人工资、薪金所得，劳务报酬所得，稿酬所得，特许权使用费所

得应纳税额＝应纳税所得额×税率－速算扣除数

7.16.2 税收筹划思路

对于在中国境内无住所的外籍人员，判断纳税人身份的主要依据是其在华居住时间的长短，居住时间不同，纳税义务也不同。根据税法规定，外籍人员在华居住满183天的年度连续满6年、满183天但连续年度不满6年、超过90天但不满183天、不超过90天这四个不同时间范围内，国家依次免除了外籍人员的部分纳税义务。因此，外籍人员把握好时间界限，合理控制在华工作和居住时间，避免成为居民纳税人，可减轻个人所得税的税负。

对于长期在华居住的外籍人员，应尽量避免在中国境内满183天的年度连续达到6年，在连续6年时间内的某一年度内安排一次超过30天的离境，使其由境外支付的境外所得免于在中国境内纳税。对于短期来华的外籍人员，应尽量将自己在华工作时间控制在90天之内，使其由境外雇主支付的所得免税。

案例

上海某合资企业A与英国某公司签订了一份技术咨询合同，服务期限为2020年1月1日至2020年5月31日，合同约定咨询费200万元，合同签订后，英国公司派遣迈克到A企业提供技术咨询服务，工作期间由英国公司每月向迈克支付工资10万元。

在华工作期间，迈克取得的工资收入为境内所得境外支付，由于迈克实际在华工作时间超过了90天，应由A企业代扣代缴其在华工作期间工资的个人所得税。如果英国公司先后派遣两名外籍人员来华工作，使其在华停留时间不超过90天，或者双方签订合同时约定服务期限为2019年10月中旬至2020年3月中旬，使其在两个纳税年度内在华停留时间均不超过90天，则迈克在华工作期间取得的工资、薪金所得就无须在中国纳税。

7.17 个人所得税风险问题

随着个税改革的不断深入，如同金税三期对企业的管控、影响更加严厉，税务机关也开始对个人进行税务管控，并且基于先进的信息化手段和银行的联系，使得个人收入的金额、收入的种类等也都能够被税务机关清晰地了解到，并且在个人可以扣除的六项专项附加扣除后，在年终汇算清缴后，自然人纳税人的收入信息会更全面地反映到税务机关。企业作为代扣代缴人，其扣缴程序一定要规范、内容一定要与法规一致，自然人纳税人年终汇算清缴自行申报时亦是如此，特别在社保也由税务机关代扣后，税务机关掌握了完整的、贯通的个人纳税人的收入情况，企业与个人在代扣代缴或缴纳个人所得税时面临比以往更多的风险，如果不加以重视，会埋藏下极大的隐患。

7.17.1 企业方面存在的风险

1. 公司工资表中始终申报老板一个人或者长期只给一两个员工申报个税。这种情况的不合理之处在于职工的数量以及超乎常理的稳定性，容易成为被稽查的风险点。

2. 员工的工资长期为 0 元或者 1 元。天下没有免费的午餐，员工亦不会免费给老板打工，即使企业亏损，发不起工资，那也是短期的，长期如此，员工不走，企业也会倒闭。

3. 大部分员工的工资为 5000 元或者临近 5000 元。目前个税的免征额为 5000 元，每个公司都有自己的薪酬体系，不同工龄的员工、不同岗位的员工的薪酬应该是有差别的，大多是 5000 元或者不到 5000 元，不合常理。

4. 规模较大或经营状况较好的单位长期申报税额为 0 元。如果企业故意将员工的工资限制到 5000 元以下，恶意筹划造成个人所得税收的流失，将引起税务机关的注意和调查，有缴纳滞纳金的风险。

5. 对部分员工虽然发放工资但是没有进行全员全额个税申报。《个人所得税法》

要求以企业实际为员工发放的工资、薪金为基础计算个人所得税，所以如果企业实际发放了工资，一定要按照全员全额纳税，否则将不符合实际情况。

6. 个税申报的人员数跟缴纳社保的人员数差距较大。我国的社保相关法律规定"五险一金"的缴纳基数是企业为个人实际缴纳的工资、薪金，税法规定税收缴纳的基础也是企业为个人缴纳的工资、薪金，所以，个税申报的人员跟缴纳社保的人员数量差距较大的，肯定存在问题。

7. 个税申报系统申报的工资、薪金跟企业所得税年报中申报的工资、薪金差距较大。工资、薪金是一个固定的数值，一旦个税申报系统的工资、薪金和企业所得税种申报的不一样，税务机关对此肯定会产生怀疑。

8. 隐藏人数，从而达到小微企业标准来享受小微企业所得税优惠政策。企业在成立初期，资金短缺，通过申请小微企业可以保持较大的现金流，所以可能会采取一些极端的办法减少缴纳的税收，为企业未来发展筹划空间。

9. 员工存在两处或者两处以上工资、薪金但未自行进行个税申报。我国税法规定员工存在两处或者两处以上工资、薪金的，须自行进行个税申报，所以如果员工因为自身原因未申报纳税，会对企业声誉造成影响。

10. 公司存在自然人股权变更但是未申报个税。自然人股权变更可能会造成自然人持有的股票数目发生变化，同时就会造成分红和红利发生变化。原有和变更后的股利和分红需要申报，并且自然人股权变更会在企业的报表上披露，所以较易被税务局发现。

11. 公司年终向自然人股东分红但是未代扣个税。公司向自然人股东分红的数目会在企业的年终报表中予以公布，如果企业在实际操作过程中并未代扣个税，势必造成社会的关注。

12. 公司自然人股东借款长期不还又未用于经营。企业为股东发放的工资需要缴纳一定的税收，但是如果企业以借款的名义借给股东，就可以减少一部分税收，股东的实际收入也会增多，但以这种方式给股东的钱势必不会用于经营，会有逃税的风险。

13. 公司经常出现向员工发放福利、补贴等但未并入工资、薪金申报个税。根据我国《个人所得税法》相关规定，企业为员工发放的福利和补贴需要按照企业工资、薪金的14%缴纳个税且要进行申报,如果企业并未这么做,会增加企业的风险。

14. 公司存在虚列人数分解高工资以达到少缴个税的目的。工资薪金是七级超额累进,工资越高,缴纳的税收会相对越大,所以企业通过虚列人数可以分割工资、薪金,降低适用级数,减少代扣代缴的个人所得税。

15. 公司存在让员工拿费用发票来抵工资、薪金的现象。根据我国《公司法》规定,企业在缴纳所得税时可以将合法的发票作为费用抵扣。如果企业允许员工拿发票抵销税,因这种抵扣方式往往是同质、重复的,会造成发票票面信息与实际不符,并且金额越大、频率越高,越容易被发现。

16. 公司每月以午餐补助名义发给职工的补贴、津贴,未并入当月工资、薪金所得扣缴个人所得税。这是对个税优惠政策的滥用,如果午餐补助发放频率、午餐补助金额超过合理的情况,会引起税务机关的注意。

17. 公司聘用退休人员、临时人员上班但是未申报个税。在社保也由税务机关代扣代缴的情况下,这种情况十分容易被发现,从而增加企业与个人的涉税风险。

18. 公司支付外部人员的劳务费虽已代扣个税,但是没有取得劳务费发票。这在未来税务机关稽查时,会出现原始凭证不全的情况,而税法在完税凭证、发票等原始凭证的审核方面十分严格,有票才可以扣是征税的准则。

19. 公司员工的工资、薪金年所得超过12万元,但是未按照税法规定的期限进行自行纳税申报。虽然公司准确并及时地代扣代缴了员工的个人所得税,但是员工个人并未按照要求自行申报,这会给公司的纳税信用带来影响。

20. 公司每月定期以发放员工出差补助之名义,达到少缴个税的目的。如果出差天数、目的地与提供的发票内容不一致,则会埋下风险。

21. 公司长期存在发放工资均通过现金发放而且额度较大的现象。在这种情况下,公司通常不会代扣代缴税款,但是这种情况会造成公司的支出出现一部分用处不明的情况。

22. 公司存在一个纳税年度多次使用年终奖个税计税办法。年终奖个税计税办法每个纳税人每年只能适用一次,多次使用,便违反了税法的规定。

23. 公司经常存在计提工资但是长时间不发放的现象。当个人的工资、薪金信息被税务机关清楚了解后，这种计提工资增加成本，但是暂不发放的情况很容易被发现，被定性为虚增成本。

24. 工资发放的记账凭证仅仅为银行代发工资的支付证明，而没有人员明细，很可能存在虚增员工或者发放工资、薪金不实的情况。

25. 公司未按月发放工资，一次性补发数月工资但是计提个税错误。

26. 公司人为变更个税申报的税目，如将"工资、薪金所得"变更为"股息、红利所得"等。

7.17.2　个人纳税存在的风险

1. 个人在进行专项附加扣除时，因为目前法律要求的是备案制，即自然人纳税人在进行税前扣除时，只需填写相关资料，不需通过查验即可进行税前扣除，但是必须将一些需要备案的文件留存好，以备查验。比如，子女教育专项附加扣除就规定：境内接受教育不需要特别留存资料。但是在境外接受教育的子女，需要保存境外学校录取通知书、留学签证等相关教育资料以备查验。如果在被查验时，不能出示相关资料，就存在虚假申报扣除的嫌疑，会给自己带来很多不便。六项专项附加扣除需要备案的材料如表7-7所示。

表7-7　六项专项附加扣除需要备案的材料

子女教育	境内接受教育：不需要特别留存资料 境外接受教育：境外学校录取通知书、留学签证等相关教育资料
继续教育	职业资格继续教育：技能人员、专业技术人员职业资格证书等
赡养老人	采取约定或指定分摊的，需留存分摊协议
首套住房贷款利息	住房贷款合同、贷款还款支出凭证等
住房租金	住房租赁合同或协议等资料
大病医疗	患者医药服务收费及医保报销相关票据原件或复印件或者医疗保障部门出具的医药费用清单等

2. 个人对税法知识没有了解清楚，在自行申报个税的时候，将不同的收入

混淆。比如，员工为公司介绍了一笔业务，收取了中介费，按照税法规定，应该计入劳务报酬，而不是工资、薪金。不论是因此多缴或是少缴税款，都会给纳税人个人带来不便。

3. 当税务机关了解了纳税人的资产情况以后，特别是税务机关对自然人纳税人的银行账户进行有条件的调查以后，如果自然人纳税人的资产情况与其申报的收入存在明显的差异，会被税务机关重点稽查。举个例子，自然人纳税人每年工资、薪金收入 10 万元由公司代扣代缴，通过经营副业——火锅店每年赚取 50 万元，但是没有自行申报缴纳个税，且其名下有较多不动产。随着税务机关对个人信息的管控逐渐趋全、趋严，这种收入与资产不相符的情况会被税务机关划入重点稽查的范围。

参考文献

[1] 苏州工业园区地方税务局国际税收课题组：《我国个人所得税反避税立法的研究》，载《国际税收》2018年第3期。

[2] 臧鑑：《个人所得税避税与反避税方法的调研报告》，载《天津经济》2016年第4期。

[3] 余鹏峰：《反避税视角下的〈个人所得税法〉修改》，载《税务研究》2018年第2期。

[4] 赵国庆：《个税修法：引入反避税条款将带来什么影响》，载《中国税务报》2018年7月27日，第10版。

[5] 臧传杰：《应完善自然人国际税收管理体系》，载《中国税务报》2018年7月18日，第7版。

[6] 李金林：《我国个人所得税避税与反避税问题研究》，厦门大学2009年硕士学位论文。

[7]《澳大利亚税务局反避税工作组两年内追缴56亿》，载新华丝路网 https://www.imsilkroad.com/news/p/113690.html，2018年10月9日。

图书在版编目（CIP）数据

新个人所得税法解读：政策分析、实务操作与税收筹划/蔡昌主编. —北京：中国法制出版社，2019.5
ISBN 978-7-5216-0096-4

Ⅰ.①个… Ⅱ.①蔡… Ⅲ.①个人所得税—税法—法律解释—中国 Ⅳ.① D922.222.5

中国版本图书馆 CIP 数据核字（2019）第 054080 号

策划编辑：潘孝莉（editorwendy@126.com）
责任编辑：刘悦　　　　　　　　　　　　　　　　封面设计：李　宁

新个人所得税法解读：政策分析、实务操作与税收筹划
XIN GEREN SUODESHUIFA JIEDU: ZHENGCE FENXI、SHIWU CAOZUO YU SHUISHOU CHOUHUA

著者/蔡昌
经销/新华书店
印刷/三河市紫恒印装有限公司

开本/730 毫米 ×1030 毫米　16 开	印张/19　字数/289 千
版次/2019 年 5 月第 1 版	2019 年 5 月第 1 次印刷

中国法制出版社出版
书号 ISBN 978-7-5216-0096-4　　　　　　　　　　　　　定价：79.00 元

北京西单横二条 2 号　邮政编码 100031
网址 http://www.zgfzs.com　　　　　　　　　传真：010-66031119
市场营销部电话：010-66033393　　　　　　　编辑部电话：010-66073673
　　　　　　　　　　　　　　　　　　　　　　邮购部电话：010-66033288
（如有印装质量问题，请与本社印务部联系调换。电话：010-66032926）